希望通过本书，警示教育广大公路水路行业从业人员和安全监督管理人员，加强公路水路行业安全法律法规和规范标准的学习和研究，强化法制意识，加强安全管理，不断提高公路水路行业安全水平，促进我国公路水路行业安全生产形势根本好转。

公路水路行业安全举案说法

交通运输部安全与质量监督管理司　编

内 容 提 要

本书以事故调查部门出具的公路水路行业事故调查报告为依据，分析人、车（船）、路（航道）、站（港）、公路水路运输及工程建设从业单位和监督管理部门在作业过程和安全生产管理监督中的违法违规行为，以及该行为应当承担的法律责任，以警示教育公路水路行业广大从业人员和安全监督管理人员学习掌握并严格遵守相应的法律法规和规范标准；同时，本书针对所分析的常见违法违规行为给出了加强安全生产工作的启示。

本书供公路水路行业从业人员和安全监督管理人员学习参考。

图书在版编目（CIP）数据

公路水路行业安全举案说法/交通运输部安全与质量监督管理司编. — 北京：人民交通出版社股份有限公司，2017.9

ISBN 978-7-114-14094-5

Ⅰ. ①公… Ⅱ. ①交… Ⅲ. ①公路运输—交通运输安全②水路运输—交通运输安全 Ⅳ. ①U492.8②U698

中国版本图书馆 CIP 数据核字（2017）第 197307 号

Gonglu Shuilu Hangye Anquan Ju'an Shuofa

书　　名：公路水路行业安全举案说法
著 作 者：交通运输部安全与质量监督管理司
责任编辑：董　倩
出版发行：人民交通出版社股份有限公司
地　　址：（100011）北京市朝阳区安定门外外馆斜街 3 号
网　　址：http://www.ccpress.com.cn
销售电话：（010）59757973
总 经 销：人民交通出版社股份有限公司发行部
经　　销：各地新华书店
印　　刷：北京鑫正大印刷有限公司
开　　本：720×960　1/16
印　　张：16.75
字　　数：304 千
版　　次：2017 年 9 月　第 1 版
印　　次：2017 年 9 月　第 1 次印刷
书　　号：ISBN 978-7-114-14094-5
定　　价：50.00 元

序

改革开放以来,公路水路行业迅猛发展,法律制度日臻完善,形成了以《中华人民共和国公路法》《中华人民共和国海上交通安全法》《中华人民共和国道路运输条例》《中华人民共和国内河交通安全管理条例》等法律法规和部门规章组成的较为完备的法律体系,有效地保证了公路水路行业运输安全。近年来,我国经济社会高速发展,公路水路运输需求旺盛,从业单位和从业人员快速增长,但从业单位和从业人员法制意识和法制思维与日臻完善的法律制度之间的矛盾突出,表现在法律常识缺乏、法治意识淡薄等问题严重,行业违法违规现象屡禁不止,公路水路行业重特大事故时有发生,给人民生命财产造成了重大损失,依法治国、依法治安任重道远。

党中央国务院高度重视安全生产警示教育工作,2013 年 11 月 24 日,习近平总书记在青岛"11·22"中石化东黄输油管道泄漏爆炸特别重大事故现场强调,要做到"一厂出事故、万厂受教育,一地有隐患、全国受警示"。为有效落实总书记要求,贯彻《中共中央　国务院关于推进安全生产领域改革发展的意见》,不断推进平安交通建设,交通运输部印发了《交通运输部关于推进公路水路行业安全生产领域改革发展的实施意见》,进一步确定了"从业人员安全素质整体提升,安全保障能力显著增强,有效保障经济社会发展和人民群众安全便捷出行"的总体目标,要求强化安全生产警示教育,不断提升安全监督管理人员和从业人员的安全意识。

安全生产法律法规、规范标准是安全生产工作必须遵从的底线,从业人员知法懂法、遵章守纪是保障安全的基础。近年来的事故调查表明,任何一起安全生产事故的发生原因均不是孤立的、单一的,均与从业单位和人员的法制意识和法制水平、安全意识和安全技能、遵规意识和法律知识水平密切相关;与监督管理部门的法治思维和法治意识休戚相连。深入剖析典型事故案例,解读公路水路行业安全生产法律法规、规范标准,分析违法违规行为及后果、总结安全管理经验,以典型案例警示教育从业人员吸取安全事故教训、强化安全生产法治意识、安全意识和责任意识,对于落实安全生产主体责任、提升从业人员安全素质、改善运输工具安全状况具有重要促进作用，是保持安全生产形势稳定向好，保障人民生命财产安全的重要举措。

《公路水路行业安全举案说法》以政府公布的事故调查报告为依据，围绕人、车（船）、路（航道及枢纽）、生产经营单位安全管理和行业安全监督管理，以及公路水运工程建设、勘察设计、施工、监理等单位和行业监督管理部门等交通运输构成要素，剖析公路水路运输及公路水运工程建设典型案例，介绍法律法规的具体要求，分析各个案例违法行为涉及的法律法规、规范标准，以及应承担的法律责任，既是案例分析教材，又是安全生产法律法规和规范标准普及教材。

希望通过本书，警示教育广大公路水路行业从业人员和安全监督管理人员，加强公路水路行业安全法律法规和规范标准的学习和研究，强化法制意识，加强安全管理，不断提高公路水路行业安全水平，促进我国公路水路行业安全生产形势根本好转。

何建中

二〇一七年七月十二日

编委会
Bianweihui

前言

法治是安全生产工作的基础,安全生产法律法规是国家为安全生产参与者划定的红线,是从业人员和监督管理人员必须遵守的底线。为警示广大公路水路行业从业人员和安全生产监督管理人员,强化法治思维、增强法治意识、提升法制水平,不断提高公路水路行业安全管理能力,促进我国公路水路行业安全生产形势根本好转,交通运输部安全与质量监督管理司编写了《公路水路行业安全举案说法》。

本书筛选了近年来发生的公路水路行业安全生产事故典型案例,以事故调查部门公布的事故调查报告为依据,简述事故概况、阐明事故发生的直接原因和间接原因,列出事故责任追究建议,结合《中华人民共和国安全生产法》《中华人民共和国公路法》《中华人民共和国海上交通安全法》《中华人民共和国道路运输条例》和《中华人民共和国内河交通安全管理条例》等法律法规和部门规章,剖析了人、车(船)、路(航道及枢纽)、生产经营单位,以及公路水运工程建设、勘察设计、施工、监理等单位和行业监督管理部门的违法违规行为,分析了违反法律法规应承担的法律责任,以警示教育广大从业人员和安全生产监督管理人员,强化法治意识,增强法治思维,推进依法治安。同时,本书结合案例提出了加强行业安全工作的启示,供广大从业人员和安全生产监督管理人员参考。

交通运输部管理干部学院参与了本书的编写工作。本书编写得到了山东交通学院、长江航务管理局、威海市交通运输局、贵州省交通规划勘察设计研究院等单位的大力支持,在此一并感谢。

本书涉及道路运输、水路运输和公路水运工程建设等领域,由于内容广泛,加之编者水平有限,不足之处在所难免,敬请广大读者批评指正!如果读者对本书有好的建议或意见,请发送邮件至以下邮箱:glslhyaqjasf@163.com。

交通运输部安全与质量监督管理司

2017 年 7 月

目录

第一部分　道路运输篇

第二部分　水路运输篇

第三部分　公路水运工程建设篇

附　　录

第一部分

道路运输篇

近年来，道路运输领域的重特大生产安全事故时有发生，给人民的生命财产造成了严重损失，同时也对经济社会发展产生了重大不良影响。分析道路运输领域典型事故的发生原因，不难发现，人、车、路、生产经营单位及行业管理的每一项因素都会对事故的发生产生影响。道路运输的每一个环节，如果有细小疏漏或责任缺失，都会对事故的发生产生直接的影响或者起到重要的助推作用。因此，要抓好道路运输安全，必须重视人、车、路、生产经营单位和行业安全监督管理各项要素。警钟长鸣，树立安全意识和责任意识，重视安全问题，方可防患于未然。

第一章　道路运输事故典型案例

案例 1-1：京珠高速河南信阳"7 · 22"特别重大卧铺客车燃烧事故

2011 年 7 月 21 日，山东省某运输公司大型卧铺客车从威海市出发前往湖南省长沙市。7 月 22 日 3 时 43 分，当大型卧铺客车（实载 47 人）行驶至京珠高速公路河南省信阳市境内时，突然发生爆燃，造成 41 人死亡、6 人受伤，客车严重烧毁，直接经济损失 2342.06 万元。事故现场图如图 1-1 所示。

图 1-1　京珠高速河南信阳"7 · 22"特别重大卧铺客车燃烧事故现场图

事故调查认定，大型卧铺客车违规运输 15 箱共 300kg 危险化学品偶氮二异庚腈，并堆放在客车舱后部，偶氮二异庚腈在挤压、摩擦、发动机放热等综合因素作用下受热分解并发生爆燃，是事故发生的直接原因。事故调查发现还存在其他原因，其中涉及交通运输行业的原因主要包括：

（1）该运输公司及其客运分公司安全管理混乱，未认真开展客运管理和安全隐患排查治理纠正工作，未纠正《营运客车承包经营合同》中的违规条款，未发现和治理、解决事故车辆长期不进站报班发车、不按规定班次线路行驶、违规站外上客、人员超载、违规载货等安全隐患和问题。其分公司安全生产工作以包代管，与事故车辆承包人签订的《营运客车承包经营合同》中含有"途中上客由乙方（承包人）自售自收"的条款，默许事故车辆长期违规站外经营；未研究解决公司行车路单发放制度和车辆请假管理制度中不健全的问题；未排查治理事故车辆长期不进站报班发车、不按规定班次线路行驶以及违规站外上客、人员超载、违规载货等安全隐患。

(2)汽车站安全管理责任不落实,未认真核实事故车辆长期请假脱班的情况;发现事故车辆报班手续不全时,未按规定扣留该车进站证;发现事故车辆未按时到达发车位时,未按规定核实原因。

(3)当地交通运输管理部门组织开展客运市场管理和监督检查工作不到位。道路运输管理处指导和监督客运行业管理工作不到位,对该运输公司长期存在客运班车不进站报班发车、不按规定班次线路行驶、违规站外上客载货等安全隐患监督管理不到位。交通运输局组织开展道路运输安全管理工作不到位,对所属道路运输管理处履行职责的情况监督检查不到位。

依据法律法规,该运输公司客运二分公司及大型卧铺客车承包人等5名责任人员因涉嫌重大责任事故罪被刑事拘留,后被批准逮捕。事故调查报告建议,对事故车辆所在运输公司及其客运二分公司的10名责任人员给予行政处分,对当地交通运输主管部门和道路运输管理机构的5名责任人员给予行政处分。

案例1-2:滨保高速天津“10·7”特别重大道路交通事故

2011年10月7日,滨保高速公路天津市境内,云某驾驶的冀籍大型客车由河北省保定市开往唐山市,崔某驾驶的鲁籍小型客车由山东省济南市出发前往天津市宝坻区,车辆行驶至滨保高速公路60.7km附近,当小型客车与大型客车并行时,由于两车横向距离较小,大型客车车身左侧前部与小型客车右侧后部发生剐蹭撞击,大型客车偏离车道并冲向道路右侧波形钢护栏,造成车窗立柱与车身骨架在焊接部位断裂,大型客车车顶右侧与车身骨架开裂。护栏在车内对大型客车乘车人形成切割和撞击,造成35人死亡、19人受伤,直接经济损失3447.15万元。事故现场图如图1-2所示。

事故调查认定,在大型客车驾驶员云某超速行驶、措施不当、疲劳驾驶三项交通违法行为的共同作用下,大型客车与小型客车发生擦撞并侧翻,是事故发生的主要原因;小型客车驾驶员崔某未按照操作规范安全驾驶,在超越大型客车时车速控制不当,两次左右调整方向,也是事故发生的原因;大型客车超员载人,加重了事故后果。事故调查发现还存在其他原因,其中涉及交通运输行业的原因主要包括:

(1)某交运集团及其下属公司安全生产责任制不落实,安全管理制度不健全。公司未认真开展包车客运的日常管理和安全隐患排查治理工作;违规同意某客运分公司与事故大型客车的挂靠经营行为；未发现和解决省际包车证的发放、使用和缴销管理混乱等问题。客运分公司违规与事故大型客车实际所有人张某签订《车辆靠挂合同书》；未发现和整改、纠正事故大型客车长期存在私自改装增加座位的安全隐患；未发现和纠正事故大型客车违规雇用公司驾驶员台账以外的人员驾驶车辆；未认真执行省际包车证管理制度，致使事故大型客车长期私自承揽包车客运业务。

图 1-2　滨保高速天津"10·7"特别重大道路交通事故现场图

(2)当地交通运输管理部门开展道路运输安全管理和监督检查工作不到位。未认真开展包车客运管理和监督检查工作，未按规定认真核发省际包车证，对某交运集团公司及其客运分公司未认真开展交通安全宣传教育、违规允许私人车辆挂靠经营等问题监督管理不到位。开展道路运输行业安全管理工作不到位，对下级管理部门未认真履行职责的问题督促检查不到位。

依据法律法规，大型客车驾驶员云某被公安机关刑事拘留，后被检察机关依法逮捕。事故大型客车车主张某被公安机关刑事拘留。事故调查报告建议，对交运集团及下属公司的 14 名责任人员依法给予行政处分，对当地相关交通运输管理部门的 7 名责任人员依法给予行政处分，给予河北省相关部门与交运集团、下属客运分公司及其主要责任人员相应行政处罚。

案例 1-3：广州"6·29"道路交通事故引发爆燃重大事故

2012 年 6 月 29 日，广深沿江高速 K5 + 300m 处发生一起中型自卸货车与油罐车追尾相撞交通事故，导致油罐车中的溶剂油泄漏，继而引发爆燃，波及广深沿江高速公路高架桥下及周边的货物堆场、工棚，造成 20 人死亡，31 人受伤，直接经济损失约 4600 万元，过火面积 1396.1m^2。事故现场图如图 1-3 所示。

图 1-3　广州"6·29"道路交通事故引发爆燃重大事故现场图

事故调查认定,周某驾驶超载的油罐车在广深沿江高速公路违法停车,刘某驾驶中型自卸货车追尾碰撞油罐车,造成油罐车装载的 54.22t 溶剂油泄漏,泄漏溶剂油流淌至离高速公路高架桥下方约 12m 及周边地区,挥发的可燃气体与空气混合形成爆炸性的混合气体,遇桥下过往机动车产生的火花引起连环爆燃,是导致重大人员伤亡事故发生的直接原因。另外,导致事故发生的涉及交通运输行业的间接原因主要包括:

(1)某公司违法违规从事危险货物道路运输,主要表现在擅自安装和使用不符合国家标准的油罐车,车辆实际外廓尺寸与行驶证所载不相符,罐体装卸口未设置阀门箱、密封式集漏器和紧急切断装置;涉嫌伪造道路运输证导致车辆严重超载;安全生产管理责任落实不到位,对挂靠经营的危险化学品运输车辆只收取管理服务费,但没有进行管理,挂靠车主自负盈亏,风险自担,无安全管理制度,无专职的安全管理员,未对驾驶员、押运员进行的安全培训教育,完全交由各挂靠车队自行经营管理,纵容了所属车辆的道路交通违法行为;主要负责人张某、贺某和肇事车辆实际车主邓某、车队长陈某在本次事故发生后逃逸,不配合事故调查。

(2)事发路段周边存在非法构、建筑物,并有大量人员居住。广深沿江高速事发路段两边,秦某等人非法出租土地,刘某等人无照经营,导致了大量人员在高速公路建筑控制区及周边区域范围内搭建非法构、建筑物,生产并居住,形成事故隐患。

(3)相关公路管理机构涉事路政大队未采取有效措施及时发现、制止广深沿江高速公路夏港高架桥下公路用地范围内停放汽车、倾倒淤泥等行为,也未及时将广深沿江高速公路夏港高架桥下高速公路建筑控制区内木材加工作坊等违法建设情况告知交通综合行政执法机构处理,工作不到位。

(4)当地交通综合行政执法机构未采取有效措施及时巡查、查处广深沿江高

速公路夏港高架桥下高速公路建筑控制区内木材加工作坊等违法建设，监督管理不力。

(5)相关公路管理机构路政管理处对涉事路政大队的相关巡查工作指导、督促不到位。

事故调查报告建议，对油罐车驾驶员、押运员、实际控制人、公司负责人以及中型货车驾驶员等 7 人，相关公路管理机构涉事路政大队 2 人追究刑事责任；对当地交通综合行政执法机构 1 人给予行政处分；依照法定程序对相关公路管理机构涉事路政大队 3 人注销行政执法证件。

案例 1-4：包茂高速陕西延安“8·26”特别重大道路交通事故

2012 年 8 月 26 日，装载 35.22t 甲醇的豫籍重型半挂货车，在前往陕西省韩城市昌顺化工厂途中，进入安塞服务区停车休息并更换驾驶员，从安塞服务区出发后，驾驶员违法越过出口匝道导流线驶入包茂高速公路第二车道，此时，从内蒙古自治区呼和浩特市长途汽车站出发，前往陕西省西安市的蒙籍大型卧铺客车，在未采取任何制动措施的情况下，正面追尾碰撞重型半挂货车。碰撞致使大型卧铺客车前部与重型半挂货车罐体尾部铰合，卸料管竖向球阀外壳破碎，大量甲醇泄漏，造成大型卧铺客车电气线路绝缘破损发生短路，产生的火花使甲醇蒸汽和空气形成的爆炸性混合气体发生爆燃起火，大火迅速引燃重型半挂货车后部和大型卧铺客车，并沿甲醇泄漏方向蔓延至附近高速公路路面和涵洞。事故共造成大型卧铺客车内 36 人死亡、3 人受伤，大型卧铺客车报废，重型半挂货车、高速公路路面和涵洞受损。事故造成直接经济损失 3160.6 万元。事故现场图如图 1-4 所示。

图 1-4　包茂高速陕西延安“8·26”特别重大道路交通事故现场图

事故调查认定,涉事大型卧铺客车驾驶员遇重型半挂货车从匝道驶入高速公路时,因疲劳驾驶未采取安全措施,导致大型卧铺客车追尾碰撞重型半挂货车,是事故发生的主要原因。重型半挂货车驾驶员从匝道违法驶入高速公路,在高速公路上违法低速行驶,是导致大型卧铺客车追尾碰撞重型半挂货车的次要原因。导致事故发生的涉及交通运输行业的间接原因主要包括:

(1)客运车辆所在的某客运(集团)有限责任公司客运安全管理的主体责任落实不力。公司未严格执行驾驶员落地休息制度,未认真督促事故大型卧铺客车在凌晨2时至5时期间停车休息;开展道路运输车辆动态监控工作不到位,对事故大型卧铺客车驾驶员夜间疲劳驾驶的问题失察。

(2)货运车辆所属的某汽车运输公司危险货物运输安全管理的主体责任落实不到位。公司安全管理制度不健全,安全管理措施不落实;未纠正事故重型半挂货车驾驶员没有在公司内部备案、没有参加过安全教育培训等问题;未认真开展危险货物道路运输动态监控工作,对事故重型半挂货车未按规定配备两名合格驾驶员和超量装载危险货物等问题失察。

(3)内蒙古自治区相关交通运输管理部门道路客运安全的监督管理责任落实不到位。组织开展道路客运市场管理和监督检查工作不力,对客运公司落实车辆动态监控工作的情况督促检查不到位。上级交通运输主管部门组织开展道路运输行业安全监督管理工作不到位,对下级道路运输管理机构履行监督管理职责的情况督促检查不到位。

(4)河南省相关交通运输管理部门危险货物道路运输的监督管理责任落实不到位。组织开展危险货物道路运输管理和监督检查工作不力,未认真督促某汽车运输公司整改安全管理制度不健全和安全管理措施不落实等问题,对该公司存在的安全隐患督促检查不到位。上级交通运输主管部门对下级部门组织开展危险货物道路运输监督检查工作不到位,对下级部门履行监督管理职责的情况督促检查不到位。

依据法律法规,大型卧铺客车车主、乘务员2人因涉嫌重大责任事故罪被刑事拘留;重型半挂货车驾驶员及押运员2人因涉嫌危险物品肇事罪被批准逮捕,后被移送起诉;肇事客运公司的6名责任人员因涉嫌重大责任事故罪,刑事拘留后被批准逮捕。事故调查报告建议,对客运车辆所在的某客运(集团)有限责任公司的董事长、党委委员彭某给予撤销党内职务处分,对货运车辆所属的某汽车运输公司的5人给予行政处分;对相关交通运输主管部门和道路运输管理机构的16名责任人员给予行政处分;对客运车辆所在的某客运(集团)有限责任公司及其主要责任人员给予相应行政处罚,对货运车辆所属的某汽车运输公司及其主要责任人员给予相应行政处罚。

案例 1-5：S17 线蚌合高速合肥“8·9”重大道路交通事故

2013 年 8 月 9 日，程某驾驶一辆大型客车途经 S17 线蚌合高速公路由南向北行驶至下行线（合肥往淮南方向）K111 +500m 附近时，追尾撞到前方同车道由程某驾驶的重型半挂货车的尾部，造成 10 人死亡、31 人受伤，两车及货车上的货物不同程度损坏。

事故调查认定，大型客车驾驶员程某驾驶机动车未与前车保持安全距离、超速行驶是事故发生的直接原因。

另外，导致事故发生的涉及交通运输行业的间接原因主要包括：

(1) 上海某旅游客运有限公司安全生产主体责任不落实。①日常安全管理制度不落实：对承包人提供虚假承运业务凭证，私自调换未报备驾驶员，申领省际包车客运标志牌的违法营运行为管理不到位。②卫星定位系统动态监控失管：对卫星定位系统动态监控工作管理不严，无专人实行 24 小时监控制度。对其所属多辆营运车辆存在的掉线或驾驶员人为屏蔽卫星定位装置信号（事故车辆也在其中）行为，未采取有效措施，仍安排事故车辆违规运营。③安全管理存在漏洞：未认真开展包车客运的日常管理和安全隐患排查治理工作；未执行《国务院关于加强道路交通安全工作的意见》（国发〔2012〕30 号）有关营运车辆凌晨 2 时至 5 时停止运营或实行接驳运输的规定，存在重大安全生产隐患。④存在违规“挂靠”经营：该公司未按照行业管理部门清理“挂靠”的要求，真正实施清理“挂靠”经营行为，并采取伪造合同等方式蒙骗行业管理部门。

(2) 当地城市交通运输管理部门开展包车运输业务审批把关不严、对旅游客运企业监督检查不到位。对上海某旅游客运有限公司提供虚假承运业务凭证，骗取省际包车证，核发审批把关不严，对公司违规允许私人车辆挂靠经营等问题监督管理不到位。未将车载卫星定位装置在线情况，纳入申领省际包车客运标志牌发放系统所必需的申报备案条件。

依据法律法规，上海某旅游客运有限公司董事长、总经理和事故大型客车车主等 3 人被移送司法机关追究刑事责任。事故调查报告建议，对上海市道路运输管理机构的 2 人给予行政记过处分；对上海某旅游客运有限公司的 2 人给予行政处罚；对上海某旅游客运有限公司处以 70 万元罚款，同时责令停业整顿，停业整顿后仍不具备安全生产条件的，由道路运输管理机构吊销其道路运输经营许可证或吊销相应的经营范围；道路运输管理机构 3 年内不得受理该公司新增旅游客运车辆和客运班线业务申请。

案例1-6:四川达州“9·15”重大道路交通事故

2013年9月15日,达州市某货运公司驾驶员孙某驾驶川籍货车,行至李馥乡境内渠(县)(三)汇路K11与望(溪)石(梯)路k54+60m交叉路口处,在左转弯过程中,车辆失控向右侧翻,将右侧同向正常行驶的川籍客车挤撞翻坠至5.4m高的桥下河沟内,所载约4/5石膏倾泻于桥下,将客车中后部掩埋,造成21人死亡、7人受伤,客车报废,货车受损的重大道路交通事故,直接经济损失1069万元。

事故调查认定,事故发生的直接原因是孙某驾驶非法改装、严重超载的川籍货车上路行驶,车辆在长下坡时制动效能降低,在转弯时处置不当,致使车辆失控向右侧翻,将右侧正常行驶的川籍客车挤撞翻坠至5.4m高的桥下,货车所载货物倾泻于桥下,将客车中后部掩埋;客车超员3人,是事故伤亡后果加重的原因。

另外,导致事故发生的涉及交通运输行业的间接原因主要包括:

(1)事故相关企业安全生产主体责任不落实,安全管理流于形式,非法违法经营。

(2)渠县交通运输管理部门开展道路运输安全管理、路政管理和监督检查工作不到位。

(3)达州市通川区交通运输管理部门开展道路运输安全管理和监督检查工作不到位。

依据法律法规,涉事2名驾驶员被批准逮捕,涉事货运公司的3人被批准逮捕、1人被刑事拘留,涉事客运公司的3人被取保候审,机动车维修机构的1人被批准逮捕、2人被刑事拘留,公路管理机构的7人被刑事拘留或立案侦查。事故调查报告建议,对相关交通运输主管部门的6人、道路运输管理机构的6人给予党纪政纪处分。

案例1-7:晋济高速公路山西晋城段岩后隧道“3·1”特别重大道路交通危化品燃爆事故

2014年3月1日,位于山西省晋城市泽州县的晋济高速公路山西晋城段岩后隧道内,两辆运输甲醇的铰接列车追尾相撞,前车甲醇泄漏起火燃烧,隧道内滞留的另外2辆危险化学品运输车和31辆煤炭运输车等被引燃引爆,造成40人死亡、12人受伤和42辆车被烧毁,直接经济损失8197万元。事故现场图如图1-5所示。

图 1-5　晋济高速公路山西晋城段岩后隧道“3·1”特别重大道路交通危化品燃爆事故现场图

事故调查认定,铰接列车 A 的驾驶员在遇有前方车辆拥堵时,未及时采取制动措施,在隧道内追尾排队等待的铰接列车 B,造成前车(B)甲醇泄漏,后车(A)发生电气短路,引燃周围可燃物,进而引燃泄漏的甲醇,是导致事故发生的直接原因。

另外,导致事故发生的涉及交通运输行业的间接原因主要包括:

(1)事故车辆铰接列车 A 所属的某物流有限公司安全生产主体责任不落实。

(2)铰接列车 B 所属的某市汽车运输有限责任公司危险货物道路运输安全生产的主体责任落实不到位。

(3)山西省相关交通运输管理部门对危险货物道路运输安全监督管理不力。

(4)河南省焦作市交通运输管理部门和孟州市政府及其交通运输管理部门对危险货物道路运输安全监督管理不到位。

(5)山西省高速公路管理部门对高速公路管理和拥堵信息处置不到位等。

依据法律法规,涉事运输公司 10 人被司法机关逮捕;相关道路运输主管部门及道路运输管理机构的 11 名责任人员分别因涉嫌玩忽职守罪、滥用职权罪、受贿罪等被检察机关立案侦查,后被批准逮捕;高速公路经营公司的 3 名责任人员因涉嫌玩忽职守罪被检察机关立案侦查,后被批准逮捕。事故调查报告建议,对交通运输主管部门及道路运输管理机构的 12 名责任人员和高速公路经营公司的 8 名责任人员给予党纪、政纪处分。

案例 1-8:包茂高速重庆黔江段“3·25”重大道路交通事故

2014 年 3 月 25 日,曾某驾驶一辆大型客车由重庆秀山往重庆主城方向行驶,当车辆到达包茂高速公路 K1862 +900m 处时,撞击道路左侧护栏后发生旋转、侧翻斜向停驶于道路车道内,致使道路交通中断;50 秒后,李某驾驶的货车撞击上述大型客车,致使其再次向前推移并发生旋转;20 秒后,驾驶员杨某驾驶的小型客车再次碰撞大型客车。事故共造成16人死亡、39人受伤,直接经济损失1565.8万元。事故现场图如图1-6所示。

图1-6　包茂高速重庆黔江段"3·25"重大道路交通事故现场图

事故调查认定,驾驶员曾某超速行驶,在车辆偏离车道时操作不当,致使车辆失控,其违法行为在事故发生中起重要作用,是导致本次道路交通事故的主要原因。驾驶员李某驾驶的重型仓栅式货车超载,致使其虽采取了紧急制动措施,但该车仍与斜向停驶于前方道路的大型客车发生碰撞,致使客车再次向前推移和旋转,其违法行为在事故发生中起一定作用,是导致本次道路交通事故的次要原因。另外,导致事故发生的涉及交通运输行业的间接原因主要包括:

(1)客运车辆所属的某客运集团有限公司安全生产企业主体责任不落实。

(2)货运车辆所属某汽车运输有限公司未落实安全生产企业主体责任。

(3)四川省相关交通运输主管部门履行行业安全监督管理职责不力;道路运输管理机构未认真履行道路运输企业安全监督管理职责。

(4)重庆市相关道路运输管理机构对辖区货运企业安全监督管理不力。

依据法律法规,四川泸州某客运集团有限公司副经理、二分公司总经理彭某,涉嫌触犯《中华人民共和国刑法》，交由司法机关处理。事故调查报告建议，分别给予四川泸州某客运集团有限公司董事长童某、重庆某汽车运输有限公司经理张某14万和11万元罚款的行政处罚；给予四川泸州和重庆两地交通运输管理部门10人党纪政纪处分。

案例1-9：沪昆高速湖南邵阳段"7·19"特别重大道路交通危化品爆燃事故

2014年7月19日，湖南省邵阳市境内沪昆高速公路K1309+33m处，刘某驾驶一辆自东向西行驶运载乙醇的轻型货车，与前方停车排队等候的大型客车发生追尾碰撞，轻型货车运载的乙醇瞬间大量泄漏并起火燃烧，致使大型客车、轻型货车等5辆车被烧毁，造成54人死亡、6人受伤(其中4人因伤势过重医治无效死亡)，直接经济损失5300余万元。事故现场图如图1-7所示。

图1-7　沪昆高速湖南邵阳段"7·19"特别重大道路交通危化品爆燃事故现场图

事故调查认定，刘某驾驶严重超载的轻型货车，未按操作规范安全驾驶，忽视交警的现场示警，未注意观察和及时发现停在前方排队等候的大型客车，未采取制动措施，致使轻型货车撞上大型客车，其违法行为是导致车辆追尾碰撞的主要原因。轻型货车车厢内装载乙醇的聚丙烯材质罐体受到剧烈冲击，导致焊缝大面积开裂，乙醇瞬间大量泄漏并迅速向大型客车底部和周边弥漫；轻型货车车头右前部由于碰撞变形，造成电线短路产生的火花，引燃泄漏的乙醇，火焰迅速沿地面向大型客车底部和周围蔓延将大型客车包围，是起火燃烧和造成大量人员伤亡的原因。

另外，导致事故发生的涉及交通运输行业的间接原因主要包括：

(1)事故货运车辆所在公司违反《危险化学品安全管理条例》的规定，使用非法改装的无危险货物道路运输许可证的轻型货车运输乙醇。

(2)客运车辆所属公司安全生产主体责任落实不到位。

(3)交通运输主管部门和道路运输管理机构履行道路客运企业安全监督管理职责不到位。

依据法律法规,当地道路运输主管部门的2名责任人员因涉嫌玩忽职守罪被检查机关立案侦查。事故调查报告建议,给予省、市、区三级交通主管部门和道路运输管理机构的22名责任人员党纪、政纪处分。

案例1-10:西藏拉萨"8·9"特别重大道路交通事故

2014年8月9日,驾驶员董某驾驶一辆大型客车,行驶至拉萨市尼木县境内318国道K4740+237m处左转弯下坡路段时,遇对向驶来的白某驾驶的越野车违法越过道路中心线,两车左前部发生正面相撞,大型客车随后向右前方与路侧波型梁护栏剐蹭并撞断护栏后,仰翻坠落至11m深的山崖,导致车内42人死亡、8人受伤。越野车在撞击后逆时针旋转180°并回到原车道,又与随后同向驶来的轻型货车撞碰后,停在道路左侧边沟处,导致越野车内2人死亡、2人受伤,轻型货车内1人受伤。事故共造成44人死亡、11人受伤、2辆汽车严重损坏,直接经济损失3900余万元。事故现场图如图1-8所示。

图1-8　西藏拉萨"8·9"特别重大道路交通事故现场救援图

事故调查认定,越野车在上坡路段超速行驶,在会车时违法占道是导致事故的主要原因。大型客车安全性能不符合国家标准,存在严重安全隐患,在下坡路段严重超速行驶,会车时发现对方车辆违法占道未采取减速、警示、停车或者避让等措施,也是导致事故的重要原因。

另外,导致事故发生的涉及交通运输行业的间接原因主要包括:

(1)车辆租赁公司安全管理规章制度缺失,安全责任制不落实;涉事客运公司

安全管理混乱；涉事旅游公司未设立安全生产管理机构，无安全生产专(兼)职人员，对下属公司安全生产工作监督管理不力。

(2)当地交通运输管理部门存在问题。当地道路运输管理机构对本行政区域内道路运输企业源头安全监督管理不到位，对车辆租赁公司违规承包租赁、车辆例检制度形同虚设、驾驶员安全培训教育制度缺失等安全管理混乱问题失察。交通运输主管部门对道路运输管理机构工作指导和督促不到位，对其没有认真履行道路运输企业源头安全监督管理职责的情况失察。

依据法律法规，客车所属公司的实际负责人和相关责任人员、大型客车实际承包人，涉嫌重大责任事故罪，被公安机关采取措施；越野车所属车辆出租公司的实际负责人涉嫌非法经营罪，被公安机关采取措施。事故调查报告建议，责成西藏自治区安全监督管理局对相关责任企业及其主要负责人处以法定上限的罚款，拉萨市有关部门吊销事故公司的道路运输经营许可证及营业执照，没收非法所得；对当地道路运输管理机构的6名责任人员给予党纪政纪处分。

案例1-11：荣乌高速山东烟台“1·16”重大道路交通事故

2015年1月16日，曹某驾驶鲁籍“五菱牌”小型面包车，沿荣乌高速公路由西向东行驶至K305+449.13m处(饮马池大桥)，因路面结冰，小型面包车失控，与中央隔离带钢板护栏碰撞后停在应急车道上；柳某驾驶冀籍“解放牌”重型罐式货车行驶至K305+409m处，车辆发生侧滑，后尾部与桥南侧水泥护栏发生碰撞剐蹭，向前行驶中撞到鲁籍“五菱牌”小型面包车左后尾部，共行驶71.55m后，货车的左前部又与中央隔离带钢板护栏剐蹭后，车辆向右后方移动2.98m，斜向停于左侧车道和右侧车道；之后行驶至此的王某驾驶的鲁籍大型客车，右前侧与冀籍“解放牌”重型罐式货车的左后尾部发生碰撞，车体朝东北方向停在左侧车道、右侧车道和应急车道上，碰撞造成重型罐式货车卸油口损坏，所载汽油泄漏(约2t)。李某驾驶鲁籍小型越野客车行驶至此，小型越野客车的右前部撞到鲁籍大型客车左侧中前部，冀籍油罐车泄漏的汽油蒸汽与空气的混合物被撞击产生的火花引起爆燃，引燃4辆事故车辆，造成12人死亡(8人烧死，4人跳车坠桥死亡)，6人受伤，重型罐式货车的后尾部烧损，其他3辆车烧毁，直接经济损失约1100万元。

事故调查认定，这次事故导致多人伤亡是多种因素叠加的结果，主要原因是重型罐式货车押运员在非装卸时未关闭紧急切断阀，违反了紧急切断阀操作规程，导致油罐车泄漏了大量汽油。

另外，导致事故发生的涉及交通运输行业的间接原因主要包括：

(1)河北省沧州某运输公司危险货物道路运输安全生产主体责任不落实。

(2)烟台某公司及其运输分公司客运安全生产主体责任落实不到位。

(3)相关公路管理机构履行高速公路巡查和清雪防滑职责不力。

(4)烟台市交通运输管理部门履行客运企业安全管理工作职责不到位等。

依据法律法规,冀籍重型罐式货车实际车主和押运员、沧州某运输有限公司2位股东被检察机关批准逮捕。事故调查报告建议,对烟台某运输公司分公司相关人员给予党内严重警告、降级处分;对相关道路运输管理机构和公路管理机构的责任人员给予行政处分。

案例1-12:新疆喀什"2·24"重大车辆侧翻事故

2015年2月24日,新疆某旅客运输有限公司大型客车,自喀什地区客运总站国际汽车站出发前往阿克苏中心客运站,当行驶至未开通运营的G3012线阿(克苏)—喀(什)高速公路(以下简称阿喀高速)K1071+230m处时,因车辆左前轮爆胎致使车辆失控,冲出中央隔离护栏,驶入对向车道发生自翻,造成22人死亡、38人受伤,直接经济损失1475万元。

事故调查认定,事故发生的直接原因为,肇事驾驶员擅自驶入未开通运营的道路并超速行驶,车辆左前轮突然爆胎,导致车辆侧翻。

另外,导致事故发生的涉及交通运输行业的间接原因主要包括:

(1)涉事运输公司安全管理混乱,GPS动态监控流于形式,未对超速车辆进行监督管理和处罚,安全生产主体责任不落实。

(2)涉事客运总站国际汽车站管理混乱,安全生产主体责任落实不到位。

(3)喀什地区道路运输安全监督管理不到位。

(4)阿克苏地区道路运输安全监督管理不到位。

(5)新疆交通运输主管部门对阿喀高速建设、道路客运安全监督管理不到位。

依据法律法规,对涉事运输公司法定代表、总经理和驾驶员移送司法机关处理。事故调查报告建议,对涉事国际汽车站站长给予其行政撤职处分、国际汽车站副站长给予其行政记大过处分;对涉事客运总站相关人员给予行政处分;对阿克苏地区的交通运输主管部门和道路运输管理机构的4名责任人员给予行政处分;对喀什地区交通运输主管部门和道路运输管理机构的3名责任人员给予行政记过或行政警告处分;对自治区道路运输管理机构的1名责任人员给予行政警告处分等。

案例1-13：贵州纳雍县"4·4"重大道路交通事故

2015年4月4日，贵州省毕节市涉事汽车运输公司的一辆中型客车，在途经纳雍县老凹坝乡街上村至果儿盖村通村的水泥路时，坠入道路左侧垂高51m的以那河河床，造成21人死亡、3人受伤，车辆严重损坏的重大道路交通事故，直接经济损失1249.36万元。

事故调查认定，事故发生的直接原因为，驾驶员胡某在驾车通过路面限宽水泥墩时，超速行驶，操作不当，致使客车左前轮与左侧限宽水泥墩剐蹭后失控，向左前方驶出路面，坠落到垂直高度51m的以那河河床上，造成事故。

另外，导致事故发生的涉及交通运输行业的间接原因主要包括：

(1)肇事车辆驾驶员(承包人)违反安全管理有关法律法规规定，私自揽客，超员、超速行驶，恶意破坏动态监控装置逃避监督管理，擅自在未经验收、不准许通行客运车辆的通村公路上行驶。

(2)事故单位安全生产主体责任落实不到位。

(3)相关道路运输管理机构履行行业监督管理职责不到位。

依据法律法规，毕节市涉事汽车运输公司相关人员涉嫌犯罪，被公安机关立案侦查。事故调查报告建议，对涉事汽车运输公司相关人员、相关交通运输主管部门和道路运输管理机构的责任人员给予党政纪处分和行政处罚。

案例1-14：陕西咸阳"5·15"特别重大道路交通事故

2015年5月15日，4辆大型客车从仲山森林公园出发返回西安，当王某驾驶的陕籍大型客车行驶至淳卜路K1+450m下坡左转弯处时，车辆失控由道路右侧冲出路面，越过路外侧绿化台并向右侧翻滑下落差32m的山崖，车头右前侧撞击地面，头下尾上、右侧车身后部斜靠在崖壁上，造成35人死亡、11人受伤，直接经济损失2300余万元。事故现场图如图1-9所示。

事故调查认定，王某驾驶制动系统技术状况严重不良的大型客车，行经下陡坡、连续急弯路段时，因制动力不足造成车速过快，行至发生事故的急弯路段时车速达到59km/h，在离心力作用下出现侧滑，失控冲出路面翻坠至崖下，是导致事故发生的直接原因。

另外，导致事故发生的涉及交通运输行业的间接原因主要包括：

(1)相关交通运输主管部门和道路运输管理机构履行查处非法营运大型客车工作职责不到位。

图 1-9　陕西咸阳“5·15”特别重大道路交通事故现场图

(2)当地交通运输主管部门违反公路工程质量管理相关规定,对淳卜路改建工程验收及质量监督工作履职不到位等。

依据法律法规,事故车辆所有人、驾驶员因涉嫌重大责任事故罪被批准逮捕;当地道路运输管理机构的 3 名责任人员以涉嫌滥用职权罪被检察机关立案侦查,负责公路改建工程的 3 名责任人员以涉嫌玩忽职守罪被检察机关立案侦查。事故调查报告建议,对相关交通运输主管部门和道路运输管理机构的 13 名责任人员依法给予党纪政纪处分。

案例 1-15:湖南郴州宜凤高速“6·26”特别重大道路交通事故

2016 年 6 月 26 日,湖南省衡阳市某旅游客运有限公司驾驶员刘某驾驶的湘籍大型客车,行驶至湖南省郴州市宜凤高速公路宜章段 K33 + 856m 处时失控,先后与道路中央护栏发生三次剐蹭。行驶中,驾驶员采取了制动措施,车辆逐渐减速并向右前方变线,在车辆右前角接近东溪大桥路测混凝土护栏时停止,并起火燃烧,造成 35 人死亡、13 人受伤,车辆烧毁,高速公路路面及护栏受损,直接经济损失 2290 余万元。事故现场图如图 1-10 所示。

事故调查认定,事故发生的直接原因是:驾驶员刘某疲劳驾驶造成车辆失控,与道路中央护栏发生碰撞事故。碰撞导致车辆油箱破损、柴油泄漏,右前轮向外侧倾斜,轮毂上的螺栓螺母与地面持续摩擦产生高温。车辆停止后,路面上的柴油遇到因摩擦产生高温的右前轮后起火。车辆右前角紧挨路侧护栏,车门无法有效展开,车上乘客不能及时疏散,且安全锤未按规定放置在车厢内,乘客无法击碎车窗逃生,造成重大人员伤亡。

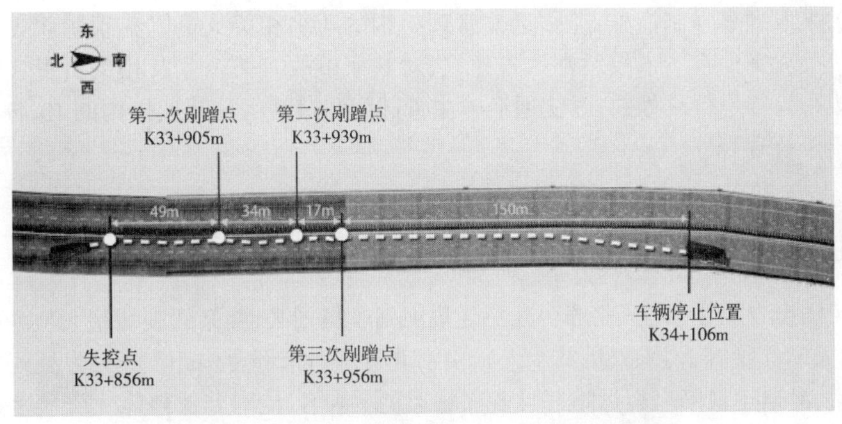

a)湖南郴州宜凤高速“6 · 26”特别重大道路交通事故经过示意图

b)湖南郴州宜凤高速“6 · 26”特别重大道路交通事故车辆烧毁情况对比图

图 1-10　湖南郴州宜凤高速“6 · 26”特别重大道路交通事故现场图

另外，导致事故发生的涉及交通运输行业的间接原因主要包括：

(1)涉事公司违规安排事故车辆运营，未按有关规定要求开展企业日常安全管理工作，未按规定对事故车辆开展安全检查，未落实车辆动态监控管理规定，未采取有效措施防止驾驶员疲劳驾驶，未落实应急管理相关规定等。

(2)交通运输管理部门在旅游包车客运标志牌发放和对运输企业日常安全检查等工作中未按规定履行职责。

依据法律法规，肇事公司总经理、事故车辆车主、事故车辆驾驶员等 17 人被公安机关采取刑事强制措施；道路运输管理机构的4名相关人员因犯玩忽职守罪被公安机关立案侦查。事故调查报告建议，对6家事故有关企业及相关负责人的违法违规行为给予行政处罚，对交通运输主管部门和道路运输管理机构的10名相关人员给予行政处分。

案例1-16：津蓟高速"7·1"重大道路交通事故

2016年7月1日，河北邢台某交通集团驾驶员刘某、鞠某驾驶冀籍大型卧铺客车（出站时无乘客，司乘人员共4人），由河北省邢台市邢台中心汽车站发往辽宁省沈阳市，沿途违规停靠客运站并且多次路边上下乘客，同时非法停靠无资质货运站装载货物，至载客26人、载货9420kg。当日21时28分，该车行驶至天津津蓟高速公路K024+200m处时，因货物超载等原因，车辆右前轮爆胎，车辆失控，车身右侧挤压、剐蹭道路右侧波形钢制护栏，前行约150m，至K024+348m处，车辆前部碰撞并越过高速公路桥梁右侧护栏坠入闫东渠内，造成驾驶员鞠某等26名乘车人溺水死亡、4名乘车人受伤，以及车辆、公路设施等毁坏，直接经济损失约2383.4万元。事故现场图如图1-11所示。

图1-11　津蓟高速"7·1"重大道路交通事故现场图

事故调查认定，事故发生的直接原因是：客车站外非法招揽客货，车辆所载货物严重超载，增加了客车的轴荷，客车右前轮轮胎因承受载荷过大爆裂，致使车辆失控坠入水渠。

另外，导致事故发生的涉及交通运输行业的间接原因主要包括：

（1）肇事车辆承包经营人使用无道路货物运输资质的车辆从事货物运输；故意关闭车辆动态监控车载终端，擅自改变许可运营路线，不按许可站点经营，逃避

监督管理。

(2)涉事交通集团及其下属公司安全生产主体责任不落实,安全管理工作严重缺失,对运营车辆长期包而不管、不按许可线路、站点运营缺乏管理;对涉事车辆的驾驶员、司乘人员进行安全教育培训不到位;对涉事汽车站违规接收未经许可进站的车辆进站运营缺乏管理;车辆动态监控制度形同虚设。

(3)肇事货运站未取得道路运输经营许可,非法从事道路货物运输场站经营,长期为无道路货物运输资质的车辆配载货物。

(4)相关道路运输管理机构开展道路客运安全监督管理责任落实不到位,组织开展道路客运市场监督检查工作不力。相关交通运输主管部门对道路运输管理机构开展道路客运安全监督管理责任落实不到位情况失察,对组织开展道路客运市场监督检查工作指导、督促、检查不力。

依据法律法规,肇事车辆承包经营人 6 人、货运站实际经营人和日常经营管理负责人 2 人、涉事交运集团 10 人、道路运输管理机构 7 人被公安机关采取刑事强制措施。事故调查报告建议,对交通运输主管部门和道路运输管理机构的 7 人给予行政处分,撤销涉事交运集团邢台至沈阳道路客运班线经营许可,收回相关车辆营运证件;对涉事交通集团处以 400 万元人民币罚款的行政处罚;企业主要负责人路某终身不得担任本行业生产经营单位的主要负责人。

第二章　人的安全行为

本章的主要任务是通过分析近年来发生的事故典型案例，找出道路运输生产经营单位的主要负责人、安全生产管理人员、从业人员的不安全行为的共性问题，结合现行法律法规，分析问题产生的原因，吸取教训，并提出相关建议。

第一节　法律问题及分析

道路运输事故中，生产经营单位主要负责人、安全生产管理人员履行安全生产管理职责不到位，从业人员的安全生产知识缺乏、安全生产技能薄弱、事故预防和应急处理能力较差，是造成事故发生的重要原因之一，在事故处理中将被追究法律责任。

一、生产经营单位主要负责人

法律规定

★法律

《中华人民共和国安全生产法》(以下简称《安全生产法》)第十八条　生产经营单位的主要负责人对本单位安全生产工作负有下列职责：

(一)建立、健全本单位安全生产责任制；

(二)组织制定本单位安全生产规章制度和操作规程；

(三)组织制定并实施本单位安全生产教育和培训计划；

(四)保证本单位安全生产投入的有效实施；

(五)督促、检查本单位的安全生产工作，及时消除生产安全事故隐患；

(六)组织制定并实施本单位的生产安全事故应急救援预案；

(七)及时、如实报告生产安全事故。

法律责任

★法律

《安全生产法》第九十一条　生产经营单位的主要负责人未履行本法规定的安全生产管理职责的，责令限期改正；逾期未改正的，处二万元以上五万元以下的罚款,责令生产经营单位停产停业整顿。

生产经营单位的主要负责人有前款违法行为,导致发生生产安全事故的,给予撤职处分;构成犯罪的,依照刑法有关规定追究刑事责任。

生产经营单位的主要负责人依照前款规定受刑事处罚或者撤职处分的,自刑罚执行完毕或者受处分之日起,五年内不得担任任何生产经营单位的主要负责人;对重大、特别重大生产安全事故负有责任的,终身不得担任本行业生产经营单位的主要负责人。

《安全生产法》第九十二条　生产经营单位的主要负责人未履行本法规定的安全生产管理职责,导致发生生产安全事故的,由安全生产监督管理部门依照下列规定处以罚款:

(一)发生一般事故的,处上一年年收入百分之三十的罚款;

(二)发生较大事故的,处上一年年收入百分之四十的罚款;

(三)发生重大事故的,处上一年年收入百分之六十的罚款;

(四)发生特别重大事故的,处上一年年收入百分之八十的罚款。

《安全生产法》第一百零六条　生产经营单位的主要负责人在本单位发生生产安全事故时,不立即组织抢救或者在事故调查处理期间擅离职守或者逃匿的,给予降级、撤职的处分,并由安全生产监督管理部门处上一年年收入百分之六十至百分之一百的罚款;对逃匿的处十五日以下拘留;构成犯罪的,依照《刑法》有关规定追究刑事责任。生产经营单位的主要负责人对生产安全事故隐瞒不报、谎报或者迟报的,依照前款规定处罚。

《中华人民共和国刑法》(以下简称《刑法》)第一百三十四条　【重大责任事故罪;强令违章冒险作业罪】在生产、作业中违反有关安全管理的规定,因而发生重大伤亡事故或者造成其他严重后果的,处三年以下有期徒刑或者拘役;情节特别恶劣的,处三年以上七年以下有期徒刑。

●行政法规

《生产安全事故报告和调查处理条例》第三十八条　事故发生单位主要负责人未依法履行安全生产管理职责,导致事故发生的,依照下列规定处以罚款;属于国家工作人员的,并依法给予处分;构成犯罪的,依法追究刑事责任:

(一)发生一般事故的,处上一年年收入30%的罚款;

(二)发生较大事故的,处上一年年收入40%的罚款;

(三)发生重大事故的,处上一年年收入60%的罚款;

(四)发生特别重大事故的,处上一年年收入80%的罚款。

◆部门规章

《安全生产领域违法违纪行为政纪处分暂行规定》第十二条　国有企业及其工作人员有下列行为之一,导致生产安全事故发生的,对有关责任人员,给予警告、记过或者记大过处分;情节较重的,给予降级、撤职或者留用察看处分;情节严重的,给予开除处分:

(一)对存在的重大安全隐患,未采取有效措施的;

(二)违章指挥,强令工人违章冒险作业的;

(三)未按规定进行安全生产教育和培训并经考核合格,允许从业人员上岗,致使违章作业的;

(四)制造、销售、使用国家明令淘汰或者不符合国家标准的设施、设备、器材或者产品的;

(五)超能力、超强度、超定员组织生产经营,拒不执行有关部门整改指令的;

(六)拒绝执法人员进行现场检查或者在被检查时隐瞒事故隐患,不如实反映情况的;

(七)有其他不履行或者不正确履行安全生产管理职责的。

案例分析

(1)《安全生产法》规定,**企业的主要负责人应当督促、检查本单位的安全生产工作,及时消除生产安全事故隐患**。京珠高速河南信阳"7·22"特别重大卧铺客车燃烧事故(案例1-1)调查认定,事故车辆所在的交运集团客运二分公司安全生产工作以包代管,与事故车辆承包人签订的《营运客车承包经营合同》中含有"途中上客由乙方(承包人)自售自收"的条款,默许事故车辆长期违规站外经营;未研究解决公司行车路单发放制度和车辆请假管理制度不健全等问题;未排查治理事故车辆长期不进站报班发车、不按规定班次线路行驶以及违规站外上客、人员超载、违规载货等安全隐患。上述行为说明,肇事交运集团客运二分公司经理刘某、副经理赵某作为企业的主要负责人,未履行《安全生产法》规定的**督促、检查本单位的安全生产工作,及时消除生产安全事故隐患等安全生产工作职责**,导致重大安全生产事故,根据《安全生产法》等法律法规对其批准逮捕并追究刑事责任。肇事交运集团未认真开展客运管理和安全隐患排查治理纠正工作;未纠正《营运客车承包经营合同》中的违规条款;未发现和治理解决事故车辆长期不进站报班发车、不按规定班次线路行驶、违规站外上客、人员超载、违规载货等安全隐患和问题,导致隐患长期存在。上述行为说明,肇事交运集团董事长刘某、总经理于某未履行《安全生产法》规定的**督促、检查本单位的安全生产工作,及时消除生产安全事故隐患等安**

全生产工作职责，根据《安全生产法》以及其他违法违规行为所依据的法律法规，事故调查报告建议，给予肇事交运集团法定代表人、董事长刘某降级、党内严重警告处分，给予总经理于某撤职、撤销党内职务处分。

(2)《安全生产法》规定，**生产经营单位的主要负责人应当组织制定并实施本单位的生产安全事故应急救援预案**。晋济高速公路山西晋城段岩后隧道"3·1"特别重大道路交通危化品燃爆事故(案例1-7)调查认定，肇事晋籍车辆所在物流公司安全生产主体责任不落实，公司法定代表人不能有效履行安全生产第一责任人责任，未能组织制定并有效实施符合要求的企业应急预案。由于缺乏有效的企业应急预案和应急演练，致使突发事件出现后无法及时处置，以致重大事故，造成重大损失。上述行为说明，企业法定代表人宋某未履行《安全生产法》规定的**生产经营单位的主要负责人应当组织制定并实施本单位的生产安全事故应急救援预案的职责**，根据《安全生产法》《生产安全事故报告和调查处理条例》的规定，以及其他违法违规行为所依据的法律法规，被批准逮捕追究刑事责任，并处以罚款。

(3)《安全生产法》规定，**生产经营单位的主要负责人应当组织制定并实施本单位安全生产教育和培训计划**。晋济高速公路山西晋城段岩后隧道"3·1"特别重大道路交通危化品燃爆事故(案例1-7)调查认定，肇事晋籍车辆所在物流公司未有效实施对本单位从业人员的安全培训教育制度。如果事故发生在当前，上述行为说明，企业法定代表人未履行《安全生产法》规定的**生产经营单位的主要负责人应当承担的安全生产教育培训职责**，根据《安全生产法》等规定追究责任。

(4)《安全生产法》规定，**生产经营单位的主要负责人应当组织制定本单位安全生产规章制度和操作规程**。包茂高速重庆黔江段"3·25"重大道路交通事故(案例1-8)调查认定，四川泸州涉事客运集团有限公司主要负责人未按照《道路旅客运输企业安全管理规范》要求组织制定车辆动态监控操作规程，督促、检查安全生产工作不到位，没有及时消除以上生产安全事故隐患。上述行为说明，公司主要负责人未履行《安全生产法》规定的**组织制定安全生产规章制度和操作规程、督促检查安全生产工作，及时消除生产安全事故隐患等职责**，根据《安全生产法》以及其他违法违规行为所依据的法律法规，事故调查报告建议，给予公司法定代表人、董事长童某留党察看一年处分并罚款的行政处罚，将公司副经理、二分公司总经理彭某移交司法机关追究刑事责任。

新疆喀什"2·24"重大车辆侧翻事故(案例1-12)调查认定，地区客运总站总站长，作为地区客运总站安全生产工作第一责任人，未认真贯彻落实国家道路运输安全相关法律法规，履行安全监督管理职责不到位，对总站某分支客运站监督检查不够，未能及时发现并消除分支客运站存在的安全隐患。总站某分支客运站主要负责人未认真贯彻落实国家道路运输安全相关法律法规，履行安全监督管理职责不到位，对国际汽车站存在的安全隐患失察。上述行为说明，主要负责人履行《安全生产法》规定的**督促、检查安全生产工作，及时消除生产安全事故隐患等职责**不到位，根据《安全生产法》《安全生产领域违法违纪行为政纪处分暂行规定》等规定，事故调查报告建议，给予地区客运总站总站长罗某行政记过处分，给予总站某分支客运站站长贺某行政撤职处分，给予总站某分支客运站副站长艾某和杨某行政记大过处分。

二、生产经营单位安全生产管理人员

法律规定

★法律

《安全生产法》第二十二条　生产经营单位的安全生产管理机构以及安全生产管理人员履行下列职责：

（一）组织或者参与拟订本单位安全生产规章制度、操作规程和生产安全事故应急救援预案；

（二）组织或者参与本单位安全生产教育和培训，如实记录安全生产教育和培训情况；

（三）督促落实本单位重大危险源的安全管理措施；

（四）组织或者参与本单位应急救援演练；

（五）检查本单位的安全生产状况，及时排查生产安全事故隐患，提出改进安全生产管理的建议；

（六）制止和纠正违章指挥、强令冒险作业、违反操作规程的行为；

（七）督促落实本单位安全生产整改措施。

《安全生产法》第四十三条　生产经营单位的安全生产管理人员应当根据本单位的生产经营特点，对安全生产状况进行经常性检查；对检查中发现的安全问题，应当立即处理；不能处理的，应当及时报告本单位有关负责人，有关负责人应当及时处理。检查及处理情况应当如实记录在案。

生产经营单位的安全生产管理人员在检查中发现重大事故隐患，依照前款规定向本单位有关负责人报告，有关负责人不及时处理的，安全生产管理人员可以向主管的负有安全生产监督管理职责的部门报告，接到报告的部门应当依法及时处理。

法律责任

★法律

《安全生产法》第九十三条　生产经营单位的安全生产管理人员未履行本法规定的安全生产管理职责的,责令限期改正;导致发生生产安全事故的,暂停或者撤销其与安全生产有关的资格;构成犯罪的,依照刑法有关规定追究刑事责任。

案例分析

《安全生产法》规定**生产经营单位的安全生产管理人员应当根据本单位的生产经营特点对安全生产状况进行经常性检查,对检查中发现的安全问题,应当立即处理,及时将不能处理的问题报告本单位有关负责人;应当组织或者参与本单位安全生产教育和培训,如实记录安全生产教育和培训情况。**

京珠高速河南信阳"7·22"特别重大卧铺客车燃烧事故(案例1-1)调查认定,事故车辆所在的交运集团客运公司,安全生产管理人员未尽到安全管理职责,未及时制止和纠正不进站报班发车、人员超载、违规载货等情况,未排查治理事故车辆长期不进站报班发车的情况,工作中未及时消除不按规定班次线路行驶等安全隐患。上述行为说明,事故车辆所在的交运集团客运二分公司安全科长李某,未尽到《安全生产法》规定的**检查处理职责**,致使车辆长期违规运行,导致事故发生,根据《安全生产法》《刑法》等规定,李某涉嫌重大责任事故罪被批准逮捕。

四川达州"9·15"重大道路交通事故(案例1-6)调查认定,达州市涉事货运公司安全科科长吴某,未按规定组织或参与对驾驶员的安全教育和培训;未及时督促整改川籍货车存在的非法改装、长期超载运输问题;没有及时发现未按规定落实车辆二级维护工作、并违规购买虚假二级维护竣工出厂合格证等情况。上述行为说明,达州市涉事货运公司安全科科长吴某,未履行《安全生产法》规定的**检查处理职责**,致使车辆长期存在非法改装、超载运输以及二级维护不到位等问题,导致事故发生并造成重大损失,依据《安全生产法》和《刑法》涉嫌重大责任事故罪被批准逮捕。如果事故发生在当前,安全科科长吴某未尽到《安全生产法》规定的**安全生产教育培训职责**,将根据《安全生产法》等规定,暂停或者撤销其与安全生产有关的管理资格并追究刑事责任。

晋济高速公路山西晋城段岩后隧道"3·1"特别重大道路交通危化品燃爆事故(案例1-7)调查认定,山西涉事物流公司车队队长、安检组负责人赵某对安全生产状况监督检查不到位,对驾驶员和押运员习惯性违章操作、罐体底部卸料管根部球阀长期处于开启状态检查及处理不到位。上述行为说明,山西涉事物流公司车队队长、安检组负责人赵某履行《安全生产法》规定的**检查处理职责**不到位,致使

驾驶员和押运员长期存在的违章行为未得到及时纠正，车辆存在问题未得到有效整改，导致事故发生并造成重大损失，根据《安全生产法》《刑法》等规定，涉嫌重大责任事故罪被批准逮捕。

三、生产经营单位从业人员

法律规定

★法律

《安全生产法》第五十四条　从业人员在作业过程中，应当严格遵守本单位的安全生产规章制度和操作规程，服从管理，正确佩戴和使用劳动防护用品。

《安全生产法》第五十五条　从业人员应当接受安全生产教育和培训，掌握本职工作所需的安全生产知识，提高安全生产技能，增强事故预防和应急处理能力。

●行政法规

《中华人民共和国道路运输条例》（以下简称《道路运输条例》）第九条　从事客运经营的驾驶人员，应当符合下列条件：

（一）取得相应的机动车驾驶证；

（二）年龄不超过60周岁；

（三）3年内无重大以上交通责任事故记录；

（四）经设区的市级道路运输管理机构对有关客运法律法规、机动车维修和旅客急救基本知识考试合格。

《道路运输条例》第二十二条　从事货运经营的驾驶人员，应当符合下列条件：

（一）取得相应的机动车驾驶证；

（二）年龄不超过60周岁；

（三）经设区的市级道路运输管理机构对有关货运法律法规、机动车维修和货物装载保管基本知识考试合格。

《道路运输条例》第二十三条　申请从事危险货物运输经营的，还应当具备下列条件：

（一）有5辆以上经检测合格的危险货物运输专用车辆、设备；

（二）有经所在地设区的市级人民政府交通主管部门考试合格，取得上岗资格证的驾驶人员、装卸管理人员、押运人员；

（三）危险货物运输专用车辆配有必要的通讯工具；

（四）有健全的安全生产管理制度。

《道路运输条例》第二十八条第二款　道路运输从业人员应当遵守道路运输

操作规程,不得违章作业。驾驶人员连续驾驶时间不得超过4个小时。

◆部门规章

《道路运输从业人员管理规定》第六条第一款　国家对经营性道路客货运输驾驶员、道路危险货物运输从业人员实行从业资格考试制度。其他已实施国家职业资格制度的道路运输从业人员,按照国家职业资格的有关规定执行。

第三款经营性道路客货运输驾驶员和道路危险货物运输从业人员必须取得相应从业资格,方可从事相应的道路运输活动。

《道路危险货物运输管理规定》第八条　申请从事道路危险货物运输经营,应当具备下列条件:

(三)有符合下列要求的从业人员和安全管理人员:

1. 专用车辆的驾驶人员取得相应机动车驾驶证,年龄不超过60周岁。

2. 从事道路危险货物运输的驾驶人员、装卸管理人员、押运人员应当经所在地设区的市级人民政府交通运输主管部门考试合格,并取得相应的从业资格证;从事剧毒化学品、爆炸品道路运输的驾驶人员、装卸管理人员、押运人员,应当经考试合格,取得注明为"剧毒化学品运输"或者"爆炸品运输"类别的从业资格证。

3. 企业应当配备专职安全管理人员。

《道路危险货物运输管理规定》第四十五条　道路危险货物运输从业人员必须熟悉有关安全生产的法规、技术标准和安全生产规章制度、安全操作规程,了解所装运危险货物的性质、危害特性、包装物或者容器的使用要求和发生意外事故时的处置措施,并严格执行《汽车运输危险货物规则》(JT 617)、《汽车运输、装卸危险货物作业规程》(JT 618)等标准,不得违章作业。

《道路危险货物运输管理规定》第四十六条　道路危险货物运输企业或者单位应当通过岗前培训、例会、定期学习等方式,对从业人员进行经常性安全生产、职业道德、业务知识和操作规程的教育培训。

《道路运输车辆动态监督管理办法》第二十六条第一款　监控人员应当实时分析、处理车辆行驶动态信息,及时提醒驾驶员纠正超速行驶、疲劳驾驶等违法行为,并记录存档至动态监控台账;对经提醒仍然继续违法驾驶的驾驶员,应当及时向企业安全管理机构报告,安全管理机构应当立即采取措施制止;对拒不执行制止措施仍然继续违法驾驶的,道路运输企业应当及时报告公安机关交通管理部门,并在事后解聘驾驶员。

《道路运输车辆动态监督管理办法》第二十八条　任何单位和个人不得破坏卫星定位装置以及恶意人为干扰、屏蔽卫星定位装置信号,不得篡改卫星定位装置数据。

法律责任

★法律

《安全生产法》第一百零四条　生产经营单位的从业人员不服从管理,违反安全生产规章制度或者操作规程的,由生产经营单位给予批评教育,依照有关规章制度给予处分;构成犯罪的,依照刑法有关规定追究刑事责任。

《刑法》第一百三十四条　【重大责任事故罪;强令违章冒险作业罪】在生产、作业中违反有关安全管理的规定,因而发生重大伤亡事故或者造成其他严重后果的,处三年以下有期徒刑或者拘役;情节特别恶劣的,处三年以上七年以下有期徒刑。

强令他人违章冒险作业,因而发生重大伤亡事故或者造成其他严重后果的,处五年以下有期徒刑或者拘役;情节特别恶劣的,处五年以上有期徒刑。

《刑法》第一百三十六条　【危险物品肇事罪】违反爆炸性、易燃性、放射性、毒害性、腐蚀性物品的管理规定,在生产、储存、运输、使用中发生重大事故,造成严重后果的,处三年以下有期徒刑或者拘役;后果特别严重的,处三年以上七年以下有期徒刑。

●行政法规

《道路运输条例》第六十四条　不符合本条例第九条、第二十二条规定条件的人员驾驶道路运输经营车辆的,由县级以上道路运输管理机构责令改正,处200元以上2000元以下的罚款;构成犯罪的,依法追究刑事责任。

◆部门规章

《道路运输车辆动态监督管理办法》第三十八条　违反本办法的规定,有下列情形之一的,由县级以上道路运输管理机构责令改正,处2000元以上5000元以下罚款:

(一)破坏卫星定位装置以及恶意人为干扰、屏蔽卫星定位装置信号的;

(二)伪造、篡改、删除车辆动态监控数据的。

《道路运输车辆动态监督管理办法》第三十九条　违反本办法的规定,发生道路交通事故的,具有第三十六条、第三十七条、第三十八条情形之一的,依法追究相关人员的责任;构成犯罪的,依法追究刑事责任。

《道路运输从业人员管理规定》第四十五条　违反本规定,有下列行为之一的人员,由县级以上道路运输管理机构责令改正,处200元以上2000元以下的罚款;构成犯罪的,依法追究刑事责任:

(一)未取得相应从业资格证件,驾驶道路客货运输车辆的;

(二)使用失效、伪造、变造的从业资格证件，驾驶道路客货运输车辆的；

(三)超越从业资格证件核定范围，驾驶道路客货运输车辆的。

案例分析

(1)《道路运输条例》和《道路运输从业人员管理规定》均规定，**经营性道路客货运输驾驶员和道路危险货物运输从业人员必须取得相应从业资格，方可从事相应的道路运输活动**。

达州市渠县“9·15”重大道路交通事故(案例1-6)调查认定，川籍重型自卸货车驾驶员孙某无道路货物运输从业资格证，表明孙某未按规定参与相应的培训，未经考核合格，难以掌握相应的客货运输常识，导致事故发生时孙某应急处置不当，致使车辆失控向右侧翻，将客车挤入桥下造成重大伤亡。孙某的行为违反了《道路运输条例》和《道路运输从业人员管理规定》规定的**经营性道路货物运输驾驶员应当取得从业资格证的要求**。另外，孙某还存在其他违法违规行为。依据《道路运输条例》《道路运输从业人员管理规定》等，以及其他违法违规行为所依据的法律法规，川籍重型自卸货车驾驶员孙某被检察机关批准逮捕。

(2)《安全生产法》规定，**生产经营单位的从业人员应当依法履行安全生产方面的义务，在作业过程中应当严格遵守本单位的安全生产规章制度和操作规程**；《道路危险货物运输管理规定》规定，**道路危险货物运输从业人员不得违反有关安全生产的法规、技术标准和安全生产规章制度、安全操作规程作业**。

《道路交通安全法》等法律法规和规章标准规定的机动车通行规定，在融合到企业规章制度里时，也是企业规章制度的组成部分。晋济高速公路山西晋城段岩后隧道“3·1”特别重大道路交通危化品燃爆事故(案例1-7)调查认定，山西省晋城市涉事公司的驾驶员习惯性违章操作，其在隧道内超车等行为违反了《道路交通安全法》规定的**机动车在隧道内禁止超车和前方车辆停车排队或者缓行时不得借道超车的规定**，违规超车形成习惯性违章，违反了《安全生产法》明确的**从业人员在作业过程中应当严格遵守本单位的安全生产规章制度和操作规程规定**，依据《安全生产法》等规定，驾驶员被司法机关逮捕并追究刑事责任。

荣乌高速山东烟台“1·16”重大道路交通事故(案例1-11)调查认定，肇事油罐车押运员崔某未按照油罐车安全操作规范进行操作，在非装卸时未关闭紧急切断阀，违反了紧急切断阀操作规程，导致在与鲁籍大型客车碰撞中，货车罐体卸料口损坏，所装汽油泄漏，引发火灾，造成重大伤亡和财产损失。上述行为说明，肇事油罐车押运员崔某未履行《安全生产法》和《道路危险货物运输管理规定》规定的安全生产义务，涉嫌危险物品肇事罪，依据《安全生产法》《刑法》等规定，被检察机关批准逮并追究刑事责任。

(3)《道路运输车辆动态监督管理办法》规定,**监控人员应当实时分析、处理车辆行驶动态信息,及时提醒驾驶员纠正超速行驶、疲劳驾驶等违法行为,并记录存档至动态监控台账;对经提醒仍然继续违法驾驶的驾驶员,应当及时向企业安全管理机构报告**。

贵州纳雍县"4·4"重大道路交通事故(案例1-13)调查认定,毕节市涉事汽车运输公司动态监控平台工作人员许某,在事故当天下午当班时,发现事故车辆动态监控掉线后,未向上级报告并查清原因,对一些车辆擅自在动态监控终端加装电源开关、逃避监督管理的行为失察。上述行为说明,许某未履行《道路运输车辆动态监督管理办法》规定的**监控人员分析、处理和纠正驾驶员违章行为的职责,也未履行向企业安全管理机构报告的职责**,致使车辆驾驶员违章行为不能得到及时纠正,间接导致事故发生,依据《刑法》等规定,因涉嫌犯罪,被公安机关立案侦查。

第二节　启　　示

一、落实生产经营单位主要负责人安全管理职责

《安全生产法》规定了主要负责人的安全管理责任,包括七项内容,这是由主要负责人的地位决定的。从前述案件看,主要负责人没有履行好职责,是事故发生的原因之一。企业主要负责人要严格执行法律法规明确的生产经营单位主要负责人安全管理责任和义务,结合道路运输领域特点和单位实际,完善安全管理责任体系,建立、健全本单位安全生产责任制,切实有效执行安全管理制度。要组织制定本单位安全生产规章制度和操作规程,组织制定并实施本单位安全生产教育和培训计划,落实相关措施,形成安全管理的长效机制;要合理编制预算和计划,保证本单位安全生产投入的有效落实;要督促、检查本单位的安全生产工作并及时消除生产安全事故隐患;要组织制定并实施本单位的生产安全事故应急救援预案,并组织开展有针对性的培训演练,提升企业应急能力。

二、切实履行安全生产管理人员管理职责

生产经营单位的安全生产管理人员要增强法律意识,明确法律责任和职责。安全生产管理人员应积极组织或者参与拟订本单位安全生产规章制度、操作规程和生产安全事故应急救援预案;应组织或者参与本单位安全生产教育和培训,如实记录安全生产教育和培训情况;在生产过程中要组织实施隐患排查和治理的计划

和方案,督促落实本单位重大危险源的安全管理措施,组织或者参与本单位应急救援演练,及时排查生产安全事故隐患,提出改进安全生产管理的建议;应制止和纠正违章指挥、强令冒险作业、违反操作规程的行为,督促落实本单位安全生产整改措施。

三、提高从业人员安全素质

从业人员应严格按法律法规要求,接受安全生产教育和培训,掌握本职工作所需的安全生产知识;应依法履职、恪尽职守,在作业过程中严格遵守单位安全生产规章制度和操作规程。生产经营单位应加强对员工的安全意识教育和安全知识培训,加大员工安全技能培训力度,提高员工安全生产技能和应对突发事件的能力。

第三章　车的安全状态

本章的主要任务是通过分析事故典型案例，找出道路运输车辆的不安全状态的共性问题，结合现行法律法规，分析问题产生的原因，吸取教训，并提出相关建议。

第一节　法律问题及分析

道路交通事故的发生与道路运输车辆技术状况存在密切的关系。道路运输生产经营单位要依法取得道路运输车辆的营运资格、保障技术状况，确保营运车辆符合相关要求。

一、营运车辆技术管理

（一）安全技术条件

法律规定

●行政法规

《道路运输条例》第二十九条第二款　客运经营者、货运经营者应当使用符合国家规定标准的车辆从事道路运输经营。

《危险化学品安全管理条例》第四十七条　通过道路运输危险化学品的，应当按照运输车辆的核定载质量装载危险化学品，不得超载。危险化学品运输车辆应当符合国家标准要求的安全技术条件，并按照国家有关规定定期进行安全技术检验。危险化学品运输车辆应当悬挂或者喷涂符合国家标准要求的警示标志。

◆部门规章

《道路旅客运输及客运站管理规定》第十条　申请从事道路客运经营的，应当具备下列条件：

（一）有与其经营业务相适应并经检测合格的客车：

1. 客车技术要求应当符合《道路运输车辆技术管理规定》有关规定。

2. 客车类型等级要求：

从事高速公路客运、旅游客运和营运线路长度在800公里以上的客运车辆，其车辆类型等级应当达到行业标准《营运客车类型划分及等级评定》(JT/T 325)规定的中级以上。

3. 客车数量要求：

(1)经营一类客运班线的班车客运经营者应当自有营运客车100辆以上、客位3000个以上，其中高级客车在30辆以上、客位900个以上；或者自有高级营运客车40辆以上、客位1200个以上；

(2)经营二类客运班线的班车客运经营者应当自有营运客车50辆以上、客位1500个以上，其中中高级客车在15辆以上、客位450个以上；或者自有高级营运客车20辆以上、客位600个以上；

(3)经营三类客运班线的班车客运经营者应当自有营运客车10辆以上、客位200个以上；

(4)经营四类客运班线的班车客运经营者应当自有营运客车1辆以上；

(5)经营省际包车客运的经营者，应当自有中高级营运客车20辆以上、客位600个以上；

(6)经营省内包车客运的经营者，应当自有营运客车5辆以上、客位100个以上。

(二)从事客运经营的驾驶人员，应当符合《道路运输从业人员管理规定》有关规定。

(三)有健全的安全生产管理制度，包括安全生产操作规程、安全生产责任制、安全生产监督检查、驾驶人员和车辆安全生产管理的制度。

(四)申请从事道路客运班线经营，还应当有明确的线路和站点方案。

《道路运输车辆技术管理规定》第七条　从事道路运输经营的车辆应当符合下列技术要求：

(二)车辆的技术性能应当符合《道路运输车辆综合性能要求和检验方法》(GB 18565)的要求；

(四)车辆技术等级应当达到二级以上。危货运输车、国际道路运输车辆、从事高速公路客运以及营运线路长度在800公里以上的客车，技术等级应当达到一级。技术等级评定方法应当符合国家有关道路运输车辆技术等级划分和评定的要求；

(五)从事高速公路客运、包车客运、国际道路旅客运输，以及营运线路长度在800公里以上客车的类型等级应当达到中级以上。其类型划分和等级评定应当符合国家有关营运客车类型划分及等级评定的要求。

《道路运输车辆技术管理规定》第九条　禁止使用报废、擅自改装、拼装、检测不合格以及其他不符合国家规定的车辆从事道路运输经营活动。

《道路危险货物运输管理规定》第二十三条　禁止使用报废的、擅自改装的、检测不合格的、车辆技术等级达不到一级的和其他不符合国家规定的车辆从事道路危险货物运输。

除铰接列车、具有特殊装置的大型物件运输专用车辆外，严禁使用货车列车从事危险货物运输；倾卸式车辆只能运输散装硫黄、萘饼、粗蒽、煤焦沥青等危险货物。

禁止使用移动罐体（罐式集装箱除外）从事危险货物运输。

《道路危险货物运输管理规定》第二十五条　罐式专用车辆的常压罐体应当符合国家标准《道路运输液体危险货物罐式车辆第1部分：金属常压罐体技术要求》（GB 18564.1）、《道路运输液体危险货物罐式车辆第2部分：非金属常压罐体技术要求》（GB 18564.2）等有关技术要求。

使用压力容器运输危险货物的，应当符合国家特种设备安全监督管理部门制订并公布的《移动式压力容器安全技术监察规程》（TSG R0005）等有关技术要求。

压力容器和罐式专用车辆应当在质量检验部门出具的压力容器或者罐体检验合格的有效期内承运危险货物。

法律责任

●行政法规

《危险化学品安全管理条例》第八十八条　有下列情形之一的，由公安机关责令改正，处5万元以上10万元以下的罚款；构成违反治安管理行为的，依法给予治安管理处罚；构成犯罪的，依法追究刑事责任：

（一）超过运输车辆的核定载质量装载危险化学品的；

（二）使用安全技术条件不符合国家标准要求的车辆运输危险化学品的；

（三）运输危险化学品的车辆未经公安机关批准进入危险化学品运输车辆限制通行的区域的；

（四）未取得剧毒化学品道路运输通行证，通过道路运输剧毒化学品的。

◆部门规章

《道路运输车辆技术管理规定》第三十一条　违反本规定，道路运输经营者有下列行为之一的，县级以上道路运输管理机构应当责令改正，给予警告；情节严重的，处以1000元以上5000元以下罚款：

(一)道路运输车辆技术状况未达到《道路运输车辆综合性能要求和检验方法》(GB 18565)的;

(二)使用报废、擅自改装、拼装、检测不合格以及其他不符合国家规定的车辆从事道路运输经营活动的。

案例分析

(1)2016年之前,《道路旅客运输及客运站管理规定》规定,**道路客运经营者应当有与其经营业务相适应并经检测合格的客车,客车技术性能要符合国家标准《营运车辆综合性能要求和检验方法》(GB 18565)**。2016年修订后的《道路旅客运输及客运站管理规定》规定,**客车技术要求应当符合《道路运输车辆技术管理规定》的规定**,而《道路运输车辆技术管理规定》明确规定,**道路客运经营者应当有与其经营业务相适应并经检测合格的客车,客车技术性能要符合国家标准《道路运输车辆综合性能要求和检验方法》(GB 18565)**。

因此,在2016年之前,道路运输经营者在市场准入时应当符合《道路旅客运输及客运站管理规定》规定的客车技术性能;2016年及之后,需要符合《道路运输车辆技术管理规定》规定的相关要求。进入市场后,根据《道路旅客运输及客运站管理规定》规定的**依据国家有关技术规范对客运车辆进行定期维护,确保客运车辆技术状况良好等规定**,道路运输经营者在运营中应当保障车辆继续符合有关安全技术标准。西藏拉萨"8·9"特别重大道路交通事故(案例1-10)调查发现,涉事藏籍大型客车制动性能不合格,大型客车右后轮制动性能不符合《汽车维护、检测、诊断技术规范》(GB /T 18344—2001)的要求,存在严重安全隐患。涉事藏籍大型客车所在的肇事旅游汽车公司,显然未履行《道路运输条例》规定的**客运经营者应当使用符合国家规定标准的车辆从事道路运输经营的要求**。依据《道路运输条例》《道路旅客运输及客运站管理规定》等规定,以及其他违法违规行为所依据的法律法规,事故调查报告建议,责令肇事旅游汽车公司彻底整顿并处以行政处罚,对肇事旅游汽车公司法定代表人处上一年年收入80%的罚款,终身不得担任旅客运输企业的主要负责人,追究肇事旅游汽车公司副总经理及公司实际负责人刑事责任并被处以行政处罚。如果事故发生在当前,肇事企业还违反了《道路运输车辆技术管理规定》规定的**禁止使用不符合国家规定的车辆从事道路运输经营活动的要求**,将依据《道路运输车辆技术管理规定》被追究责任。

(2)《道路危险货物运输管理规定》《道路运输车辆技术管理规定》规定,**禁止使用报废的、擅自改装的、检测不合格的、车辆技术等级达不到一级的和其他不符合国家规定的车辆从事道路危险货物运输**。2016年以前,《道路危险货物运输管理规定》规定，**罐式专用车辆的罐体应符合《钢制压力容器》(GB 150)、《汽车运输液体危险货物常压容器(罐体)通用技术条件》(GB 18564)等国家标准规定的技术条件。罐式专用车辆应当在罐体检验合格的有效期内承运危险货物。**2016年以后，《道路危险货物运输管理规定》规定，**罐式专用车辆的常压罐体应当符合国家标准《道路运输液体危险货物罐式车辆第1部分金属常压罐体技术要求》(GB 18564.1)《道路运输液体危险货物罐式车辆第2部分：金属常压罐体技术要求》(GB 18564.2)等有关技术要求。**

广州"6·29"道路交通事故引发爆燃重大事故(案例1-3)调查认定，肇事湘籍重式罐式半挂车行驶证上记载的外廓尺寸为12900×2495×3850mm，但事故发生后经广州市进口汽车维修中心检测，其外廓尺寸为14100×2780×3850mm，显然，其使用的罐车不符合规定。危险货物道路运输车辆除了要遵守一般货运车辆的技术要求外，由于运输物品的特殊性，法律法规又有特殊要求。涉事物流运输公司使用实际外廓尺寸与行驶证所载不相符的车辆，从事危险货物道路运输的行为，违反了《道路危险货物运输管理规定》规定的**禁止使用不符合国家规定的车辆从事道路危险货物运输**。如果事故发生在当前，上述行为还违反了《道路运输车辆技术管理规定》规定的禁止使用不符合国家规定的车辆从事道路运输经营活动。除车以外，罐体作为车辆技术管理的组成部分，法律法规对罐体也做了特殊要求。经广州市进口汽车维修中心和广州市特种承压设备检测研究院检测，湘籍重式罐式半挂车罐体装卸口未设置阀门箱、密封式集漏器和紧急切断装置，与《道路运输液体危险货物罐式车辆第1部分金属常压罐体技术要求》(GB 18564.1—2006)5.8.1及5.8.2的规定不符，违反了《道路危险货物运输管理规定》规定的**罐式专用车辆的罐体应符合《钢制压力容器》(GB 150)、《汽车运输液体危险货物常压容器(罐体)通用技术条件》(GB 18564)等国家标准规定的技术条件的要求**。依据《危险化学品安全管理条例》，以及其他违法违规行为所依据的法律法规，事故调查报告建议，给予涉事物流运输公司行政处罚并吊销相关证照，将涉事物流运输公司法定代表人、总经理张某移交司法机关追究刑事责任。

(二)车辆维护

法律规定

●行政法规

《道路运输条例》第三十条　客运经营者、货运经营者应当加强对车辆的维护和检测，确保车辆符合国家规定的技术标准；不得使用报废的、擅自改装的和其他不符合国家规定的车辆从事道路运输经营。

◆部门规章

《道路运输车辆技术管理规定》第十五条　道路运输经营者应当建立车辆维护制度。

车辆维护分为日常维护、一级维护和二级维护。日常维护由驾驶员实施，一级维护和二级维护由道路运输经营者组织实施，并做好记录。

《道路运输车辆技术管理规定》第十六条　道路运输经营者应当依据国家有关标准和车辆维修手册、使用说明书等，结合车辆类别、车辆运行状况、行驶里程、道路条件、使用年限等因素，自行确定车辆维护周期，确保车辆正常维护。

车辆维护作业项目应当按照国家关于汽车维护的技术规范要求确定。

道路运输经营者可以对自有车辆进行二级维护作业，保证投入运营的车辆符合技术管理要求，无须进行二级维护竣工质量检测。

道路运输经营者不具备二级维护作业能力的，可以委托二类以上机动车维修经营者进行二级维护作业。机动车维修经营者完成二级维护作业后，应当向委托方出具二级维护出厂合格证。

《道路运输车辆技术管理规定》第二十条　道路运输经营者应当自道路运输车辆首次取得《道路运输证》当月起，委托汽车综合性能检测机构进行综合性能检测和技术等级评定：

（一）客车、危货运输车自首次经国家机动车辆注册登记主管部门登记注册不满60个月的，每12个月进行1次检测和评定；超过60个月的，每6个月进行1次检测和评定；

（二）其他运输车辆自首次经国家机动车辆注册登记主管部门登记注册的，每12个月进行1次检测和评定。

《道路运输车辆技术管理规定》第二十一条　客车、危货运输车的综合性能检测应当委托车籍所在地汽车综合性能检测机构进行。货车的综合性能检测可以委托运输驻在地汽车综合性能检测机构进行。

《道路运输车辆技术管理规定》第二十二条　道路运输经营者应当选择通过质量技术监督部门的计量认证、取得计量认证证书并符合《汽车综合性能检测站能力的通用要求》（GB 17993）等国家相关标准的检测机构进行车辆的综合性能检测。

《道路运输车辆技术管理规定》第二十三条　汽车综合性能检测机构对新进入道路运输市场车辆应当按照《道路运输车辆燃料消耗量达标车型表》进行比对。对达标的新车和在用车辆，应当按照《道路运输车辆综合性能要求和检验方法》（GB 18565）、《道路运输车辆技术等级划分和评定要求》（JT/T 198）实施检测和评定,出具全国统一式样的道路运输车辆综合性能检测报告,评定车辆技术等级,并在报告单上标注。车籍所在地县级以上道路运输管理机构应当将车辆技术等级在《道路运输证》上标明。

汽车综合性能检测机构应当确保检测和评定结果客观、公正、准确,对检测和评定结果承担法律责任。

《道路运输车辆技术管理规定》第二十四条　道路运输管理机构和受其委托承担客车类型等级评定工作的汽车综合性能检测机构,应当按照《营运客车类型划分及等级评定》(JT/T 325)进行营运客车类型等级评定或者年度类型等级评定复核,出具统一式样的客车类型等级评定报告。

法律责任

★法律

《安全生产法》第一百零九条　发生生产安全事故,对负有责任的生产经营单位除要求其依法承担相应的赔偿等责任外,由安全生产监督管理部门依照下列规定处以罚款:

(一)发生一般事故的,处二十万元以上五十万元以下的罚款;

(二)发生较大事故的,处五十万元以上一百万元以下的罚款;

(三)发生重大事故的,处一百万元以上五百万元以下的罚款;

(四)发生特别重大事故的,处五百万元以上一千万元以下的罚款;情节特别严重的,处一千万元以上二千万元以下的罚款。

●行政法规

《道路运输条例》第七十条第一款　违反本条例的规定,客运经营者、货运经营者不按规定维护和检测运输车辆的,由县级以上道路运输管理机构责令改正,处1000元以上5000元以下的罚款。

《生产安全事故报告和调查处理条例》第三十七条　事故发生单位对事故发生负有责任的,依照下列 规定处以罚款:

(一)发生一般事故的,处10万元以上20万元以下的罚款;

(二)发生较大事故的,处20万元以上50万元以下的罚款;

(三)发生重大事故的,处50万元以上200万元以下的罚款;

(四)发生特别重大事故的,处200万元以上500万元以下的罚款。

◆部门规章

《道路运输车辆技术管理规定》第三十一条　道路运输经营者有下列行为之一的,县级以上道路运输管理机构应当责令改正,给予警告;情节严重的,处以1000

元以上5000元以下罚款:道路运输车辆技术状况未达到《道路运输车辆综合性能要求和检验方法》(GB 18565)的;使用报废、擅自改装、拼装、检测不合格以及其他不符合国家规定的车辆从事道路运输经营活动的;未按照规定的周期和频次进行车辆综合性能检测和技术等级评定的;未建立道路运输车辆技术档案或者档案不符合规定的;未做好车辆维护记录的。

案例分析

《道路运输条例》规定,**客运经营者、货运经营者应当加强对车辆的维护和检测,确保车辆符合国家规定的技术标准;不得使用报废的、擅自改装的和其他不符合国家规定的车辆从事道路运输经营**。交通运输部部门规章将其具体化为日常维护、一级维护、二级维护,《道路运输车辆维护管理规定》规定,**道路运输经营业户必须按国家有关规定执行车辆维护制度,并加强管理**。《道路运输车辆技术管理规定》规定,**道路运输经营者应当建立车辆维护制度,确保车辆正常维护**。2016年《道路运输车辆技术管理规定》实施,《道路运输车辆维护管理规定》同时废止。

达州市渠县"9·15"重大道路交通事故(案例1-6)调查认定,涉事货物运输企业未按规定落实车辆二级维护工作,并违规购买虚假二级维护竣工出厂合格证应付监督管理部门检查。上述行为说明,该企业未履行《道路运输条例》和《道路运输车辆维护管理规定》(现《道路运输车辆技术管理规定》)规定的**车辆维护要求**。另外,该企业还存在其他违法违规行为。依据《道路运输条例》《道路运输车辆维护管理规定》(现《道路运输车辆技术管理规定》)《生产安全事故报告和调查处理条例》,以及其他违法行为所依据的法律法规,公司法人任某被批准逮捕追究刑事责任,事故调查报告建议,给予涉事货物运输公司100万元的行政处罚。如果事故发生在当前,将依据《安全生产法》《道路运输车辆技术管理规定》等追究涉事货物运输公司的责任。

(三)车辆改装

法律规定

●行政法规

《道路运输条例》第三十条　客运经营者、货运经营者应当加强对车辆的维护和检测,确保车辆符合国家规定的技术标准;不得使用报废的、擅自改装的和其他不符合国家规定的车辆从事道路运输经营。

◆部门规章

《道路运输车辆技术管理规定》第九条　禁止使用报废、擅自改装、拼装、检测不合格以及其他不符合国家规定的车辆从事道路运输经营活动。

《道路危险货物运输管理规定》第二十三条　禁止使用报废的、擅自改装的、检测不合格的、车辆技术等级达不到一级的和其他不符合国家规定的车辆从事道路危险货物运输。

除铰接列车、具有特殊装置的大型物件运输专用车辆外，严禁使用货车列车从事危险货物运输；倾卸式车辆只能运输散装硫黄、萘饼、粗蒽、煤焦沥青等危险货物。

禁止使用移动罐体（罐式集装箱除外）从事危险货物运输。

法律责任

●行政法规

《道路运输条例》第七十条第二款　违反本条例的规定，客运经营者、货运经营者擅自改装已取得车辆营运证的车辆的，由县级以上道路运输管理机构责令改正，处5000元以上2万元以下的罚款。

◆部门规章

《道路运输车辆技术管理规定》第三十一条　违反本规定，道路运输经营者有下列行为之一的，县级以上道路运输管理机构应当责令改正，给予警告；情节严重的，处以1000元以上5000元以下罚款：

（一）道路运输车辆技术状况未达到《道路运输车辆综合性能要求和检验方法》（GB 18565）的；

（二）使用报废、擅自改装、拼装、检测不合格以及其他不符合国家规定的车辆从事道路运输经营活动的；

（三）未按照规定的周期和频次进行车辆综合性能检测和技术等级评定的；

（四）未建立道路运输车辆技术档案或者档案不符合规定的；

（五）未做好车辆维护记录的。

《道路危险货物运输管理规定》第六十四条　违反本规定，道路危险货物运输企业擅自改装已取得《道路运输证》的专用车辆及罐式专用车辆罐体的，由县级以上道路运输管理机构责令改正，并处5000元以上2万元以下的罚款。

案例分析

《道路运输条例》规定，**客运经营者不得使用擅自改装的车辆从事道路运输经营**；《道路旅客运输及客运站管理规定》规定，**禁止使用擅自改装的、拼装的客车从事道路客运经营**。滨保高速天津“10·7”特别重大道路交通事故（案例1-2）调查认定，涉事交通运输集团公司某客运分公司未发现和整改、纠正事故大型客车长期存在私自改装增加座位的安全隐患。上述行为说明，该企业未履行《道路运输条

例》和《道路旅客运输及客运站管理规定》规定的**不得使用擅自改装的车辆从事道路客运经营的要求**。依据《道路运输条例》《道路旅客运输及客运站管理规定》(现《道路运输车辆技术管理规定》)等规定,以及其他违法违规行为所依据的法律法规,事故调查报告建议,对涉事交通运输集团公司某客运分公司经理齐某给予撤职、党内严重警告处分,党委书记、工会主席王某给予党内严重警告处分,副经理鲁某给予降级、党内严重警告处分,副经理宋某给予撤职、党内严重警告处分;对涉事交通运输集团公司董事长、党委书记王某给予降级、党内严重警告处分,总经理李某给予撤职、撤销党内职务处分,副总经理莫某给予降级、党内严重警告处分,副总经理王某给予撤职、党内严重警告处分;对涉事交通运输集团公司及其涉事客运分公司及其主要责任人给予相应行政处罚。

(四)车辆例检

法律规定

◆部门规章

《道路旅客运输及客运站管理规定》第六十一条　客运站经营者应当依法加强安全管理,完善安全生产条件,健全和落实安全生产责任制。

客运站经营者应当对出站客车进行安全检查,采取措施防止危险品进站上车,按照车辆核定载客限额售票,严禁超载车辆或者未经安全检查的车辆出站,保证安全生产。

法律责任

◆部门规章

《道路旅客运输及客运站管理规定》第八十八条　违反本规定,客运站经营者有下列情形之一的,由县级以上道路运输管理机构责令改正,处1万元以上3万元以下的罚款:

(一)允许无经营许可证件的车辆进站从事经营活动的;

(二)允许超载车辆出站的;

(三)允许未经安全检查或者安全检查不合格的车辆发车的;

(四)无正当理由拒绝客运车辆进站从事经营活动的。

《安全生产领域违法违纪行为政纪处分暂行规定》第十二条　国有企业及其工作人员有下列行为之一,导致生产安全事故发生的,对有关责任人员,给予警告、记过或者记大过处分;情节较重的,给予降级、撤职或者留用察看处分;情节严重的,给予开除处分:

(一)对存在的重大安全隐患,未采取有效措施的;

（二）违章指挥，强令工人违章冒险作业的；

（三）未按规定进行安全生产教育和培训并经考核合格，允许从业人员上岗，致使违章作业的；

（四）制造、销售、使用国家明令淘汰或者不符合国家标准的设施、设备、器材或者产品的；

（五）超能力、超强度、超定员组织生产经营，拒不执行有关部门整改指令的；

（六）拒绝执法人员进行现场检查或者在被检查时隐瞒事故隐患，不如实反映情况的；

（七）有其他不履行或者不正确履行安全生产管理职责的。

案例分析

《道路旅客运输及客运站管理规定》规定，**客运站经营者应当对出站客车进行安全检查，采取措施防止危险品进站上车，按照车辆核定载客限额售票，严禁超载车辆或者未经安全检查的车辆出站**。新疆喀什“2·24”重大车辆侧翻事故（案例1-12）调查认定，地区客运总站某分支客运站履行《道路旅客运输及客运站管理规定》规定的**对出站客车进行安全检查职责**不到位，安全例检员未按照《汽车客运站营运客车安全例行检查工作规范》对车辆技术状况进行安全检查，只是凭经验目测进行安全检查。依据《道路旅客运输及客运站管理规定》《安全生产领域违法违纪行为政纪处分暂行规定》等，以及其他违法违规行为所依据的法律法规，地区客运总站总站长被建议给予行政记过处分，总站某分支客运站站长被建议给予行政撤职处分，总站某分支客运站两位副站长被建议给予行政记大过处分。

二、营运车辆资质管理

（一）车辆道路运输证

法律规定

●行政法规

《道路运输条例》第十条　申请从事客运经营的，应当依法向工商行政管理机关办理有关登记手续后，按照下列规定提出申请并提交符合本条例第八条规定条件的相关材料：

（一）从事县级行政区域内客运经营的，向县级道路运输管理机构提出申请；

（二）从事省、自治区、直辖市行政区域内跨2个县级以上行政区域客运经营的，向其共同的上一级道路运输管理机构提出申请；

（三）从事跨省、自治区、直辖市行政区域客运经营的，向所在地的省、自治区、直辖市道路运输管理机构提出申请。

依照前款规定收到申请的道路运输管理机构，应当自受理申请之日起20日内审查完毕，作出许可或者不予许可的决定。予以许可的，向申请人颁发道路运输经营许可证，并向申请人投入运输的车辆配发车辆营运证；不予许可的，应当书面通知申请人并说明理由。

对从事跨省、自治区、直辖市行政区域客运经营的申请，有关省、自治区、直辖市道路运输管理机构依照本条第二款规定颁发道路运输经营许可证前，应当与运输线路目的地的省、自治区、直辖市道路运输管理机构协商；协商不成的，应当报国务院交通主管部门决定。

《道路运输条例》第三十三条　道路运输车辆应当随车携带车辆营运证，不得转让、出租。

《道路运输条例》第二十四条　申请从事货运经营的，应当依法向工商行政管理机关办理有关登记手续后，按照下列规定提出申请并分别提交符合本条例第二十一条、第二十三条规定条件的相关材料：

（一）从事危险货物运输经营以外的货运经营的，向县级道路运输管理机构提出申请；

（二）从事危险货物运输经营的，向设区的市级道路运输管理机构提出申请。

依照前款规定收到申请的道路运输管理机构，应当自受理申请之日起20日内审查完毕，作出许可或者不予许可的决定。予以许可的，向申请人颁发道路运输经营许可证，并向申请人投入运输的车辆配发车辆营运证；不予许可的，应当书面通知申请人并说明理由。

◆部门规章

《道路旅客运输及客运站管理规定》第二十一条　被许可人应当按确定的时间落实拟投入车辆承诺书。道路运输管理机构已核实被许可人落实了拟投入车辆承诺书且车辆符合许可要求后，应当为投入运输的客车配发《道路运输证》；属于客运班车的，应当同时配发班车客运标志牌。正式班车客运标志牌尚未制作完毕的，应当先配发临时客运标志牌。

《道路货物运输及站场管理规定》第六条　申请从事道路货物运输经营的，应当具备下列条件：

（一）有与其经营业务相适应并经检测合格的运输车辆：

1. 车辆技术要求应当符合《道路运输车辆技术管理规定》有关规定。

2. 车辆其他要求：

（1）从事大型物件运输经营的，应当具有与所运输大型物件相适应的超重型车组；

(2)从事冷藏保鲜、罐式容器等专用运输的，应当具有与运输货物相适应的专用容器、设备、设施，并固定在专用车辆上；

(3)从事集装箱运输的，车辆还应当有固定集装箱的转锁装置。

(二)有符合规定条件的驾驶人员：

1. 取得与驾驶车辆相应的机动车驾驶证；

2. 年龄不超过60周岁；

3. 经设区的市级道路运输管理机构对有关道路货物运输法规、机动车维修和货物及装载保管基本知识考试合格，并取得从业资格证。

(三)有健全的安全生产管理制度，包括安全生产责任制度、安全生产业务操作规程、安全生产监督检查制度、驾驶员和车辆安全生产管理制度等。

《道路货物运输及站场管理规定》第十三条　被许可人应当按照承诺书的要求投入运输车辆。购置车辆或者已有车辆经道路运输管理机构核实并符合条件的，道路运输管理机构向投入运输的车辆配发《道路运输证》。

《道路危险货物运输管理规定》第八条　申请从事道路危险货物运输经营，应当具备下列条件：

(一)有符合下列要求的专用车辆及设备：

1. 自有专用车辆(挂车除外)5辆以上；运输剧毒化学品、爆炸品的，自有专用车辆(挂车除外)10辆以上。

2. 专用车辆的技术要求应当符合《道路运输车辆技术管理规定》有关规定。

3. 配备有效的通讯工具。

4. 专用车辆应当安装具有行驶记录功能的卫星定位装置。

5. 运输剧毒化学品、爆炸品、易制爆危险化学品的，应当配备罐式、厢式专用车辆或者压力容器等专用容器。

6. 罐式专用车辆的罐体应当经质量检验部门检验合格，且罐体载货后总质量与专用车辆核定载质量相匹配。运输爆炸品、强腐蚀性危险货物的罐式专用车辆的罐体容积不得超过20立方米，运输剧毒化学品的罐式专用车辆的罐体容积不得超过10立方米，但符合国家有关标准的罐式集装箱除外。

7. 运输剧毒化学品、爆炸品、强腐蚀性危险货物的非罐式专用车辆，核定载质量不得超过10吨，但符合国家有关标准的集装箱运输专用车辆除外。

8. 配备与运输的危险货物性质相适应的安全防护、环境保护和消防设施设备。

《道路危险货物运输管理规定》第十条　申请从事道路危险货物运输经营的企业，应当依法向工商行政管理机关办理有关登记手续后，向所在地设区的市级道

路运输管理机构提出申请，并提交以下材料：

（一）《道路危险货物运输经营申请表》，包括申请人基本信息、申请运输的危险货物范围（类别、项别或品名，如果为剧毒化学品应当标注“剧毒”）等内容。

（二）拟担任企业法定代表人的投资人或者负责人的身份证明及其复印件，经办人身份证明及其复印件和书面委托书。

（三）企业章程文本。

（四）证明专用车辆、设备情况的材料，包括：

1. 未购置专用车辆、设备的，应当提交拟投入专用车辆、设备承诺书。承诺书内容应当包括车辆数量、类型、技术等级、总质量、核定载质量、车轴数以及车辆外廓尺寸；通讯工具和卫星定位装置配备情况；罐式专用车辆的罐体容积；罐式专用车辆罐体载货后的总质量与车辆核定载质量相匹配情况；运输剧毒化学品、爆炸品、易制爆危险化学品的专用车辆核定载质量等有关情况。承诺期限不得超过1年。

2. 已购置专用车辆、设备的，应当提供车辆行驶证、车辆技术等级评定结论；通讯工具和卫星定位装置配备；罐式专用车辆的罐体检测合格证或者检测报告及复印件等有关材料。

（五）拟聘用专职安全管理人员、驾驶人员、装卸管理人员、押运人员的，应当提交拟聘用承诺书，承诺期限不得超过1年；已聘用的应当提交从业资格证及其复印件以及驾驶证及其复印件。

（六）停车场地的土地使用证、租借合同、场地平面图等材料。

（七）相关安全防护、环境保护、消防设施设备的配备情况清单。

（八）有关安全生产管理制度文本。

《道路危险货物运输管理规定》第十二条　设区的市级道路运输管理机构应当按照《道路运输条例》和《交通行政许可实施程序规定》，以及本规定所明确的程序和时限实施道路危险货物运输行政许可，并进行实地核查。

决定准予许可的，应当向被许可人出具《道路危险货物运输行政许可决定书》，注明许可事项，具体内容应当包括运输危险货物的范围（类别、项别或品名，如果为剧毒化学品应当标注“剧毒”），专用车辆数量、要求以及运输性质，并在10日内向道路危险货物运输经营申请人发放《道路运输经营许可证》，向非经营性道路危险货物运输申请人发放《道路危险货物运输许可证》。

市级道路运输管理机构应当将准予许可的企业或单位的许可事项等，及时以书面形式告知县级道路运输管理机构。

决定不予许可的，应当向申请人出具《不予交通行政许可决定书》。

《道路危险货物运输管理规定》第十四条　被许可人应当按照承诺期限落实拟投入的专用车辆、设备。

原许可机关应当对被许可人落实的专用车辆、设备予以核实，对符合许可条件的专用车辆配发《道路运输证》，并在《道路运输证》经营范围栏内注明允许运输的危险货物类别、项别或者品名，如果为剧毒化学品应标注“剧毒”；对从事非经营性道路危险货物运输的车辆，还应当加盖“非经营性危险货物运输专用章”。

被许可人未在承诺期限内落实专用车辆、设备的，原许可机关应当撤销许可决定，并收回已核发的许可证明文件。

法律责任

★法律

《刑法》第一百三十四条　【重大责任事故罪；强令违章冒险作业罪】在生产、作业中违反有关安全管理的规定，因而发生重大伤亡事故或者造成其他严重后果的，处三年以下有期徒刑或者拘役；情节特别恶劣的，处三年以上七年以下有期徒刑。

●行政法规

《道路运输条例》第六十八条　违反本条例的规定，客运经营者、货运经营者不按照规定携带车辆营运证的，由县级以上道路运输管理机构责令改正，处警告或者20元以上200元以下的罚款。

◆部门规章

《道路旅客运输及客运站管理规定》第七十九条　违反本规定，有下列行为之一的，由县级以上道路运输管理机构责令停止经营；有违法所得的，没收违法所得，处违法所得2倍以上10倍以下的罚款；没有违法所得或者违法所得不足2万元的，处3万元以上10万元以下的罚款；构成犯罪的，依法追究刑事责任：

（一）未取得道路客运经营许可，擅自从事道路客运经营的；

（二）未取得道路客运班线经营许可，擅自从事班车客运经营的；

（三）使用失效、伪造、变造、被注销等无效的道路客运许可证件从事道路客运经营的；

（四）超越许可事项，从事道路客运经营的。

《道路旅客运输及客运站管理规定》第八十三条　违反本规定，取得客运经营许可的客运经营者使用无《道路运输证》的车辆参加客运经营的，由县级以上道路运输管理机构责令改正，处3000元以上1万元以下的罚款。

违反本规定，客运经营者不按照规定携带《道路运输证》的，由县级以上道路运输管理机构责令改正，处警告或者20元以上200元以下的罚款。

《道路货物运输及站场管理规定》第五十六条　违反本规定，有下列行为之一的，由县级以上道路运输管理机构责令停止经营；有违法所得的，没收违法所得，处违法所得2倍以上10倍以下的罚款；没有违法所得或者违法所得不足2万元的，处3万元以上10万元以下的罚款；构成犯罪的，依法追究刑事责任：

（一）未取得道路货物运输经营许可，擅自从事道路货物运输经营的；

（二）使用失效、伪造、变造、被注销等无效的道路运输经营许可证件从事道路货物运输经营的；

（三）超越许可的事项，从事道路货物运输经营的。

《道路货物运输及站场管理规定》第五十八条　违反本规定，取得道路货物运输经营许可的道路货物运输经营者使用无道路运输证的车辆参加货物运输的，由县级以上道路运输管理机构责令改正，处3000元以上1万元以下的罚款。

违反本规定，道路货物运输经营者不按照规定携带《道路运输证》的，由县级以上道路运输管理机构责令改正，处警告或者20元以上200元以下的罚款。

《道路危险货物运输管理规定》第五十七条　违反本规定，有下列情形之一的，由县级以上道路运输管理机构责令停止运输经营，有违法所得的，没收违法所得，处违法所得2倍以上10倍以下的罚款；没有违法所得或者违法所得不足2万元的，处3万元以上10万元以下的罚款；构成犯罪的，依法追究刑事责任：

（一）未取得道路危险货物运输许可，擅自从事道路危险货物运输的；

（二）使用失效、伪造、变造、被注销等无效道路危险货物运输许可证件从事道路危险货物运输的；

（三）超越许可事项，从事道路危险货物运输的；

（四）非经营性道路危险货物运输单位从事道路危险货物运输经营的。

案例分析

（1）《道路运输条例》规定，**对予以许可的客运经营者颁发道路运输经营许可证，并向其投入运输的车辆配发车辆营运证**。因此，从事道路客运的车辆应当取得车辆营运证。陕西咸阳“5·15”特别重大道路交通事故（案例1-14）调查认定，事故车辆实际所有人师某，使用无道路客运资质的车辆，长期在西安市及周边地区从事非法包车营运，违反了《道路运输条例》规定的**从事道路客运的车辆应当取得车辆营运证的要求**。依据《刑法》《道路运输条例》《道路旅客运输及客运站管理规定》等，事故车辆实际所有人师某因涉嫌重大责任事故罪被批准逮捕并追究刑事责任。

(2)《道路运输条例》规定，**对予以许可的危险货物运输经营者颁发道路运输经营许可证，并向其投入运输的车辆配发车辆营运证**。因此，从事危险货物道路运输的车辆应当取得道路运输证。广州"6·29"道路交通事故引发爆燃重大事故(案例1-3)调查认定，湘籍半挂车没有取得道路运输证，使用伪造的《中华人民共和国道路运输证》运载溶剂油54.22t，违反了《道路运输条例》规定的**从事道路危险货物运输的车辆应当取得道路运输证的要求**。依据《道路运输条例》《道路危险货物运输管理规定》《刑法》，以及其他违法违规行为所依据的法律法规，事故调查报告建议，对肇事公司给予行政处罚、吊销相关证照，将肇事运输公司法定代表人、总经理张某移交司法机关追究刑事责任。

(3)《道路运输条例》规定，**对予以许可的货运经营者颁发道路运输经营许可证，并向其投入运输的车辆配发车辆营运证**；《道路危险货物运输管理规定》规定，**原许可机关应当对被许可人落实的专用车辆、设备予以核实，对符合许可条件的专用车辆配发《道路运输证》**。因此，从事道路危险货物运输经营的车辆应当取得相应的道路运输证。沪昆高速湖南邵阳段"7·19"特别重大道路交通危化品爆燃事故(案例1-9)调查认定，肇事企业使用未取得危险货物道路运输资格的湘籍轻型货车运载乙醇，未履行《道路运输条例》和《道路危险货物运输管理规定》规定的**从事道路危险货物运输经营的车辆应当取得相应的道路运输证要求**。依据《道路运输条例》《道路危险货物运输管理规定》，以及其他违法违规行为所依据的法律法规，事故调查报告建议，对肇事企业处以规定上限的罚款，对肇事企业法定代表人周某批准逮捕追究刑事责任，并处以规定上限的罚款。

(二)超越许可事项运输

法律规定

◆部门规章

《道路危险货物运输管理规定》第二十八条第一款　道路危险货物运输企业或者单位应当严格按照道路运输管理机构决定的许可事项从事道路危险货物运输活动，不得转让、出租道路危险货物运输许可证件。

法律责任

◆部门规章

《道路危险货物运输管理规定》第五十七条　车辆有下列情形之一的，由县级以上道路运输管理机构责令停止运输经营，有违法所得的，没收违法所得，处违法所得2倍以上10倍以下的罚款；没有违法所得或者违法所得不足2万元的，处3万元以上10万元以下的罚款；构成犯罪的，依法追究刑事责任：

（一）未取得道路危险货物运输许可，擅自从事道路危险货物运输的；

（二）使用失效、伪造、变造、被注销等无效道路危险货物运输许可证件从事道路危险货物运输的；

（三）超越许可事项，从事道路危险货物运输的；

（四）非经营性道路危险货物运输单位从事道路危险货物运输经营的。

案例分析

《道路危险货物运输管理规定》规定，**道路危险货物运输企业或者单位应当严格按照道路运输管理机构决定的许可事项从事道路危险货物运输活动**。晋济高速公路山西晋城段岩后隧道"3·1"特别重大道路交通危化品燃爆事故（案例1-7）调查认定，涉事物流公司没有按照设计充装介质、《第115批公告》批准及《机动车辆整车出厂合格证》记载的介质要求进行充装，使得追尾肇事的晋籍铰接列车允许装载介质为轻质燃油而实际装载为甲醇。上述行为说明，涉事物流公司未履行《道路危险货物运输管理规定》规定的**严格按照道路运输管理机构决定的许可事项从事道路危险货物运输活动的职责**。依据《道路危险货物运输管理规定》，以及其他违法违规行为所依据的法律法规，涉事物流公司法定代表人宋某被司法机关逮捕追究刑事责任，事故调查报告建议，对涉事物流公司处以法定上限罚款的行政处罚，对涉事物流公司法定代表人宋某处以法定上限罚款的行政处罚。

第二节　启　　示

一、严把车辆市场准入关

各级交通主管部门和道路运输管理机构必须严把道路运输车辆市场准入关。一方面，应严把营运车辆准入关，严禁非法改装车辆从事客货运输，利用信用体系和科技手段，将违法违规从事客货运输的企业、车辆和人员逐出市场。另一方面，应加强对车辆非法营运的处理力度，一旦发现非法营运现象，要严肃处理，决不能姑息。

二、严把营运车辆技术状况关

加大对营运车辆检测监督管理的力度，一手抓维修检测机构的维修检测水平和检测质量，要严格车辆维检企业市场准入机制，提高检测企业的市场准入门槛，从源头上把好维检企业的技术质量关；一手抓运输经营者对车辆维护和检测的主动性,督促其严格执行车辆技术等级评定制度,加强营运车辆维护和综合性能检测,确保车辆技术状况良好,减少因车辆机械故障原因造成的事故。

三、加强车辆监督管理

加强车辆监督管理尤其是危险货物运输车辆的日常管理。督促企业使用符合法律法规和标准要求的车辆开展运输服务,提升企业安全意识和遵纪守法意识,杜绝车辆无证经营行为,有效解决运输车辆的日常管理问题。强化监督管理人员的培训,提高执法人员专业素质,增强对危险货物及其运输车辆等相关知识的学习,了解危险货物特性及其运输车辆的要求,掌握安全检查的基本要求和现场的基本处理方法,做好安全防范工作。

第四章　路的安全状态

本章的主要任务是通过分析事故典型案例，找出公路技术状态以及养护、路政管理中不安全状态的共性问题，结合现行法律法规，分析问题产生的原因，吸取教训，并提出相关建议。

第一节　法律问题及分析

道路交通事故的发生与公路的技术状态是否完好、公路交通是否安全和畅通有着密切的关系。公路管理机构、公路经营企业应当加强公路养护，保证公路经常处于良好的技术状态。交通运输主管部门、公路管理机构还应当依据职责，依法做好公路保护工作，保障公路的完好、安全和畅通。

一、公路用地和公路建筑控制区监管

法律规定

★法律

《中华人民共和国公路法》(以下简称《公路法》)第四十六条　任何单位和个人不得在公路上及公路用地范围内摆摊设点、堆放物品、倾倒垃圾、设置障碍、挖沟引水、利用公路边沟排放污物或者进行其他损坏、污染公路和影响公路畅通的活动。

《公路法》第五十六条第一款　除公路防护、养护需要的以外，禁止在公路两侧的建筑控制区内修建建筑物和地面构筑物；需要在建筑控制区内埋设管线、电缆等设施的，应当事先经县级以上地方人民政府交通主管部门批准。

●行政法规

《公路安全保护条例》第十三条　在公路建筑控制区内，除公路保护需要外，禁止修建建筑物和地面构筑物；公路建筑控制区划定前已经合法修建的不得扩建，因公路建设或者保障公路运行安全等原因需要拆除的应当依法给予补偿。

《公路安全保护条例》第十六条第二款　禁止在公路、公路用地范围内摆摊设点、堆放物品、倾倒垃圾、设置障碍、挖沟引水、打场晒粮、种植作物、放养牲畜、采

石、取土、采空作业、焚烧物品、利用公路边沟排放污物或者进行其他损坏、污染公路和影响公路畅通的行为。

◆部门规章

《路政管理规定》第五条　县级以上地方人民政府交通主管部门或者其设置的公路管理机构的路政管理职责如下：

（一）宣传、贯彻执行公路管理的法律、法规和规章；

（二）保护路产；

（三）实施路政巡查；

（四）管理公路两侧建筑控制区；

（五）维持公路养护作业现场秩序；

（六）参与公路工程交工、竣工验收；

（七）依法查处各种违反路政管理法律、法规、规章的案件；

（八）法律、法规规定的其他职责。

《路政管理规定》第四十条　违反《公路法》第五十六条规定，在公路建筑控制区内修建建筑物、地面构筑物或者擅自埋设管（杆）线、电缆等设施，依法责令限期拆除，而建筑者、构筑者逾期不拆除的，依照《公路法》第八十一条的规定强行拆除。

法律责任

★法律

《公路法》第七十七条　违反本法第四十六条的规定，造成公路路面损坏、污染或者影响公路畅通的，或者违反本法第五十一条规定，将公路作为试车场地的，由交通主管部门责令停止违法行为，可以处五千元以下的罚款。

《公路法》第八十一条　违反本法第五十六条的规定，在公路建筑控制区内修建建筑物、地面构筑物或者擅自埋设管线、电缆等设施的，由交通主管部门责令限期拆除，并可以处五万元以下的罚款。逾期不拆除的，由交通主管部门拆除，有关费用由建筑者、构筑者承担。

《公路法》第八十六条　交通主管部门、公路管理机构的工作人员玩忽职守、徇私舞弊、滥用职权，构成犯罪的，依法追究刑事责任；尚不构成犯罪的，依法给予行政处分。

●行政法规

《公路安全保护条例》第五十六条　违反本条例的规定，有下列情形之一的，由公路管理机构责令限期拆除，可以处5万元以下的罚款。逾期不拆除的，由公路

管理机构拆除,有关费用由违法行为人承担:

(一)在公路建筑控制区内修建、扩建建筑物、地面构筑物或者未经许可埋设管道、电缆等设施的;

(二)在公路建筑控制区外修建的建筑物、地面构筑物以及其他设施遮挡公路标志或者妨碍安全视距的。

《公路安全保护条例》第七十三条 违反本条例的规定,公路管理机构工作人员有下列行为之一的,依法给予处分:

(一)违法实施行政许可的;

(二)违反规定拦截、检查正常行驶的车辆的;

(三)未及时采取措施处理公路坍塌、坑槽、隆起等损毁的;

(四)违法扣留车辆、工具或者使用依法扣留的车辆、工具的;

(五)有其他玩忽职守、徇私舞弊、滥用职权行为的。

公路管理机构有前款所列行为之一的,对负有直接责任的主管人员和其他直接责任人员依法给予处分。

《公路安全保护条例》第七十四条 违反本条例的规定,构成违反治安管理行为的,由公安机关依法给予治安管理处罚;构成犯罪的,依法追究刑事责任。

◆部门规章

《路政管理规定》第二十四条 有下列违法行为之一的,依照《公路法》第七十七条的规定,责令停止违法行为,可处五千元以下罚款:

(一)违反《公路法》第四十六条规定,造成公路路面损坏、污染或者影响公路畅通的;

(二)违反《公路法》第五十一条规定,将公路作为检验机动车辆制动性能的试车场地的。

《路政管理规定》第二十八条 违反《公路法》第五十六条规定,在公路建筑控制区内修建建筑物、地面构筑物或者擅自埋设管线、电缆等设施的,依照《公路法》第八十一条的规定,责令限期拆除,并可处五万元以下罚款。

《路政管理规定》第五十九条 路政管理人员玩忽职守、徇私舞弊、滥用职权,依法给予行政处分;构成犯罪的,依法追究刑事责任。

案例分析

(1)《公路法》规定,**任何单位和个人不得在公路上及公路用地范围内倾倒垃圾或者进行其他损坏、污染公路和影响公路畅通的活动。**《公路安全保护条例》规定,**禁止在公路、公路用地范围内倾倒垃圾或者进行其他损坏、污染公路和影响公**

路畅通的行为。广州“6·29”道路交通事故引发爆燃重大事故(案例1-3)调查认定,广深沿江高速公路夏港高架桥下公路用地范围内存在倾倒淤泥等行为,违反了《公路法》《公路安全保护条例》规定的**禁止在公路、公路用地范围内倾倒垃圾或者进行其他损坏、污染公路和影响公路畅通的行为**,应当依据《公路法》《路政管理规定》等追究相关责任人责任。但是,公路管理机构路政大队副大队长袁某和一中队中队长李某,未采取有效措施及时发现、制止广深沿江高速公路夏港高架桥下公路用地范围内倾倒淤泥等行为,工作不到位,依据《公路法》《公路安全保护条例》等规定,事故调查报告建议,追究其刑事责任,注销行政执法证件。

(2)《公路法》规定,**除公路防护、养护需要的以外,禁止在公路两侧的建筑控制区内修建建筑物和地面构筑物;需要在建筑控制区内埋设管线、电缆等设施的,应当事先经县级以上地方人民政府交通主管部门批准**;《公路安全保护条例》规定,**在公路建筑控制区内,除公路保护需要外,禁止修建建筑物和地面构筑物**。广州“6·29”道路交通事故引发爆燃唐大事故(案例1-3)调查认定,广深沿江高速公路夏港高架桥下高速公路建筑控制区内木材加工作坊等违法行为,违反了《公路法》《公路安全保护条例》规定的**禁止在公路两侧的建筑控制区内修建建筑物和地面构筑物**,应当依据《公路法》《公路安全保护条例》《路政管理规定》等,责令限期拆除,并可处5万元以下罚款;逾期不拆除的,由公路管理机构拆除。但是,公路管理机构路政大队副大队长袁某和一中队中队长李某,未及时将广深沿江高速公路夏港高架桥下高速公路建筑控制区内木材加工作坊等违法建设情况,告知当地交通综合行政执法机构处理,工作不到位,依据《公路法》《公路安全保护条例》等,事故调查报告建议,追究其刑事责任、注销行政执法证件。交通综合行政执法机构大队长张某未采取有效措施及时巡查、查处广深沿江高速公路夏港高架桥下高速公路建筑控制区内木材加工作坊等违法建设,监督管理不力,依据《公路法》《公路安全保护条例》《路政管理规定》等规定,事故调查报告建议,给予其记过处分。

二、公路超限运输

法律规定

★法律

《公路法》第五十条第一款　超过公路、公路桥梁、公路隧道或者汽车渡船的限载、限高、限宽、限长标准的车辆,不得在有限定标准的公路、公路桥梁上或者公路隧道内行驶,不得使用汽车渡船。超过公路或者公路桥梁限载标准确需行驶的,必须经县级以上地方人民政府交通主管部门批准,并按要求采取有效的防护措施;

运载不可解体的超限物品的，应当按照指定的时间、路线、时速行驶，并悬挂明显标志。

●行政法规

《公路安全保护条例》第三十三条　超过公路、公路桥梁、公路隧道限载、限高、限宽、限长标准的车辆，不得在公路、公路桥梁或者公路隧道行驶；超过汽车渡船限载、限高、限宽、限长标准的车辆，不得使用汽车渡船。

公路、公路桥梁、公路隧道限载、限高、限宽、限长标准调整的，公路管理机构、公路经营企业应当及时变更限载、限高、限宽、限长标志；需要绕行的，还应当标明绕行路线。

《公路安全保护条例》第三十五条　车辆载运不可解体物品，车货总体的外廓尺寸或者总质量超过公路、公路桥梁、公路隧道的限载、限高、限宽、限长标准，确需在公路、公路桥梁、公路隧道行驶的，从事运输的单位和个人应当向公路管理机构申请公路超限运输许可。

《公路安全保护条例》第三十八条　公路管理机构批准超限运输申请的，应当为超限运输车辆配发国务院交通运输主管部门规定式样的超限运输车辆通行证。

经批准进行超限运输的车辆，应当随车携带超限运输车辆通行证，按照指定的时间、路线和速度行驶，并悬挂明显标志。

禁止租借、转让超限运输车辆通行证。禁止使用伪造、变造的超限运输车辆通行证。

《公路安全保护条例》第四十条　公路管理机构在监督检查中发现车辆超过公路、公路桥梁、公路隧道或者汽车渡船的限载、限高、限宽、限长标准的，应当就近引导至固定超限检测站点进行处理。

车辆应当按照超限检测指示标志或者公路管理机构监督检查人员的指挥接受超限检测，不得故意堵塞固定超限检测站点通行车道、强行通过固定超限检测站点或者以其他方式扰乱超限检测秩序，不得采取短途驳载等方式逃避超限检测。

禁止通过引路绕行等方式为不符合国家有关载运标准的车辆逃避超限检测提供便利。

法律责任

★法律

《公路法》第八十六条　交通主管部门、公路管理机构的工作人员玩忽职守、徇私舞弊、滥用职权，构成犯罪的，依法追究刑事责任；尚不构成犯罪的，依法给予行政处分。

●行政法规

《公路安全保护条例》第七十三条　违反本条例的规定，公路管理机构工作人员有下列行为之一的，依法给予处分：

（一）违法实施行政许可的；

（二）违反规定拦截、检查正常行驶的车辆的；

（三）未及时采取措施处理公路坍塌、坑槽、隆起等损毁的；

（四）违法扣留车辆、工具或者使用依法扣留的车辆、工具的；

（五）有其他玩忽职守、徇私舞弊、滥用职权行为的。

公路管理机构有前款所列行为之一的，对负有直接责任的主管人员和其他直接责任人员依法给予处分。

《公路安全保护条例》第七十四条　违反本条例的规定，构成违反治安管理行为的，由公安机关依法给予治安管理处罚；构成犯罪的，依法追究刑事责任。

◆部门规章

《超限运输车辆行驶公路管理规定》第五十一条　公路管理机构、道路运输管理机构工作人员有玩忽职守、徇私舞弊、滥用职权的，依法给予行政处分；涉嫌犯罪的，移送司法机关依法查处。

案例分析

四川达州“9·15”重大道路交通事故（案例1-6）调查认定，渠县交通局公路路政管理大队在查处车辆超限运输过程中，存在执法不严、以罚代管、部分工作人员结伙私分罚没款项等问题，导致川籍货车违法超限运输行为得不到查处和纠正，依据《公路法》《公路安全保护条例》《超限运输车辆行驶公路管理规定》等法律法规，当地公路管理机构中5人因涉嫌滥用职权罪被司法机关刑事拘留，当地曾担任渠县公路路政管理大队大队长的出租汽车管理办公室主任被司法机关刑事拘留。

第二节　启　　示

公路的安全性，与公路的养护和管理水平有着密切的关系。本篇列举的涉及公路安全性的道路交通事故，给公路养护、经营和管理者们敲响了警钟。安全问题无小事，只有警钟长鸣，牢记安全义务和责任，才能确保公路交通的健康、持续、可发展。

一、加强公路巡查

加强公路巡查、检查工作，对及时发现并消除安全隐患有重要意义。公路管理机构、养护单位和经营企业，应当按规定对公路进行巡查，并制作巡查记录；发现公路坍塌、坑槽、隆起等损毁的，应当及时设置警示标志，并采取措施修复。建立健全公路安全隐患排查制度，集中开展安全隐患排查治理，将路的危险因素降到最低。定期对公路、公路桥梁、公路隧道进行检测和评定，保证其技术状态符合有关技术标准；对经检测发现不符合车辆通行安全要求的，应当进行维修，及时向社会公告，并通知公安机关交通管理部门；定期检查公路隧道的排水、通风、照明、监控、报警、消防、救助等设施，保持设施处于完好状态。

二、加强公路养护施工现场安全管理

公路养护部门应当落实公路养护安全作业规程，规范公路养护施工作业，配备有资质的安全员，完善安全防护措施。公路养护作业人员作业时，应当穿着统一的安全标志服。公路养护车辆、机械设备作业时，应当设置明显的作业标志，开启危险报警闪光灯。健全安全监督管理机制，公路管理机构要加强与公安交管部门的协调配合，做好现场布控和交通疏导，加强巡查，及时通报情况，防止通行车辆因在施工现场随意穿越隔离设施、违法掉头、停车等造成事故。

三、全面提升农村公路的安全水平

在我国，农村、山区公路普遍技术等级不高，安全防护设施缺失严重，加之交通安全管理工作相对滞后和其他相关因素的影响，造成人、车、路间的矛盾加剧，交通安全问题越来越突出，据统计，近年来发生在农村公路上的事故逐年上升，已占我国年交通事故总量的一半。地方各级政府要全面排查现有农村、山区公路的安全隐患，重点围绕农村公路急弯陡坡、临水路段，落实公路安全生命防护工程建设，努力提升农村、山区公路建设管理水平。

第五章　道路运输生产经营单位安全管理

本章的主要任务是通过分析事故典型案例，找出道路运输生产经营单位在安全管理中存在的共性问题，结合相关法律法规，分析问题产生的原因，吸取教训，并提出相关建议。

第一节　法律问题及分析

本篇所列举的道路交通事故，给人民群众造成了极大的生命财产损失和恶劣的社会影响。相关事故数据分析表明，道路运输生产经营单位安全管理不到位、安全责任不落实，是导致事故发生的重要原因。因此，分析道路运输生产经营单位在安全管理方面存在的问题，明确相关法律责任，对预防和减少道路交通事故具有重要意义。

一、道路运输经营许可证

法律规定

●行政法规

《道路运输条例》第十条　申请从事客运经营的，应当按照下列规定提出申请并提交符合本条例第八条规定条件的相关材料申请从事客运经营的，应当依法向工商行政管理机关办理有关登记手续后，按照下列规定提出申请并提交符合本条例第八条规定条件的相关材料：

（一）从事县级行政区域内客运经营的，向县级道路运输管理机构提出申请；

（二）从事省、自治区、直辖市行政区域内跨 2 个县级以上行政区域客运经营的，向其共同的上一级道路运输管理机构提出申请；

（三）从事跨省、自治区、直辖市行政区域客运经营的，向所在地的省、自治区、直辖市道路运输管理机构提出申请。

依照前款规定收到申请的道路运输管理机构，应当自受理申请之日起 20 日内审查完毕，作出许可或者不予许可的决定。予以许可的，向申请人颁发道路运输经营许可证,并向申请人投入运输的车辆配发车辆营运证;不予许可的,应当书面通知申请人并说明理由。

对从事跨省、自治区、直辖市行政区域客运经营的申请,有关省、自治区、直辖市道路运输管理机构依照本条第二款规定颁发道路运输经营许可证前,应当与运输线路目的地的省、自治区、直辖市道路运输管理机构协商;协商不成的,应当报国务院交通主管部门决定。

◆部门规章

《道路旅客运输及客运站管理规定》第十二条　申请从事道路客运经营的,应当依法向工商行政管理机关办理有关登记手续后,按照下列规定提出申请:

(一)从事县级行政区域内客运经营的,向县级道路运输管理机构提出申请;

(二)从事省、自治区、直辖市行政区域内跨2个县级以上行政区域客运经营的,向其共同的上一级道路运输管理机构提出申请;

(三)从事跨省、自治区、直辖市行政区域客运经营的,向所在地的省、自治区、直辖市道路运输管理机构提出申请。

法律责任

◆部门规章

《道路旅客运输及客运站管理规定》第七十九条　违反本规定,有下列行为之一的,由县级以上道路运输管理机构责令停止经营;有违法所得的,没收违法所得,处违法所得2倍以上10倍以下的罚款;没有违法所得或者违法所得不足2万元的,处3万元以上10万元以下的罚款;构成犯罪的,依法追究刑事责任:

(一)未取得道路客运经营许可,擅自从事道路客运经营的;

(二)未取得道路客运班线经营许可,擅自从事班车客运经营的;

(三)使用失效、伪造、变造、被注销等无效的道路客运许可证件从事道路客运经营的;

(四)超越许可事项,从事道路客运经营的。

案例分析

《道路运输条例》和《道路旅客运输及客运站管理规定》规定,**申请从事客运经营的应当向道路运输管理机构提出申请,经批准取得道路运输经营许可证后方可从事道路客运经营**。新疆喀什"2·24"重大车辆侧翻事故(案例1-12)调查认定,涉事旅客运输公司的道路运输经营许可证有效期至2015年1月20日(事故发生时间为2015年2月24日),该公司没有按照规定在到期前15天向道路运输管理机构提出延续申请,在道路运输经营许可证过期后,继续经营,非法从事营运。上述行为说明，涉事旅客运输公司未履行《道路运输条例》和《道路旅客运输及客运站管理规定》规定的**经批准取得道路运输经营许可证后方可从事道路客运经营的要求**。依据《道路旅客运输及客运站管理规定》等，以及其他违法违规行为所依据的法律法规，事故调查报告建议，将涉事运输公司法定代表人、总经理史某移送司法机关追究刑事责任，对涉事运输公司处以罚款340万元的行政处罚，吊销事故车辆班线客运经营许可，吊销事故车辆道路运输证和肇事驾驶人的从业资格证。

二、安全生产制度

法律规定

★法律

《安全生产法》第十八条　生产经营单位的主要负责人对本单位安全生产工作负有下列职责：

（一）建立、健全本单位安全生产责任制；

（二）组织制定本单位安全生产规章制度和操作规程；

（三）组织制定并实施本单位安全生产教育和培训计划；

（四）保证本单位安全生产投入的有效实施；

（五）督促、检查本单位的安全生产工作，及时消除生产安全事故隐患；

（六）组织制定并实施本单位的生产安全事故应急救援预案；

（七）及时、如实报告生产安全事故。

《安全生产法》第十九条　生产经营单位的安全生产责任制应当明确各岗位的责任人员、责任范围和考核标准等内容。

生产经营单位应当建立相应的机制，加强对安全生产责任制落实情况的监督考核，保证安全生产责任制的落实。

●行政法规

《道路运输条例》第八条　申请从事客运经营的，应当具备下列条件：

（一）有与其经营业务相适应并经检测合格的车辆；

（二）有符合本条例第九条规定条件的驾驶人员；

（三）有健全的安全生产管理制度。

申请从事班线客运经营的，还应当有明确的线路和站点方案。

《道路运输条例》第二十一条　申请从事货运经营的，应当具备下列条件：

（一）有与其经营业务相适应并经检测合格的车辆；

（二）有符合本条例第二十二条规定条件的驾驶人员；

(三)有健全的安全生产管理制度。

◆部门规章

《道路旅客运输及客运站管理规定》第十条　申请从事道路客运经营的,应当具备下列条件:

(一)有与其经营业务相适应并经检测合格的客车:

1. 客车技术要求应当符合《道路运输车辆技术管理规定》有关规定。

2. 客车类型等级要求:

从事高速公路客运、旅游客运和营运线路长度在800公里以上的客运车辆,其车辆类型等级应当达到行业标准《营运客车类型划分及等级评定》(JT/T 325)规定的中级以上。

3. 客车数量要求:

(1)经营一类客运班线的班车客运经营者应当自有营运客车100辆以上、客位3000个以上,其中高级客车在30辆以上、客位900个以上;或者自有高级营运客车40辆以上、客位1200个以上;

(2)经营二类客运班线的班车客运经营者应当自有营运客车50辆以上、客位1500个以上,其中中高级客车在15辆以上、客位450个以上;或者自有高级营运客车20辆以上、客位600个以上;

(3)经营三类客运班线的班车客运经营者应当自有营运客车10辆以上、客位200个以上;

(4)经营四类客运班线的班车客运经营者应当自有营运客车1辆以上;

(5)经营省际包车客运的经营者,应当自有中高级营运客车20辆以上、客位600个以上;

(6)经营省内包车客运的经营者,应当自有营运客车5辆以上、客位100个以上。

(二)从事客运经营的驾驶人员,应当符合《道路运输从业人员管理规定》有关规定。

(三)有健全的安全生产管理制度,包括安全生产操作规程、安全生产责任制、安全生产监督检查、驾驶人员和车辆安全生产管理的制度。

(四)申请从事道路客运班线经营,还应当有明确的线路和站点方案。

《道路危险货物运输管理规定》第四十七条　道路危险货物运输企业或者单位应当加强安全生产管理,制定突发事件应急预案,配备应急救援人员和必要的应急救援器材、设备,并定期组织应急救援演练,严格落实各项安全制度。

法律责任

★法律

《安全生产法》第九十四条　生产经营单位有下列行为之一的，责令限期改正，可以处五万元以下的罚款；逾期未改正的，责令停产停业整顿，并处五万元以上十万元以下的罚款，对其直接负责的主管人员和其他直接责任人员处一万元以上二万元以下的罚款：

（一）未按照规定设置安全生产管理机构或者配备安全生产管理人员的；

（二）危险物品的生产、经营、储存单位以及矿山、金属冶炼、建筑施工、道路运输单位的主要负责人和安全生产管理人员未按照规定经考核合格的；

（三）未按照规定对从业人员、被派遣劳动者、实习学生进行安全生产教育和培训，或者未按照规定如实告知有关的安全生产事项的；

（四）未如实记录安全生产教育和培训情况的；

（五）未将事故隐患排查治理情况如实记录或者未向从业人员通报的；

（六）未按照规定制定生产安全事故应急救援预案或者未定期组织演练的；

（七）特种作业人员未按照规定经专门的安全作业培训并取得相应资格，上岗作业的。

《安全生产法》第九十八条　生产经营单位有下列行为之一的，责令限期改正，可以处十万元以下的罚款；逾期未改正的，责令停产停业整顿，并处十万元以上二十万元以下的罚款，对其直接负责的主管人员和其他直接责任人员处二万元以上五万元以下的罚款；构成犯罪的，依照刑法有关规定追究刑事责任：

（一）生产、经营、运输、储存、使用危险物品或者处置废弃危险物品，未建立专门安全管理制度、未采取可靠的安全措施的；

（二）对重大危险源未登记建档，或者未进行评估、监控，或者未制定应急预案的；

（三）进行爆破、吊装以及国务院安全生产监督管理部门会同国务院有关部门规定的其他危险作业，未安排专门人员进行现场安全管理的；

（四）未建立事故隐患排查治理制度的。

●行政法规

《道路运输条例》第七十条第二款　客运经营者、货运经营者擅自改装已取得车辆营运证的车辆的，由县级以上道路运输管理机构责令改正，处5000元以上2万元以下的罚款。

《生产安全事故报告和调查处理条例》第三十七条　事故发生单位对事故发

生负有责任的，依照下列规定处以罚款：

（一）发生一般事故的，处10万元以上20万元以下的罚款；

（二）发生较大事故的，处20万元以上50万元以下的罚款；

（三）发生重大事故的，处50万元以上200万元以下的罚款；

（四）发生特别重大事故的，处200万元以上500万元以下的罚款。

《生产安全事故报告和调查处理条例》第三十八条　事故发生单位主要负责人未依法履行安全生产管理职责，导致事故发生的，依照下列规定处以罚款；属于国家工作人员的，并依法给予处分；构成犯罪的，依法追究刑事责任：

（一）发生一般事故的，处上一年年收入30%的罚款；

（二）发生较大事故的，处上一年年收入40%的罚款；

（三）发生重大事故的，处上一年年收入60%的罚款；

（四）发生特别重大事故的，处上一年年收入80%的罚款。

◆部门规章

《道路旅客运输及客运站管理规定》第八十七条　违反本规定，客运经营者、客运站经营者已不具备开业要求的有关安全条件、存在重大运输安全隐患的，由县级以上道路运输管理机构责令限期改正；在规定时间内不能按要求改正且情节严重的，由原许可机关吊销《道路运输经营许可证》或者吊销相应的经营范围。

案例分析

《安全生产法》《道路运输条例》《道路旅客运输及客运站管理规定》等法律法规规定，**建立健全企业安全管理制度**。

滨保高速天津"10·7"特别重大道路交通事故（案例1-2）调查认定，唐山涉事运输公司安全管理制度不健全，其作为道路旅客运输企业未履行《安全生产法》《道路运输条例》《道路旅客运输及客运站管理规定》等法律法规规定的**建立健全企业安全管理制度的要求**。依据《生产安全事故报告和调查处理条例》《道路旅客运输及客运站管理规定》等规定，以及其他违法违规行为所依据的法律法规，事故调查报告建议，给予唐山涉事运输公司及其涉事客运分公司及其主要责任人行政处罚，给予唐山涉事运输公司董事长、党委书记王某降级、党内严重警告处分，给予公司总经理李某撤职、撤销党内职务处分，给予唐山涉事运输公司某客运公司经理齐某撤职、党内严重警告处分。

广州"6·29"道路交通事故引发爆燃重大事故（案例1-3）调查认定，湖南涉事运输公司无安全管理制度；包茂高速陕西延安"8·26"特别重大道路交通事故（案例1-4）调查认定，河南涉事运输公司安全管理制度不健全，安全管理措施不落实。

上述行为说明，两家危险货物运输企业未履行《安全生产法》《道路运输条例》《道路危险货物运输管理规定》等法律法规规定的**建立健全安全管理制度的要求**。依据《安全生产法》《生产安全事故报告和调查处理条例》《道路危险货物运输管理规定》等，以及其他违法违规行为所依据的法律法规，事故调查报告建议，给予湖南涉事运输公司行政处罚，追究湖南涉事运输公司法定代表人、总经理张某刑事责任；给予河南涉事运输公司及其责任人行政处罚，给予河南涉事运输公司董事长、总经理、党支部书记赵某撤职、撤销党内职务处分。

三、安全生产管理机构和安全生产管理人员

法律规定

★法律

《安全生产法》第二十一条　矿山、金属冶炼、建筑施工、道路运输单位和危险物品的生产、经营、储存单位，应当设置安全生产管理机构或者配备专职安全生产管理人员。

前款规定以外的其他生产经营单位，从业人员超过一百人的，应当设置安全生产管理机构或者配备专职安全生产管理人员；从业人员在一百人以下的，应当配备专职或者兼职的安全生产管理人员。

◆部门规章

《道路危险货物运输管理规定》第八条　申请从事道路危险货物运输经营，应当具备下列条件：

(三)有符合下列要求的从业人员和安全管理人员：

1. 专用车辆的驾驶人员取得相应机动车驾驶证，年龄不超过60周岁。

2. 从事道路危险货物运输的驾驶人员、装卸管理人员、押运人员应当经所在地设区的市级人民政府交通运输主管部门考试合格，并取得相应的从业资格证；从事剧毒化学品、爆炸品道路运输的驾驶人员、装卸管理人员、押运人员，应当经考试合格，取得注明为“剧毒化学品运输”或者“爆炸品运输”类别的从业资格证。

3. 企业应当配备专职安全管理人员。

法律责任

★法律

《安全生产法》第九十四条　企业未按照规定设置安全生产管理机构或者配备安全生产管理人员的，责令企业限期改正，可以处五万元以下的罚款；逾期未改正的，责令停产停业整顿，并处五万元以上十万元以下的罚款，对其直接负责的主

管人员和其他直接责任人员处一万元以上二万元以下的罚款。

《安全生产法》第九十四条　生产经营单位有下列行为之一的，责令限期改正，可以处五万元以下的罚款；逾期未改正的，责令停产停业整顿，并处五万元以上十万元以下的罚款，对其直接负责的主管人员和其他直接责任人员处一万元以上二万元以下的罚款：

（一）未按照规定设置安全生产管理机构或者配备安全生产管理人员的。

◆部门规章

《道路危险货物运输管理规定》第六十二条　违反本规定，道路危险货物运输企业或者单位未配备专职安全管理人员的，由县级以上道路运输管理机构责令改正，可以处 1 万元以下的罚款；拒不改正的，对危险化学品运输企业或单位处 1 万元以上 5 万元以下的罚款，对运输危险化学品以外其他危险货物的企业或单位处 1 万元以上 2 万元以下的罚款。

案例分析

（1）《安全生产法》规定，**道路运输单位应当设置安全生产管理机构或者配备足额专职安全生产管理人员**。包茂高速重庆黔江段“3 · 25”重大道路交通事故（案例 1-8）调查认定，按照《道路旅客运输企业安全管理规范（试行）》的要求，涉事客运公司拥有 71 辆运营车辆，应配备专职安全管理人员 4 名，而公司实际上只配备了 3 名安全管理人员，其中 1 名安全管理人员还兼职车辆保险、报表统计、内务等工作，未按规定配足安全管理人员，造成安全管理机构履职不到位。西藏拉萨“8 · 9”特别重大道路交通事故（案例 1-10）调查认定，涉事旅游客运公司未按规定设立安全管理机构和配备专职安全管理人员。如果事故发生在当前，涉事客运公司履行《安全生产法》规定的**设置安全生产管理机构或者配备足额专职安全生产管理人员职责**不到位，依据《安全生产法》等追究责任。

（2）《道路危险货物运输管理规定》规定，**道路危险货物运输企业或者单位应当配备专职安全管理人员**。广州“6 · 29”道路交通事故引发爆燃重大事故（案例 1-3）调查认定，湖南涉事运输公司为危险货物道路运输企业，没有配备专职的安全管理员，说明该公司未履行《道路危险货物运输管理规定》规定的**配备专职安全管理人员的职责**。依据《安全生产法》和《道路危险货物运输管理规定》，以及其他违法违规行为所依据的法律法规，事故调查报告建议，对公司法人代表、总经理张某追究刑事责任。如果事故发生在当前，危险货物道路运输企业未配备专职的安全管理员，说明该企业未履行《安全生产法》和《道路危险货物运输管理规定》规定的**配备专职安全管理人员职责**，将依据《安全生产法》《道路危险货物运输管理规定》

等规定追究责任。

四、安全教育培训

法律规定

★法律

《安全生产法》第二十五条　生产经营单位应当对从业人员进行安全生产教育和培训,保证从业人员具备必要的安全生产知识,熟悉有关的安全生产规章制度和安全操作规程,掌握本岗位的安全操作技能,了解事故应急处理措施,知悉自身在安全生产方面的权利和义务。未经安全生产教育和培训合格的从业人员,不得上岗作业。

生产经营单位使用被派遣劳动者的,应当将被派遣劳动者纳入本单位从业人员统一管理,对被派遣劳动者进行岗位安全操作规程和安全操作技能的教育和培训。劳务派遣单位应当对被派遣劳动者进行必要的安全生产教育和培训。

生产经营单位接收中等职业学校、高等学校学生实习的,应当对实习学生进行相应的安全生产教育和培训,提供必要的劳动防护用品。学校应当协助生产经营单位对实习学生进行安全生产教育和培训。

生产经营单位应当建立安全生产教育和培训档案,如实记录安全生产教育和培训的时间、内容、参加人员以及考核结果等情况。

法律责任

★法律

《安全生产法》第九十四条　生产经营单位有下列行为之一的,责令限期改正,可以处五万元以下的罚款;逾期未改正的,责令停产停业整顿,并处五万元以上十万元以下的罚款,对其直接负责的主管人员和其他直接责任人员处一万元以上二万元以下的罚款:

(三)未按照规定对从业人员、被派遣劳动者、实习学生进行安全生产教育和培训,或者未按照规定如实告知有关的安全生产事项的;

(四)未如实记录安全生产教育和培训情况的。

《安全生产法》第一百零九条　发生生产安全事故,对负有责任的生产经营单位除要求其依法承担相应的赔偿等责任外,由安全生产监督管理部门依照下列规定处以罚款:

(一)发生一般事故的,处二十万元以上五十万元以下的罚款;

(二)发生较大事故的,处五十万元以上一百万元以下的罚款;

（三）发生重大事故的，处一百万元以上五百万元以下的罚款；

（四）发生特别重大事故的，处五百万元以上一千万元以下的罚款；情节特别严重的，处一千万元以上二千万元以下的罚款。

●行政法规

《生产安全事故报告和调查处理条例》第三十七条　事故发生单位对事故发生负有责任的，依照下列规定处以罚款：

（一）发生一般事故的，处10万元以上20万元以下的罚款；

（二）发生较大事故的，处20万元以上50万元以下的罚款；

（三）发生重大事故的，处50万元以上200万元以下的罚款；

（四）发生特别重大事故的，处200万元以上500万元以下的罚款。

案例分析

《安全生产法》规定，**生产经营单位应当对从业人员进行安全生产教育和培训；应当建立安全生产教育和培训档案，如实记录安全生产教育和培训的时间、内容、参加人员以及考核结果等情况**。

包茂高速重庆黔江段"3·25"重大道路交通事故（案例1-8）调查认定，在四川某客运公司二分公司组织的两次安全教育培训签到册上，均有事故车辆3名驾驶员的签字，而GPS监控记录显示并经调查核实，培训期间3名驾驶员均随事故车辆在外省并没有参加教育和培训，签字系事后补签。如果事故发生在当前，涉事公司存在安全教育培训不到位的行为，违反了《安全生产法》规定的**安全生产教育培训职责**，将依据《安全生产法》《生产安全事故报告和调查处理条例》等对涉事公司予以行政处罚，并追究相关责任人责任。

广州"6·29"道路交通事故引发爆燃重大事故（案例1-3）调查认定，湖南涉事运输公司未对包括肇事司机周某在内的驾驶员、押运员进行安全培训教育，安全教育培训不到位，说明该公司未履行《安全生产法》规定的**安全生产教育培训职责**。依据《安全生产法》，以及其他违法违规行为所依据的法律法规，事故调查报告建议，依法给予该公司行政处罚，吊销相关证照。

新疆喀什"2·24"重大车辆侧翻事故（案例1-12）调查认定，涉事运输公司对从业人员安全培训教育制度不落实，教育培训不到位，说明该公司未履行《安全生产法》规定的**安全生产教育培训职责**。依据《安全生产法》等，以及其他违法违规行为所依据的法律法规，事故调查报告建议，将涉事运输公司法定代表人、总经理史某移送司法机关追究刑事责任，给予涉事运输公司罚款340万元的行政处罚。

五、车辆动态监控

法律规定

●行政法规

《道路运输车辆动态监督管理办法》第十二条　旅游客车、包车客车、三类以上班线客车和危险货物运输车辆在出厂前应当安装符合标准的卫星定位装置。重型载货汽车和半挂牵引车在出厂前应当安装符合标准的卫星定位装置，并接入全国道路货运车辆公共监管与服务平台（以下简称道路货运车辆公共平台）。

车辆制造企业为道路运输车辆安装符合标准的卫星定位装置后，应当随车附带相关安装证明材料。

《道路运输车辆动态监督管理办法》第十三条　道路运输经营者应当选购安装符合标准的卫星定位装置的车辆，并接入符合要求的监控平台。

《道路运输车辆动态监督管理办法》第二十二条　道路旅客运输企业、道路危险货物运输企业和拥有50辆及以上重型载货汽车或牵引车的道路货物运输企业应当配备专职监控人员。专职监控人员配置原则上按照监控平台每接入100辆车设1人的标准配备，最低不少于2人。

监控人员应当掌握国家相关法规和政策，经运输企业培训、考试合格后上岗。

《道路运输车辆动态监督管理办法》第二十五条　道路运输企业应当根据法律法规的相关规定以及车辆行驶道路的实际情况，按照规定设置监控超速行驶和疲劳驾驶的限值，以及核定运营线路、区域及夜间行驶时间等，在所属车辆运行期间对车辆和驾驶员进行实时监控和管理。

《道路运输车辆动态监督管理办法》第二十六条　监控人员应当实时分析、处理车辆行驶动态信息，及时提醒驾驶员纠正超速行驶、疲劳驾驶等违法行为，并记录存档至动态监控台账；对经提醒仍然继续违法驾驶的驾驶员，应当及时向企业安全管理机构报告，安全管理机构应当立即采取措施制止；对拒不执行制止措施仍然继续违法驾驶的，道路运输企业应当及时报告公安机关交通管理部门，并在事后解聘驾驶员。

动态监控数据应当至少保存6个月，违法驾驶信息及处理情况应当至少保存3年。对存在交通违法信息的驾驶员，道路运输企业在事后应当及时给予处理。

《道路运输车辆动态监督管理办法》第二十七条　道路运输经营者应当确保卫星定位装置正常使用，保持车辆运行实时在线。

卫星定位装置出现故障不能保持在线的道路运输车辆，道路运输经营者不得

安排其从事道路运输经营活动。

法律责任

●行政法规

《道路运输车辆动态监督管理办法》第三十六条　违反本办法的规定，道路运输企业有下列情形之一的，由县级以上道路运输管理机构责令改正。拒不改正的，处3000元以上8000元以下罚款：

（一）道路运输企业未使用符合标准的监控平台、监控平台未接入联网联控系统、未按规定上传道路运输车辆动态信息的；

（二）未建立或者未有效执行交通违法动态信息处理制度、对驾驶员交通违法处理率低于90%的；

（三）未按规定配备专职监控人员的。

《道路运输车辆动态监督管理办法》第三十七条　违反本办法的规定，道路运输经营者使用卫星定位装置出现故障不能保持在线的运输车辆从事经营活动的，由县级以上道路运输管理机构责令改正。拒不改正的，处800元罚款。

《道路运输车辆动态监督管理办法》第三十八条　违反本办法的规定，有下列情形之一的，由县级以上道路运输管理机构责令改正，处2000元以上5000元以下罚款：

（一）破坏卫星定位装置以及恶意人为干扰、屏蔽卫星定位装置信号的；

（二）伪造、篡改、删除车辆动态监控数据的。

《道路运输车辆动态监督管理办法》第三十九条　违反本办法的规定，发生道路交通事故的，具有第三十六条、第三十七条、第三十八条情形之一的，依法追究相关人员的责任；构成犯罪的，依法追究刑事责任。

案例分析

（1）《道路运输车辆动态监督管理办法》规定，**道路运输企业应当根据法律法规的相关规定以及车辆行驶道路的实际情况，在所属车辆运行期间对车辆和驾驶员进行实时监控和管理，并不得安排，卫星定位装置出现故障不能保持在线的道路运输车辆，从事道路运输经营活动**。S17线蚌合高速合肥"8·9"重大道路交通事故（案例1-5）调查认定，上海某旅游客运公司的卫星定位系统动态监控失管，对卫星定位系统动态监控工作不严，无专人实行24小时监控制度，其所属多辆营运车辆存在掉线或驾驶员人为屏蔽卫星定位装置信号（事故车辆也在其中）的行为，未采取有效措施，仍安排事故车辆违规运营。如果事故发生在当前，肇事公司未履行《道路运输车辆动态监督管理办法》规定的**实时监控和管理运行期间的车辆和驾**

驶员、不得安排卫星定位装置出现故障不能保持在线的道路运输车辆从事道路运输经营活动等职责，依据《道路运输车辆动态监督管理办法》等法律法规，对肇事公司责令改正、处以罚款的行政处罚，对相关责任人追究刑事或行政责任。

(2)《道路运输车辆动态监督管理办法》规定，**道路运输企业应当根据法律法规的相关规定以及车辆行驶道路的实际情况，按照规定设置监控超速行驶和疲劳驾驶的限值；对超速行驶、疲劳驾驶的驾驶员拒不执行制止措施仍然继续违法驾驶的，道路运输企业应当及时报告公安机关交通管理部门，并在事后解聘驾驶员；在事后应当及时给予处理存在交通违法信息的驾驶员等职责**。包茂高速重庆黔江段"3·25"重大道路交通事故(案例1-8)调查认定，涉事集团公司及其二分公司未按照《道路旅客运输企业安全管理规范(试行)》的要求，根据车辆行驶道路的实际限速，合理设置相应路段的车辆行驶速度限速标准，并在GPS监控平台上设置相应的报警；事故川籍车辆从2014年1月以来，有多达120余次的GPS超速报警，但二分公司从未对该车驾驶员的超速行为进行处罚。如果事故发生在当前，上述行为说明，肇事公司未履行《道路运输车辆动态监督管理办法》规定的**设置监控超速行驶和疲劳驾驶的限值、处理违法驾驶人员等职责**，将依据《道路运输车辆动态监督管理办法》等法律法规对肇事公司处以罚款的行政处罚、追究相关责任人刑事或行政责任。

新疆喀什"2·24"重大车辆侧翻事故(案例1-12)调查认定，肇事客运公司安全管理混乱，GPS动态监控流于形式，未对超速车辆进行监督管理和处罚。上述行为说明，肇事客运企业未履行《道路运输车辆动态监督管理办法》规定的**对驾驶员超速行驶、疲劳驾驶等违法行为的监控和管理职责**。依据《道路运输车辆动态监督管理办法》等法律法规，以及其他违法违规行为所依据的法律法规，事故调查报告建议，对肇事客运企业罚款340万元，责令其停产停业整顿，吊销事故车辆班线客运经营许可，吊销事故车辆道路运输证和肇事驾驶人的从业资格证；对企业法定代表人、总经理史某罚款10.8万元，追究刑事责任，其终身不得担任交通运输行业生产经营单位主要负责人。

(3)《道路运输车辆动态监督管理办法》规定，**道路旅客运输企业应当配备专职监控人员，专职监控人员最低不少于2人**。湖南郴州宜凤高速"6·26"特别重大道路交通事故(案例1-15)调查认定，涉事客运公司仅配备1名监控人员，还兼职公司董事长司机、办理包车客运标志牌和部分文职工作，使得监控人员难以履职到位，违反了《道路运输车辆动态监督管理办法》规定的**配备专职监控人员的职责**；该公司在事故车辆定位装置出现故障的情况下，仍然违规安排车辆发班，违反了《道路运输车辆动态监督管理办法》规定的**不得安排卫星定位装置出现故障不能**

保持在线的道路运输车辆从事道路运输经营活动的职责。依据《道路运输车辆动态监督管理办法》等规定，以及其他违法违规行为所依据的法律法规，肇事公司董事长陈某被取保候审，总经理何某、安全经理李某、业务经理王某等人被批准逮捕；事故调查报告建议，依法关闭肇事公司，吊销道路运输经营许可证和营业执照，并处以最高罚款，企业负责人终身不得担任本行业生产经营单位的主要负责人。

六、站外上下客、沿途揽客

法律规定

◆部门规章

《道路旅客运输及客运站管理规定》第三十六条　客运班车应当按照许可的线路、班次、站点运行，在规定的途经站点进站上下旅客，无正当理由不得改变行驶线路，不得站外上客或者沿途揽客。

经许可机关同意，在农村客运班线上运营的班车可采取区域经营、循环运行、设置临时发车点等灵活的方式运营。

本规定所称农村客运班线，是指县内或者毗邻县间至少有一端在乡村的客运班线。

法律责任

●行政法规

《道路运输条例》第六十九条　违反本条例的规定，客运经营者、货运经营者有下列情形之一的，由县级以上道路运输管理机构责令改正，处1000元以上3000元以下的罚款；情节严重的，由原许可机关吊销道路运输经营许可证：

（一）不按批准的客运站点停靠或者不按规定的线路、公布的班次行驶的；

（二）强行招揽旅客、货物的；

（三）在旅客运输途中擅自变更运输车辆或者将旅客移交他人运输的；

（四）未报告原许可机关，擅自终止客运经营的；

（五）没有采取必要措施防止货物脱落、扬撒等的。

案例分析

《道路旅客运输及客运站管理规定》规定，**客运班车应当按照许可的线路、班次、站点运行，在规定的途经站点进站上下旅客，不得站外上客或者沿途揽客**。贵州纳雍县“4·4”重大道路交通事故（案例1-13）调查认定，肇事车辆驾驶人（承包人）在完成规定的运输任务后，以修车为由，将线路牌交给门岗后，驾车从车站进站口驶出车站从事非法运输活动，途中私自揽客。新疆喀什“2·24”重大车辆侧翻事故(案例1-12)调查认定，肇事车辆站外揽客。肇事车辆经安全检查合格后报班营运，出站后左转弯向前行驶了约100m后停车开始站外揽客。几分钟内有23名乘客上车。上述行为，违反了《道路旅客运输及客运站管理规定》规定的**客运班车不得站外上客或者沿途揽客的要求**，间接导致事故发生，反映出涉事公司安全管理不到位。依据《安全生产法》《道路运输条例》等，以及其他违法违规行为所依据的法律法规，在贵州纳雍县“4·4”重大道路交通事故中，涉事公司副总经理、所属车站站长程某由公安机关立案侦查，事故调查报告建议，给予涉事公司法人代表、总经理蒋某党内严重警告、行政撤职处分，自处分之日起5年内不得担任任何生产经营单位的主要负责人、终身不得担任道路运输行业生产经营单位的主要负责人并处以罚款3.1万元，给予涉事公司罚款200万元的行政处罚，取消事故车辆经营班线，3年内不受理该公司新增客运班线申请；在新疆喀什“2·24”重大车辆侧翻事故中，事故调查报告建议，将涉事运输公司法定代表人、总经理史某移送司法机关追究刑事责任，对涉事运输公司处以罚款340万元的行政处罚，吊销事故车辆班线客运经营许可。

七、隐患排查治理

法律规定

★法律

《安全生产法》第三十八条第一款　生产经营单位应当建立健全生产安全事故隐患排查治理制度，采取技术、管理措施，及时发现并消除事故隐患。事故隐患排查治理情况应当如实记录，并向从业人员通报。

《安全生产法》第四十三条　生产经营单位的安全生产管理人员应当根据本单位的生产经营特点，对安全生产状况进行经常性检查；对检查中发现的安全问题，应当立即处理；不能处理的，应当及时报告本单位有关负责人，有关负责人应当及时处理。检查及处理情况应当如实记录在案。

生产经营单位的安全生产管理人员在检查中发现重大事故隐患，依照前款规定向本单位有关负责人报告，有关负责人不及时处理的，安全生产管理人员可以向主管的负有安全生产监督管理职责的部门报告，接到报告的部门应当依法及时处理。

法律责任

★法律

《安全生产法》第九十一条　生产经营单位的主要负责人未履行本法规定的

安全生产管理职责的，责令限期改正；逾期未改正的，处二万元以上五万元以下的罚款，责令生产经营单位停产停业整顿。

生产经营单位的主要负责人有前款违法行为，导致发生生产安全事故的，给予撤职处分；构成犯罪的，依照刑法有关规定追究刑事责任。

生产经营单位的主要负责人依照前款规定受刑事处罚或者撤职处分的，自刑罚执行完毕或者受处分之日起，五年内不得担任任何生产经营单位的主要负责人；对重大、特别重大生产安全事故负有责任的，终身不得担任本行业生产经营单位的主要负责人。

《安全生产法》第九十二条　生产经营单位的主要负责人未履行本法规定的安全生产管理职责，导致发生生产安全事故的，由安全生产监督管理部门依照下列规定处以罚款：

（一）发生一般事故的，处上一年年收入百分之三十的罚款；

（二）发生较大事故的，处上一年年收入百分之四十的罚款；

（三）发生重大事故的，处上一年年收入百分之六十的罚款；

（四）发生特别重大事故的，处上一年年收入百分之八十的罚款。

《安全生产法》第九十八条　生产经营单位有下列行为之一的，责令限期改正，可以处十万元以下的罚款；逾期未改正的，责令停产停业整顿，并处十万元以上二十万元以下的罚款，对其直接负责的主管人员和其他直接责任人员处二万元以上五万元以下的罚款；构成犯罪的，依照刑法有关规定追究刑事责任：

（一）生产、经营、运输、储存、使用危险物品或者处置废弃危险物品，未建立专门安全管理制度、未采取可靠的安全措施的；

（二）对重大危险源未登记建档，或者未进行评估、监控，或者未制定应急预案的；

（三）进行爆破、吊装以及国务院安全生产监督管理部门会同国务院有关部门规定的其他危险作业，未安排专门人员进行现场安全管理的；

（四）未建立事故隐患排查治理制度的。

《安全生产法》第九十九条　生产经营单位未采取措施消除事故隐患的，责令立即消除或者限期消除；生产经营单位拒不执行的，责令停产停业整顿，并处十万元以上五十万元以下的罚款，对其直接负责的主管人员和其他直接责任人员处二万元以上五万元以下的罚款。

●行政法规

《生产安全事故报告和调查处理条例》第三十七条　事故发生单位对事故发生负有责任的，依照下列规定处以罚款：

(一)发生一般事故的,处10万元以上20万元以下的罚款;

(二)发生较大事故的,处20万元以上50万元以下的罚款;

(三)发生重大事故的,处50万元以上200万元以下的罚款;

(四)发生特别重大事故的,处200万元以上500万元以下的罚款。

案例分析

《安全生产法》规定,**生产经营单位的主要负责人应当督促、检查本单位的安全生产工作,及时消除生产安全事故隐患**。2014年修订的《安全生产法》还规定,**生产经营单位应当建立健全生产安全事故隐患排查治理制度,采取技术、管理措施,及时发现并消除事故隐患**。包茂高速重庆黔江段"3·25"重大道路交通事故(案例1-8)调查认定,重庆某汽车运输有限公司自2013年12月以来,未对运营车辆是否存在超载等违章行为进行排查,没有及时消除事故隐患。上述行为说明,重庆肇事汽车运输有限公司的主要负责人未履行《安全生产法》规定的**及时发现并消除事故隐患的职责**。依据《安全生产法》《生产安全事故报告和调查处理条例》等,四川某运业公司被建议给予110万元罚款的行政处罚,公司法定代表人、董事长童某被建议给予留党察看一年处分,公司副经理、二分公司总经理彭某被建议移交司法机关追究刑事责任。如果事故发生在当前,重庆肇事汽车运输公司的上述行为还违反了《安全生产法》规定的**采取技术和管理措施及时发现并消除事故隐患职责**,依据《安全生产法》等规定追究责任。

八、事故整改措施

法律规定

★法律

《安全生产法》第八十三条　事故调查处理应当按照科学严谨、依法依规、实事求是、注重实效的原则,及时、准确地查清事故原因,查明事故性质和责任,总结事故教训,提出整改措施,并对事故责任者提出处理意见。事故调查报告应当依法及时向社会公布。事故调查和处理的具体办法由国务院制定。

事故发生单位应当及时全面落实整改措施,负有安全生产监督管理职责的部门应当加强监督检查。

《安全生产法》第二十二条　生产经营单位的安全生产管理机构以及安全生产管理人员履行下列职责:

(七)督促落实本单位安全生产整改措施。

法律责任

★法律

《安全生产法》第九十三条　生产经营单位的安全生产管理人员未履行本法规定的安全生产管理职责的，责令限期改正；导致发生生产安全事故的，暂停或者撤销其与安全生产有关的资格；构成犯罪的，依照刑法有关规定追究刑事责任。

案例分析

在包茂高速陕西延安"8·26"特别重大道路交通事故(案例1-4)和晋济高速公路山西晋城段岩后隧道"3·1"特别重大道路交通危化品燃爆事故(案例1-7)中，河南省某运输公司都是涉事公司。包茂高速陕西延安"8·26"特别重大道路交通事故(案例1-4)调查报告提出的事故防范和整改措施建议包括：禁止任何形式的挂靠车辆从事危险货物道路运输经营行为。但是，晋济高速公路山西晋城段岩后隧道"3·1"特别重大道路交通危化品燃爆事故(案例1-7)调查认定，该公司未能吸取2012年包茂高速陕西延安"8·26"特别重大道路交通事故教训，仍然存在"以包代管"问题。如果事故发生在当前，涉事运输公司未履行《安全生产法》规定的**及时全面落实整改措施的职责**，依据《安全生产法》等规定追究责任。

第二节　启　　示

道路运输安全事关人民群众的生命财产安全和社会经济的和谐发展，许多经验教训表明，安全事故的发生源于安全责任的缺失或法律法规执行的不到位。所有生产经营单位都必须认真履行安全生产主体责任，做到安全责任到位、安全投入到位、安全培训到位、安全管理到位、应急救援到位，及时消除生产安全事故隐患。

一、落实安全生产主体责任

生产经营单位应当依照法律法规规定，强化和落实生产经营单位的主体责任，建立健全生产经营单位安全生产责任制，组织制定本单位安全生产规章制度和操作规程，组织制定并实施本单位安全生产教育和培训计划，及时消除生产安全事故隐患，认真履行安全生产义务。

二、加大安全生产投入

交通运输生产经营单位应当严格按照规定，提取安全生产费用并保证其使用到法定的范围内，不断维护、淘汰、更新设施、设备，使之处于良好的安全状态，以维持和改善安全生产条件;加强从业人员的安全教育培训,提高从业人员安全意识、安全技能和应急处置能力。

三、加强营运车辆驾驶员的聘用和管理

道路运输企业要严守营运车辆驾驶员录用条件,统一录用程序,从严审核营运车辆驾驶员安全行车经历和从业资格条件,严禁录用不符合规定的人员;严格落实营运车辆驾驶员岗前培训、考试制度和随车实习制度,确保培训效果;重点加强对驾驶员职业道德、交通法律法规和安全操作规程,以及行驶中突发事件处置能力的培训,利用典型案例强化警示教育,提高驾驶员安全素质和应急处置技能。

四、强化隐患排查治理

树立隐患就是事故的观念,道路运输生产经营单位应当建立健全隐患排查治理制度,加强风险隐患排查和治理,强化风险防范措施,实现重大隐患闭环管理,构建风险分级管控和隐患排查治理双重预防性工作机制。定期开展风险评估和危害辨识。对重大危险源应当登记建档,进行定期检测、评估、监控,并制定应急预案,告知从业人员在紧急情况下应当采取的应急措施,严查事故隐患,做好事故整改措施的落实工作。针对高危工艺、设备、物品、场所和岗位,建立分级管控制度,制定落实安全操作规程。建立健全重大隐患治理情况向负有安全生产监督管理职责的部门和企业职代会“双报告”制度,实行自查、自改、自报闭环管理。开展经常性的应急演练和人员避险自救培训,着力提升现场应急处置能力。

第六章　道路运输安全监督管理

本章的主要任务是通过分析事故典型案例，找出道路运输行业管理部门及监督管理人员在行业安全管理中存在的共性问题，结合相关法律法规，分析问题产生的原因，吸取教训，并提出相关建议。

第一节　法律问题及分析

近年来，我国道路运输领域发生的重特大交通事故，给人民群众的生命财产造成了重大损失，引起了党中央、国务院的高度重视和社会的广泛关注。道路运输行业安全监督管理不到位是这些事故发生的原因之一。

一、企业安全生产监督管理

法律规定

★法律

《安全生产法》第八十三条第二款　事故发生单位应当及时全面落实整改措施，负有安全生产监督管理职责的部门应当加强监督检查。

法律责任

★法律

《安全生产法》第八十七条　负有安全生产监督管理职责的部门的工作人员，有下列行为之一的，给予降级或者撤职的处分；构成犯罪的，依照刑法有关规定追究刑事责任：

（一）对不符合法定安全生产条件的涉及安全生产的事项予以批准或者验收通过的；

（二）发现未依法取得批准、验收的单位擅自从事有关活动或者接到举报后不予取缔或者不依法予以处理的；

（三）对已经依法取得批准的单位不履行监督管理职责，发现其不再具备安全生产条件而不撤销原批准或者发现安全生产违法行为不予查处的；

（四）在监督检查中发现重大事故隐患，不依法及时处理的。

负有安全生产监督管理职责的部门的工作人员有前款规定以外的滥用职权、玩忽职守、徇私舞弊行为的，依法给予处分；构成犯罪的，依照刑法有关规定追究刑事责任。

案例分析

《安全生产法》规定，**负有安全生产监督管理职责的部门应当加强对事故发生单位及时全面落实整改措施的监督检查**。包茂高速陕西延安"8·26"特别重大道路交通事故（案例1-4）提出的事故防范和整改措施建议包括，要对危险货物运输车辆进行全面排查和清理整顿，禁止任何形式的挂靠车辆从事危险货物道路运输经营行为。晋济高速公路山西晋城段岩后隧道"3·1"特别重大道路交通危化品燃爆事故（案例1-7）调查认定，相关道路运输管理机构未认真吸取2012年包茂高速陕西延安"8·26"特别重大道路交通事故教训，未能纠正涉事公司危险货物运输车辆挂靠经营的问题。如果事故发生在当前，相关道路运输管理机构未履行《安全生产法》规定的**加强事故发生单位及时全面落实整改措施的监督检查职责**，应当依据《安全生产法》追究相关人员责任。

二、道路旅客运输安全监督管理

法律规定

●行政法规

《道路运输条例》第八条　申请从事客运经营的，应当具备下列条件：

（一）有与其经营业务相适应并经检测合格的车辆；

（二）有符合本条例第九条 规定条件的驾驶人员；

（三）有健全的安全生产管理制度。

申请从事班线客运经营的，还应当有明确的线路和站点方案。

《道路运输条例》第九条　从事客运经营的驾驶人员，应当符合下列条件：

（一）取得相应的机动车驾驶证；

（二）年龄不超过60周岁；

（三）3年内无重大以上交通责任事故记录；

（四）经设区的市级道路运输管理机构对有关客运法律法规、机动车维修和旅客急救基本知识考试合格。

《道路运输条例》第五十八条第一款　道路运输管理机构的工作人员应当严格按照职责权限和程序进行监督检查，不得乱设卡、乱收费、乱罚款。

第二款　道路运输管理机构的工作人员应当重点在道路运输及相关业务经营场所、客货集散地进行监督检查。

◆部门规章

《道路旅客运输及客运站管理规定》第十条　申请从事道路客运经营的，应当具备下列条件：

（一）有与其经营业务相适应并经检测合格的客车：

1. 客车技术要求应当符合《道路运输车辆技术管理规定》有关规定。

2. 客车类型等级要求：

从事高速公路客运、旅游客运和营运线路长度在800公里以上的客运车辆，其车辆类型等级应当达到行业标准《营运客车类型划分及等级评定》（JT/T 325）规定的中级以上。

3. 客车数量要求：

（1）经营一类客运班线的班车客运经营者应当自有营运客车100辆以上、客位3000个以上，其中高级客车在30辆以上、客位900个以上；或者自有高级营运客车40辆以上、客位1200个以上；

（2）经营二类客运班线的班车客运经营者应当自有营运客车50辆以上、客位1500个以上，其中中高级客车在15辆以上、客位450个以上；或者自有高级营运客车20辆以上、客位600个以上；

（3）经营三类客运班线的班车客运经营者应当自有营运客车10辆以上、客位200个以上；

（4）经营四类客运班线的班车客运经营者应当自有营运客车1辆以上；

（5）经营省际包车客运的经营者，应当自有中高级营运客车20辆以上、客位600个以上；

（6）经营省内包车客运的经营者，应当自有营运客车5辆以上、客位100个以上。

（二）从事客运经营的驾驶人员，应当符合《道路运输从业人员管理规定》有关规定。

（三）有健全的安全生产管理制度，包括安全生产操作规程、安全生产责任制、安全生产监督检查、驾驶人员和车辆安全生产管理的制度。

（四）申请从事道路客运班线经营，还应当有明确的线路和站点方案。

《道路旅客运输及客运站管理规定》第二十六条　客运班线经营及包车客运许可原则上应当通过服务质量招投标的方式实施，并签订经营服务协议。申请人数量达不到招投标要求的，道路运输管理机构应当按许可条件择优确定客运经营者。

相关省级道路运输管理机构协商确定通过服务质量招投标方式,实施跨省客运班线经营许可的,可采取联合招标、各自分别招标等方式进行。一省不实行招投标的,不影响另外一省进行招投标。

道路客运经营服务质量招投标管理办法另行制定。

《道路旅客运输及客运站管理规定》第五十六条　客运包车应当凭车籍所在地道路运输管理机构核发的包车客运标志牌,按照约定的时间、起始地、目的地和线路运行,并持有包车票或者包车合同,不得按班车模式定点定线运营,不得招揽包车合同外的旅客乘车。

客运包车除执行道路运输管理机构下达的紧急包车任务外,其线路一端应当在车籍所在地。省际、市际客运包车的车籍所在地为车籍所在的地区,县际客运包车的车籍所在地为车籍所在的县。

非定线旅游客车可持注明客运事项的旅游客票或者旅游合同取代包车票或者包车合同。

《道路旅客运输及客运站管理规定》第五十七条　省际临时客运标志牌(见附件9)、省际包车客运标志牌(见附件10)由省级道路运输管理机构按照交通运输部的统一式样印制,交由当地县以上道路运输管理机构向客运经营者核发。省际包车客运标志牌和加班车、顶班车、接驳车使用的省际临时客运标志牌在一个运次所需的时间内有效,因班车客运标志牌正在制作或者灭失而使用的省际临时客运标志牌有效期不得超过30天。

从事省际包车客运的企业应按照交通运输部的统一要求,通过运政管理信息系统向车籍地道路运输管理机构备案后方可使用包车标志牌。

省内临时客运标志牌、省内包车客运标志牌样式及管理要求由各省级交通运输主管部门自行规定。

《道路旅客运输及客运站管理规定》第七十条　道路运输管理机构应当加强对道路客运和客运站经营活动的监督检查。

道路运输管理机构工作人员应当严格按照法定职责权限和程序进行监督检查。

《道路旅客运输及客运站管理规定》第七十一条　县级以上道路运输管理机构应当定期对客运车辆进行审验,每年审验一次。审验内容包括:

(一)车辆违章记录;

(二)车辆技术等级评定情况;

(三)客车类型等级评定情况;

（四）按规定安装、使用符合标准的具有行驶记录功能的卫星定位装置情况；

（五）客运经营者为客运车辆投保承运人责任险情况。

审验符合要求的，道路运输管理机构在《道路运输证》审验记录栏中或者IC卡注明；不符合要求的，应当责令限期改正或者办理变更手续。

法律责任

●行政法规

《道路运输条例》第七十六条　违反本条例的规定，道路运输管理机构的工作人员有下列情形之一的，依法给予行政处分；构成犯罪的，依法追究刑事责任：

（一）不依照本条例规定的条件、程序和期限实施行政许可的；

（二）参与或者变相参与道路运输经营以及道路运输相关业务的；

（三）发现违法行为不及时查处的；

（四）违反规定拦截、检查正常行驶的道路运输车辆的；

（五）违法扣留运输车辆、车辆营运证的；

（六）索取、收受他人财物，或者谋取其他利益的；

（七）其他违法行为。

《行政机关公务员处分条例》第二十条　有下列行为之一的，给予记过、记大过处分；情节较重的，给予降级或者撤职处分；情节严重的，给予开除处分：

（一）不依法履行职责，致使可以避免的爆炸、火灾、传染病传播流行、严重环境污染、严重人员伤亡等重大事故或者群体性事件发生的；

（二）发生重大事故、灾害、事件或者重大刑事案件、治安案件，不按规定报告、处理的；

（三）对救灾、抢险、防汛、防疫、优抚、扶贫、移民、救济、社会保险、征地补偿等专项款物疏于管理，致使款物被贪污、挪用，或者毁损、灭失的；

（四）其他玩忽职守、贻误工作的行为。

◆部门规章

《道路旅客运输及客运站管理规定》第九十条　道路运输管理机构工作人员违反本规定，有下列情形之一的，依法给予行政处分；构成犯罪的，依法追究刑事责任：

（一）不依照规定的条件、程序和期限实施行政许可的；

（二）参与或者变相参与道路客运经营以及客运站经营的；

（三）发现违法行为不及时查处的；

（四）违反规定拦截、检查正常行驶的运输车辆的；

(五)违法扣留运输车辆、《道路运输证》的;

(六)索取、收受他人财物,或者谋取其他利益的;

(七)其他违法行为。

《安全生产领域违法违纪行为政纪处分暂行规定》第八条　国家行政机关及其公务员有下列行为之一的,对有关责任人员,给予警告、记过或者记大过处分;情节较重的,给予降级或者撤 职处分;情节严重的,给予开除处分:

(一)未按照有关规定对有关单位申报的新建、改建、扩建工程项目的安全设施,与主体工程同时设计、同时施工、同时投入生产和使用中组织审查验收的;

(二)发现存在重大安全隐患,未按规定采取措施,导致生产安全事故发生的;

(三)对发生的生产安全事故瞒报、谎报、拖延不报,或者组织、参与瞒报、谎报、拖延不报的;

(四)生产安全事故发生后,不及时组织抢救的;

(五)对生产安全事故的防范、报告、应急救援有其他失职、渎职行为的。

案例分析

(1)《道路旅客运输及客运站管理规定》规定,**客运班线经营及包车客运许可原则上应当通过服务质量招投标的方式实施,并签订经营服务协议;相关省级道路运输管理机构协商确定通过服务质量招投标方式,实施跨省客运班线经营许可的,可采取联合招标、各自分别招标等方式进行;省际临时客运标志牌、省际包车客运标志牌由省级道路运输管理机构按照交通运输部的统一式样印制,交由当地县以上道路运输管理机构向客运经营者核发**。

滨保高速天津"10·7"特别重大道路交通事故(案例1-2)调查认定,涉事道路运输管理机构未按规定认真核发省际包车证,对肇事运输公司未认真执行省际包车证管理制度等问题监督管理不到位。上述行为说明,涉事道路运输管理机构未履行《道路旅客运输及客运站管理规定》规定的**包车客运许可原则上应当通过服务质量招投标的方式实施以及省际包车证由省级道路运输管理机构按照交通运输部的统一式样印制、交由当地县以上道路运输管理机构向客运经营者核发、当地县以上道路运输管理机构向客运经营者发放省际包车证时要进行审查职责**。另外,涉事道路运输管理机构还存在其他违法违规行为。依据《道路旅客运输及客运站管理规定》等,以及其他违法违规行为所依据的法律法规,事故调查报告建议,给予涉事道路运输管理机构(交通运输管理处)处长、党总支书记孙某降级、党内严重警告处分,给予副处长张某、客运管理科科长李某、客运管理科副科长刘某撤职、党内严重警告处分。

(2)《道路运输条例》规定,**道路运输管理机构的工作人员应当严格按照职责权限和程序进行监督检查,不得乱设卡、乱收费、乱罚款**。《道路旅客运输及客运站管理规定》规定,**道路运输管理机构工作人员应当严格按照法定职责权限和程序进行监督检查**。

陕西咸阳"5·15"特别重大道路交通事故(案例1-14)调查认定,涉事交通运输管理站下属稽查三队执法人员随意降低处罚标准、执法文书填写不规范,违反了《道路运输条例》和《道路旅客运输及客运站管理规定》规定的**应当严格按照法定职责权限和程序进行监督检查,不得乱设卡、乱收费、乱罚款等职责**。依据《刑法》《道路运输条例》《道路旅客运输及客运站管理规定》等规定,涉事交通运输管理站稽查三中队队长韩某、运政管理员孙某和张某被检察机关立案侦查并被追究刑事责任,涉事交通运输管理站站长蒋某被建议给予行政记过处分。

新疆喀什"2·24"重大车辆侧翻事故(案例1-12)调查认定,涉事道路运输管理机构为涉事汽车站非法设置补票点提供房屋,并将《自治区道路交通稽查客运车辆登记表》交由补票点工作人员代填;对涉事汽车站长期存在的站外揽客违法行为打击不力,说明涉事道路运输管理机构工作人员未履行《道路运输条例》和《道路旅客运输及客运站管理规定》规定的**道路运输管理机构的工作人员应当严格按照法定职责权限和程序进行监督检查等职责**。另外,该道路运输管理机构还存在其他违法违规行为。依据《道路运输条例》《道路旅客运输及客运站管理规定》《安全生产领域违法违纪行为政纪处分暂行规定》《行政机关公务员处分条例》等,以及其他违法违规行为所依据的法律法规,事故调查报告建议,给予涉事道路运输管理机构(道路运输管理局)局长、党组副书记尼某行政记大过处分;给予局执法支队副支队长尼某行政记过处分。

三、道路货物运输安全监督管理

法律规定

●行政法规

《道路运输条例》第二十一条　申请从事货运经营的,应当具备下列条件:

(一)有与其经营业务相适应并经检测合格的车辆;

(二)有符合本条例第二十二条规定条件的驾驶人员;

(三)有健全的安全生产管理制度。

《道路运输条例》第二十二条　从事货运经营的驾驶人员,应当符合下列条件:

(一)取得相应的机动车驾驶证;

（二）年龄不超过60周岁；

（三）经设区的市级道路运输管理机构对有关货运法律法规、机动车维修和货物装载保管基本知识考试合格。

《道路货物运输及站场管理规定》第六条　申请从事道路货物运输经营的，应当具备下列条件：

（一）有与其经营业务相适应并经检测合格的运输车辆：

1. 车辆技术要求应当符合《道路运输车辆技术管理规定》有关规定。

2. 车辆其他要求：

（1）从事大型物件运输经营的，应当具有与所运输大型物件相适应的超重型车组；

（2）从事冷藏保鲜、罐式容器等专用运输的，应当具有与运输货物相适应的专用容器、设备、设施，并固定在专用车辆上；

（3）从事集装箱运输的，车辆还应当有固定集装箱的转锁装置。

（二）有符合规定条件的驾驶人员：

1. 取得与驾驶车辆相应的机动车驾驶证；

2. 年龄不超过60周岁；

3. 经设区的市级道路运输管理机构对有关道路货物运输法规、机动车维修和货物及装载保管基本知识考试合格，并取得从业资格证。

（三）有健全的安全生产管理制度，包括安全生产责任制度、安全生产业务操作规程、安全生产监督检查制度、驾驶员和车辆安全生产管理制度等。

《道路货物运输及站场管理规定》第四十八条　县级以上道路运输管理机构应当定期对货运车辆进行审验，每年审验一次。

审验内容包括车辆技术等级评定情况、车辆结构及尺寸变动情况和违章记录等。

审验符合要求的，道路运输管理机构在《道路运输证》审验记录中或者IC卡注明；不符合要求的，应当责令限期改正或者办理变更手续。

《道路运输车辆动态监督管理办法》第十六条　道路运输管理机构在办理营运手续时，应当对道路运输车辆安装卫星定位装置及接入系统平台的情况进行审核。

《道路运输车辆动态监督管理办法》第三十条　道路运输管理机构应当充分发挥监控平台的作用，定期对道路运输企业动态监控工作的情况进行监督考核，并将其纳入企业质量信誉考核的内容，作为运输企业班线招标和年度审验的重要依据。

法律责任

◆部门规章

《道路货物运输及站场管理规定》第六十五条　道路运输管理机构的工作人员违反本规定，有下列情形之一的，依法给予相应的行政处分；构成犯罪的，依法追究刑事责任：

（一）不依照本规定规定的条件、程序和期限实施行政许可的；

（二）参与或者变相参与道路货物运输和货运站经营的；

（三）发现违法行为不及时查处的；

（四）违反规定拦截、检查正常行驶的道路运输车辆的；

（五）违法扣留运输车辆、《道路运输证》的；

（六）索取、收受他人财物，或者谋取其他利益的；

（七）其他违法行为。

《道路运输车辆动态监督管理办法》第四十条　道路运输管理机构、公安机关交通管理部门、安全监管部门工作人员执行本办法过程中玩忽职守、滥用职权、徇私舞弊的，给予行政处分；构成犯罪的，依法追究刑事责任。

《安全生产领域违法违纪行为政纪处分暂行规定》第四条　国家行政机关及其公务员有下列行为之一的，对有关责任人员，给予警告、记过或者记大过处分；情节较重的，给予降级或者撤职处分；情节严重的，给予开除处分：

（一）不执行国家安全生产方针政策和安全生产法律、法规、规章以及上级机关、主管部门有关安全生产的决定、命令、指示的；

（二）制定或者采取与国家安全生产方针政策以及安全生产法律、法规、规章相抵触的规定或者措施，造成不良后果或者经上级机关、有关部门指出仍不改正的。

案例分析

（1）《道路运输条例》和《道路货物运输及站场管理规定》规定，**申请从事货物运输经营的应当有与其经营业务相适应并经检测合格的车辆，有符合条件的驾驶员，驾驶员应当取得与驾驶车辆相应的机动车驾驶证**。因此，道路运输管理机构在实施道路货物运输许可时，应当审查申请单位是否有与其经营业务相适应并经检测合格的车辆、是否有符合条件的驾驶员。包茂高速重庆黔江段“3·25”重大道路交通事故（案例1-8）调查认定，道路运输管理机构对涉事运输公司从事道路运输经营审批把关不严，未发现该公司申报车辆无行驶证或检测合格证及个别驾驶员驾驶证过期的问题。上述行为说明，道路运输管理机构曾某、周某未履行上述法律法规规定，导致事故车辆带病运营等问题，间接导致事故发生。依据《道路运输条例》《道路货物运输及站场管理规定》《安全生产领域违法违纪行为政纪处分暂行规定》等，以及其他违法违规行为依据的法律法规，事故调查报告建议，给予道路运输管理机构工会主席曾某行政记过处分，给予道路运输管理机构货运管理科副科长周某行政记大过处分。

(2)《道路货物运输及站场管理规定》规定，**县级以上道路运输管理机构应当定期对货运车辆进行审验，审验内容包括车辆技术档案、车辆结构及尺寸变动情况和违章记录等。审验符合要求的，道路运输管理机构在《道路运输证》审验记录中注明；不符合要求的，应当责令限期改正或者办理变更手续**。沪昆高速湖南邵阳段"7·19"特别重大道路交通危化品爆燃事故(案例1-9)调查认定，相关交通运输主管部门对肇事轻型货车普通道路货物运输证年审把关不严，未发现肇事货车年审未按规定进行两次二级维护备案，违反规定为该车办理了年审手续。上述行为说明，相关交通运输主管部门未有效履行《道路货物运输及站场管理规定》规定的**对货运车辆进行审验职责**，间接导致事故发生。另外，相关交通运输主管部门还存在其他违法违规行为。依据《道路货物运输及站场管理规定》，以及其他违法违规行为所依据的法律法规，事故调查报告建议，给予交通运输主管部门党组副书记、局长李某行政记大过处分，给予党组成员、副局长杨某党内严重警告、行政降级处分，给予运政科工人谭某和杨某降低岗位等级处分。

四、道路运输站场安全监督管理

法律规定

●行政法规

《道路运输条例》第三十六条　申请从事道路运输站(场)经营的，应当具备下列条件：

(一)有经验收合格的运输站(场)；

(二)有相应的专业人员和管理人员；

(三)有相应的设备、设施；

(四)有健全的业务操作规程和安全管理制度。

《道路运输条例》第三十九条　申请从事道路运输站(场)经营、机动车维修经营和机动车驾驶员培训业务的，应当在依法向工商行政管理机关办理有关登记手续后，向所在地县级道路运输管理机构提出申请，并分别附送符合本条例第三十六条、第三十七条、第三十八条规定条件的相关材料。县级道路运输管理机构应当自受理申请之日起15日内审查完毕，作出许可或者不予许可的决定，并书面通知申请人。

《道路运输条例》第五十八条第一款　道路运输管理机构的工作人员应当严格按照职责权限和程序进行监督检查，不得乱设卡、乱收费、乱罚款。

第二款　道路运输管理机构的工作人员应当重点在道路运输及相关业务经营场所、客货集散地进行监督检查。

◆部门规章

《道路货物运输及站场管理规定》第七条　申请从事货运站经营的，应当具备下列条件：

（一）有与其经营规模相适应的货运站房、生产调度办公室、信息管理中心、仓库、仓储库棚、场地和道路等设施，并经有关部门组织的工程竣工验收合格；

（二）有与其经营规模相适应的安全、消防、装卸、通讯、计量等设备；

（三）有与其经营规模、经营类别相适应的管理人员和专业技术人员；

（四）有健全的业务操作规程和安全生产管理制度。

《道路货物运输及站场管理规定》第九条　申请从事货运站经营的，应当依法向工商行政管理机关办理有关登记手续后，向县级道路运输管理机构提出申请，并提供以下材料：

（一）《道路货物运输站（场）经营申请表》（见附件2）；

（二）负责人身份证明，经办人的身份证明和委托书；

（三）经营道路货运站的土地、房屋的合法证明；

（四）货运站竣工验收证明；

（五）与业务相适应的专业人员和管理人员的身份证明、专业证书；

（六）业务操作规程和安全生产管理制度文本。

《道路货物运输及站场管理规定》第十二条第二款　道路运输管理机构对符合法定条件的货运站经营申请作出准予行政许可决定的，应当出具《道路货物运输站（场）经营行政许可决定书》（见附件4），明确许可事项。在10日内向被许可人颁发《道路运输经营许可证》，在《道路运输经营许可证》上注明经营范围。

第三款　对道路货物运输和货运站经营不予许可的，应当向申请人出具《不予交通行政许可决定书》。

《道路货物运输及站场管理规定》第四十七条　道路运输管理机构应当加强对道路货物运输经营和货运站经营活动的监督检查。

道路运输管理机构工作人员应当严格按照职责权限和法定程序进行监督检查。

法律责任

●行政法规

《道路运输条例》第六十五条　违反本条例的规定，未经许可擅自从事道路运输站（场）经营、机动车维修经营、机动车驾驶员培训的，由县级以上道路运输管理机构责令停止经营；有违法所得的，没收违法所得，处违法所得2倍以上10倍以下的罚款；没有违法所得或者违法所得不足1万元的，处2万元以上5万元以下的罚款；构成犯罪的，依法追究刑事责任。

《道路运输条例》第七十六条　违反本条例的规定，道路运输管理机构的工作人员有下列情形之一的，依法给予行政处分；构成犯罪的，依法追究刑事责任：

（一）不依照本条例规定的条件、程序和期限实施行政许可的；

（二）参与或者变相参与道路运输经营以及道路运输相关业务的；

（三）发现违法行为不及时查处的；

（四）违反规定拦截、检查正常行驶的道路运输车辆的；

（五）违法扣留运输车辆、车辆营运证的；

（六）索取、收受他人财物，或者谋取其他利益的；

（七）其他违法行为。

◆部门规章

《道路货物运输及站场管理规定》第六十五条　道路运输管理机构的工作人员违反本规定，有下列情形之一的，依法给予相应的行政处分；构成犯罪的，依法追究刑事责任：

（一）不依照本规定规定的条件、程序和期限实施行政许可的；

（二）参与或者变相参与道路货物运输和货运站经营的；

（三）发现违法行为不及时查处的；

（四）违反规定拦截、检查正常行驶的道路运输车辆的；

（五）违法扣留运输车辆、《道路运输证》的；

（六）索取、收受他人财物，或者谋取其他利益的；

（七）其他违法行为。

案例分析

《道路运输条例》和《道路货物运输及站场管理规定》规定，**申请从事道路货运站（场）经营者须取得道路货运站（场）经营经营许可方可从事道路运输**；《道路运输条例》和《道路货物运输及站场管理规定》规定，**道路运输管理机构工作人员应当严格按照职责权限和法定程序对道路货物运输站场进行监督检查**。对于未经许可擅自从事道路运输站（场）经营的，道路运输管理机构应当追究其责任。

津蓟高速"7·1"重大道路交通事故（案例1-16）调查认定，某县道路运输管理

站站长修某、副站长柏某、副书记罗某等相关管理人员，在明知涉事货物站无经营许可、违规为客运班车配货的情况下，未履行监 督管理责任，放纵企业常年违规经营、违规为客运班车超载配货，导致事故发生，造成重大人员伤亡。上述行为说明，道路运输管理站修某、柏某、罗某未履行《道路运输条例》和《道路货物运输及站场管理规定》规定的**应当严格按照职责权限和法定程序对道路货物运输站场进行监督检查职责**。依据《道路运输条例》《道路货物运输及站场管理规定》以及《刑法》等，修某、柏某被批准逮捕，罗某被取保候审。

第二节　启　　示

道路运输安全是一项庞大的系统工程。当前，我国的道路运输领域安全监督管理工作还存在一些不容忽视的问题，加强该项工作是交通行政主管部门的重点工作之一。通过对前述案例的分析，道路运输领域安全监督管理工作需要注意以下几个方面。

一、编制安全生产监督检查计划

交通运输管理部门应当编制道路运输安全生产年度监督检查计划和现场检查方案，采取“双随机”抽查机制，落实安全生产监督检查“全覆盖”要求，按照安全生产年度监督检查计划开展监督检查。在监督检查过程中，做好检查工作日志、检查工作档案，抓好痕迹化管理。

二、建立健全重大事故隐患治理督办制度

建立健全道路运输领域重大事故隐患治理督办制度，开展道路运输领域重大事故隐患治理督办，督促生产经营单位消除重大事故隐患，推动事故隐患挂牌督办制度，对重大事故隐患加大督办力度，督促道路运输生产经营单位加强整改，落实预防控制措施。

三、推进道路运输领域安全诚信体系建设

推进道路运输领域诚信体系建设，建立完善道路运输领域安全诚信约束机制。围绕运输服务重点部位、关键岗位，将安全生产与企业信誉、优惠政策、行政许可、市场准入、资质审核挂钩，作为重要内容纳入企业安全生产诚信评价体系，推进实行安全生产“黑名单”制度，将道路运输生产经营单位的安全生产诚信建设作为社会信用体系建设的重要内容。

第二部分

水路运输篇

近年来，尽管我国水路运输领域的事故大幅度下降，但仍时有发生，威胁着人民的生命财产安全和经济社会发展。分析水路运输领域典型事故的发生原因，不难发现，人、船舶、环境、管理因素等都会对事故产生影响，且每一环节的行为，如果有细小疏漏或者责任缺失，都会对事故的发生产生直接的联系或者重要的助推作用。因此，水路运输安全的关键是综合抓好人、船舶、航道、企业管理、行业管理以及港口安全生产等各项要素，从安全意识和责任意识做起，重视水路运输安全，全面履职，警钟长鸣，防患于未然。

第七章　水路运输事故典型案例

案例 2-1：山东烟台“11 · 24”特大海难事故

1999 年 11 月 24 日，山东某航运集团有限公司控股企业——某汽车轮渡股份有限公司所属客滚船舶（核载 520 人、实载 264 人、船员 40 人），从烟台驶往大连途中遇大风浪，货物移位、船舶失火。在自救过程中，在没有探明火情的情况下，船舶盲目打开所有高压水雾灭火系统、长时间使用消防水枪往船舱灌水，导致舱内大量积水，形成自由液面；大风浪中船长盲目掉头，加剧船舶倾斜，最终导致船舶在烟台附近海域倾覆，282 人遇难，直接经济损失约 9000 万元。事故调查认定，船长决策和指挥失误，在紧急情况下船舶操纵不当是事故发生的直接原因。

事故涉及交通运输行业的间接原因主要包括：

（1）船舶超载、系固不良。

（2）涉事汽车轮渡公司等有关单位安全管理存在严重问题，表现在公司未摆正安全与生产、安全与效益的关系；领导班子成员的专业技术结构和水平不适应客滚运输的需要；公司对长期存在的车辆系固不良等事故隐患整改不力。

事故调查报告建议，对船公司总经理兼党委副书记高某、分管生产安全工作的副总经理于某、公司海监室安全监督员范某给予开除党籍、开除公职处分，移交司法机关处理；对 3 人给予撤销公司领导职务处分；对 2 人给予开除党籍、开除公职处分；对 2 人给予撤销党内外一切职务处分；对 1 人给予党内严重警告、行政记大过处分。

案例 2-2：四川南充“9 · 27”特别重大沉船事故

2004 年 9 月 27 日，四川省南充市蓬安县梁某驾驶一艘川籍客船（核载 80 人、实载 133 人、船员 2 人）在从史家坝码头开往金溪镇途中，下行至李子坝金溪航电枢纽二期左岸工程围堰处时，由于围堰增长，漕口变窄，流态变坏，通航条件恶化，而驾驶员未事先意识到航道变化，航行困难的情况，临危操纵失误，船舶碰撞水下龙埂,船舶翻覆,造成66人死亡,直接经济损失720余万元。

事故调查认定,事故发生的直接原因包括:

(1)金溪航电枢纽二期左岸工程围堰严重侵占主航道,使水流态势发生急剧变化,通航条件极度恶化等。

(2)客船严重超载,致使船舶操纵性能降低。

(3)当班驾驶员对危险程度估计不足,操纵失误。

事故发生的间接原因主要包括:

(1)建设单位在工程开工前未办理水上水下施工作业许可证,施工单位也未核实工程是否具备水上水下施工作业许可证,向工程监理单位提交开工申请报告,并开始施工,造成该工程无证开工。建设单位未对监理单位履行法定职责情况加强监督检查,没有针对围堰进占河道影响航运安全的问题进行研究并提出安全防范措施;在施工单位提出封航申请待批期间,没有督促监理单位采取保证航运安全的措施,导致围堰进占施工,给航运安全造成重大隐患。

(2)交通运输主管部门未督促相关部门加强对涉及水上交通安全的工程建设的监督管理;航务、海事部门未督促检查建设单位申请办理水上水下施工作业许可,未及时发现并纠正无证施工行为;航道管理部门未根据工程进度和航道变化情况定期发布航道通告。

(3)县乡船管和海事部门对乡镇船舶签单发航制度执行不力,未督促船舶整改经常超载、严重影响航运安全等重大隐患问题。

依据法律法规,川籍客船实际经营人祝某、船舶驾驶员梁某、施工单位领导李某和安全保卫部副主任辛某等6人被批准逮捕。事故调查报告建议,对31人给予党纪政纪处分,其中施工单位6人、建设单位5人、港航(海事)管理机构6人、交通主管部门5人给予党纪政纪处分;由四川省安全生产监督管理局依据《安全生产法》和有关行政法规的规定,对相关生产经营单位及其主要负责人、事故船舶所有人予以经济处罚。

案例2-3:湖北巴东水布垭"4·21"三无乡镇船舶翻沉事故

2010年4月21日5时30分,湖北省巴东县水布垭镇唐某、江某等5人共有的一艘"三无"乡镇船舶(滚装货轮载29人、17辆货车),从巴东县清江支流尤家洒金鸡口抵达水布垭顾家坪码头,所载车辆离船上岸时,因船舶装载不当,卸载时指挥操作失误,船舶失去平衡,向右边侧翻,造成15人死亡、15辆货车落水。

事故调查认定,事故发生的直接原因是:该三无乡镇船舶违法严重超载,船舶

配载不合理,船舶失稳翻沉。

事故发生的间接原因主要包括:

(1)船舶设计不合理。事故调查认定,该船未经船舶建造检验,未持有有效的船舶检验证书、登记证书,不具备安全生产条件,建造中未设置横向防滑设施。

(2)船员配备不符合配员规定。该船员未经培训,现场指挥人员违规操作、指挥不力。

事故调查报告建议,对船舶当班驾驶员陈某、船舶合伙人等5人追究刑事责任,对相关交通主管部门和海事管理机构的相关人员追究行政责任。

案例2-4:辽宁营口"11·3"砂船沉没事故

2010年11月3日,武汉某海运发展有限公司所属散货船舶(未取得船舶检验证书,载运海沙约5000t,船员14名,夏季满载吃水4.2m,开航时实际吃水5.4m),由该船股东谢某实际经营,从营口李家礁附近水域开往旅顺羊头洼途中,在长兴岛西北水域遇大风浪,船体进水翻沉,造成1人死亡、10人失踪。

事故调查认定,事故发生的直接原因是:事故散货船无舱口盖,船体结构不符合海船要求;船舶严重超载航行,途中遭遇大风浪,甲板严重上浪,货舱大量进水,加上船艏排水泵的电线短路,无法使用船艏排水泵向外排水,最终造成船舶丧失储备浮力而沉没。

事故发生的间接原因主要包括:

(1)武汉某海运发展有限公司未落实企业安全主体责任,未能对该船舶实施有效管理,致使该船舶于2010年6月底在没有取得水路运输许可、无船舶检验证书的情况下,驶离试航水域开始非法运营。

(2)该船舶实际航区为沿海,事故调查发现,船上所有船员均未持有海船适任证书,不满足沿海航区航行要求。

依据法律法规,事故船舶实际经营人谢某移交司法机关处理;事故调查报告建议,将公司主要负责人移交司法机关追究刑事责任。

案例2-5:广州"6·17"油轮爆炸事故

2011年6月17日,广州市某船舶清污有限公司在接收佛山市某航运公司所属某油轮残油作业过程中,在进行油舱通风作业时违规操作,导致油舱发生爆炸起火,造成8名码头作业工人死亡、3人失踪,1人受伤,船舶全损。事故现场图如图7-1所示。

图 7-1　广州“6·17”油轮爆炸事故现场图

事故调查认定,事故发生的直接原因是:广州市某船舶清污有限公司通风作业人员违章作业,使用自制非防爆电气装置,作业中产生电火花,引起油舱大量积聚的可燃气体爆炸。

事故发生的间接原因主要包括:

(1)广州市某船舶清污有限公司安全管理主体责任不落实。公司安全生产操作规程不健全、岸基部门配员不足、部门职责不明确、部分员工未经专门培训、未持证上岗;调查发现,公司违规发包作业项目,未申请办理危险货物港口作业审批手续和港区内接收残油作业审批手续。

(2)事故油轮未尽现场安全检查职责,没有核实港安公司办理作业审批手续,未能及时制止船舶清污有限公司组织实施的违章冒险作业行为。

(3)有关管理部门履行职责、安全监督管理不力。港口行政部门未对不满足港口生产经营和危险货物港口生产作业许可条件的实际情况和审核材料进行核实,违规颁发《中华人民共和国港口经营许可证》《危险货物港口作业许可证》;安全检查流于形式,未能及时发现该公司安全生产规章制度不健全、公司安全生产主管人员不到岗、非法发包危险货物作业、管理和作业人员未持证上岗等违法违规问题,安全监督管理严重缺失。海事管理机构对肇事船舶清污有限公司和肇事船舶未按规定报备、违章实施船舶残余油类清除回收作业监督管理不力,未能及时检查发现和制止违章行为,监督管理不到位。

事故调查报告建议,对广州市某船舶清污有限公司负责人陈某、李某移送司法机关追究刑事责任;对肇事船舶船长处以罚款 1 万元、扣留船员适任证书 24 个月,广州市某船舶清污有限公司处以罚款的行政处罚;对港口行政管理部门 5 人给予行政处分。

案例 2-6：福建“2·18”散货船沉没事故

2012 年 2 月 18 日，广西某海运有限责任公司所属某货轮，自广东茂名装载高岭土驶往山东潍坊途中，遇大风浪，货轮所载货物含水率超过适运极限，在航行中货物位移，导致船舶在福建泉州湾以东海域沉没，造成船上 11 名船员全部落水，其中 1 人获救，9 人死亡，1 人失踪。

事故调查认定，事故发生的直接原因是：船方及船舶装货港未把好货物装船关，导致货轮所载货物含水率超过适运极限，在航行中货物位移造成船舶横倾后处置不当。

事故发生的间接原因主要包括：

（1）船方及船舶装货港未把好货物装船关。

（2）船舶配员严重不足，并且部分船员不适任。

（3）船舶所有人和管理人未尽管理职责，疏于管理，实际股东非法经营、管理船舶。

事故调查报告建议，依法追究涉事货轮实际股东和实际经营人刑事责任；取消广西某海运有限责任公司的水路运输资质；吊销北海某船舶公司的 DOC 证书，并取消其经营管理资格。

案例 2-7：广西桂平“3·11”客轮与货轮碰撞事故

2012 年 3 月 11 日，贵港籍某货船（参考载重 1791t，本航次实际载货 1900t）由广西藤县驶往桂平途中，在浔江桂平段羊栏滩尾挡牛坪对开通航水域、跨江高压线上游约 50m 处，因双方避让不当，与从桂平市四清码头驶往桂平市南木镇大黎村黎冲塘渡口的桂平籍客渡船（乘客定额 30 人，本航次载客 48 人，其中婴儿 2 人，超乘客定额 16 人）发生碰撞，造成 20 人死亡，直接经济损失 113 万余元。事故现场图如图 7-2 所示。

事故调查认定，双方船舶均未使用安全航速，两船驾驶员在对向行驶相遇时对碰撞危险估计不足，没有及早采取相应的避让行动；遇险情时操作不当，是事故发生的直接原因。

事故发生的间接原因主要包括：

（1）货船公司安全生产主体责任不落实，对船员的安全教育及安全隐患排查不到位，存在以包代管的现象。

（2）有关管理部门没有及时发现和制止货船、客渡船超载行为，水上安全监督管理存在漏洞,对乡镇政府履行渡口渡船安全管理职责的监督指导力度不够等。

图7-2 广西桂平“3·11”客轮与货轮碰撞事故搜救现场图

事故调查报告建议,将货船公司法人代表、货船船长、当班驾驶员和客船驾驶员移交司法处理;对相关管理部门16人给予行政处分;吊销货船公司营业许可。

案例2-8:苏州太湖水域“4·4”水上交通事故

2012年4月4日,苏州太湖某旅游公司管理的快艇载上海某大学7名学生,从三山岛赴石公山途中,违规驾驶,碰撞拖带船舶拖带缆绳,共造成4人死亡,4人受伤。事故示意图如图7-3所示。

图7-3 苏州太湖水域“4·4”水上交通事故示意图

事故调查认定,事故发生的直接原因是:快艇驾驶员酒后驾驶,对两艘运输货船之间是否存在拖带缆绳情况判断错误,冒险从两船之间快速穿越,导致快艇与拖带缆绳发生碰撞,造成快艇上的人员伤亡和落水;碰撞发生后,快艇及拖带船舶驾驶员均未立即停船救助落水人员,致使事故后果扩大。

事故发生的间接原因主要包括:

(1)苏州某旅业发展有限公司安全管理主体责任落实不到位,特别是安全驾

驶等制度方面管理不到位，对快艇经营人员的安全教育与现场管理不到位。

(2)海事管理机构对从事太湖游客服务的快艇码头及相关水域的现场安全监督管理重视不够，缺少对违法违规行为的现场有效监督管理措施等。

事故调查报告建议，对快艇及拖带与被拖带船舶驾驶员追究刑事责任，对6名责任人给予行政处分，对2家责任单位给予行政处罚。

案例2-9：长江马鞍山水域"8·16"汽渡船重大沉船事故

2012年8月16日，马鞍山某汽车轮渡有限公司所属汽渡船(载24人和5辆货车、3辆轿车、1辆电瓶车、1辆电动三轮车)从马鞍山市开往长江对岸和县途中，转向时船舶倾斜翻沉，造成11人死亡、4人失踪，所载车辆随船沉没。

事故调查认定，事故发生的直接原因是：船舶配积载不当、超核定干舷航行，船舶不适航；当班船员安全意识不强，未意识到本船处于不适航危险状态，对习惯操作给本船可能带来的浮态变化估计不足，船舶在向右转向旋回过程中左倾加剧，左舷尾部甲板迎流上水，船舶稳性丧失导致船舶向左翻覆，未采取有效安全防范措施。

事故发生的间接原因主要包括：

(1)涉事汽车轮渡有限公司主体责任不落实。公司未能有效落实安全管理制度，对公司工作人员及船员未能全面开展有效的安全培训；在公司已出现事故苗头的情况下，未能采取有效措施加强管理；未督促检查码头、船舶落实公司管理制度，船岸安全岗位、车辆过渡程序、船舶安全管理混乱；船舶工班安排不合理，船员疲劳工作以致岗位职责履行难以完全到位。

(2)船员渡口管理人员未履行职责。事发前，涉事大副不在规定岗位，未对船舶状况进行检查，船舶处于积载不当状态下即开航；渡口长期未实施夜间值班和航次签字放行制度，工作人员擅自离岗，渡运秩序混乱、夜晚反道车辆稽查与控制形同虚设；放车员未提前查验车辆过磅重量，更没有对所载车辆进行核查，上船车辆实际重量无法准确掌握。

(3)监督管理部门日常检查不到位，未发现涉事船舶长期存在的安全管理问题。

事故调查报告建议，对6名船员和公司管理人员追究刑事责任，对18名政府相关工作人员、监督管理人员、公司管理人员和船员追究行政责任，其中，对8人给予党纪政纪处分，对3人和轮渡公司给予行政处罚。

案例2-10:湖南沅江"10·5"重大水上交通事故

2012年10月5日,湖南沅江市南洞庭人陈某驾驶一艘无证非运输船舶(载游客20名,船员2名)在沅江游玩过程中,在沅江市石矶湖大堤外水域避让不当,与湖南省某船舶运输有限公司管理的运沙货船发生碰撞,无证非运输船舶翻沉,导致12人死亡,直接经济损失715万元。

事故调查认定,事故发生的直接原因是:无证非运输船舶驾驶员陈某无证驾驶船舶,非法载客,船舶无相关信号设备表达其航行意图,紧迫局面操纵失误;货船船长曹某在适任船员不足情况下违章开航,未使用安全航速航行、未按规定鸣放声号表明会让意图和未采取协助避让行动,在非运输船舶进入驾驶视线盲区,构成紧迫局面时,未及时采取有效的避碰措施,导致两船碰撞。

事故发生的间接原因主要包括:

(1)货船船舶实际所有人曾某履行安全管理职责不到位,部分船员无有效证书。

(2)某船舶运输有限公司安全管理主体责任不落实,无证据表明公司对船舶开展了安全检查,未对船员进行安全教育培训,未及时发现并督促整改船员持失效证件上岗的情况。

(3)相关监督管理部门人员存在脱岗、空岗情况,对水上交通安全监督管理不到位。

依据法律法规,政府相关工作人员、海事机构、港航机构、无证非运输船舶船主(驾驶员)陈某等7名人员涉嫌交通肇事、玩忽职守罪被立案侦查。事故调查报告建议,将肇事货船船长曹某、货船实际所有人曾某涉嫌交通肇事和重大事故责任罪移交司法机关追究刑事责任;对政府相关人员、海事管理机构、港航管理机构等17人追究行政责任;对涉事船舶运输公司法人、董事长陈某及公司总经理袁某给予罚款的行政处罚。

案例2-11:烟台"3·18"天津籍多用途船沉没事故

2013年3月18日,天津某海运有限公司所属、福州某船务有限公司管理的多用途船(装载集装箱162TEU),从天津驶往台州途中,因船舶自身存在缺陷,在渤海湾中部龙口港北约40海里处遇大风沉没,造成12人死亡,2人失踪,直接经济损失约3000万元。事故现场图如图7-4所示。

事故调查认定,事故发生的直接原因是:本航次离港时,船舶稳性不满足规范要求,遇大风浪横倾时,船舶恢复力矩不足,船体持续倾斜、无法恢复;该轮双层底压载水舱与货舱之间长期存在漏水等缺陷,船舶在横向大风浪影响下,舱内形成自由液面,进一步减小船舶稳性;同时,在大风浪作用下,船舶又发生机舱进水、船舶横倾持续加重和主甲板上的集装箱落海等险情,再次加剧稳性发生变化,最终导致船舶沉没。

图 7-4　烟台"3·18"天津籍多用途船沉没事故现场图

事故发生的间接原因主要包括:

(1)福州某船务有限公司未履行安全管理和防污染管理责任和义务,在船员管理、船舶管理、公司人员资质要求等方面的实际做法背离了体系文件的要求;公司未配备专业管理人员,船舶缺陷、船舶管理混乱等问题长期未能得到纠正。险情发生时,公司未组织人员对遇险船舶提供救助指导。

(2)天津某海运有限公司未采取有效措施,贯彻执行国家安全生产法律、法规和规章不到位,未配备专业人员,且对人员的安全教育培训不到位,管理制度不完善。险情发生后,公司未及时向有关主管机关报告险情,贻误救助时机,造成重大损失。

(3)船长和大副等关键岗位相关人员存在安全管理缺位和玩忽职守行为,疏于对船舶稳性计算和潜在缺陷纠正的管理,紧急情况下未及时应用被动补偿器(DSC)、紧急无线示位器(EPIRB)等设备及时报警。

事故调查报告建议,对天津某海运有限公司马某、福州某船务有限公司总经理陈某移送司法机关追究刑事责任;对船舶检验机构的 1 名验船师给予行政警告处分,对海事管理机构的 2 名安检员和 1 名审核员通报批评;撤销涉事海运有限公司经营资质,取消涉事船舶管理公司经营管理资格。

案例 2-12:江西九江永安砂场"8·7"沉船事故

2013 年 8 月 7 日,九江市经济技术开发区永安乡永安砂场易某所有的,自吸式小型吸砂船满载黄砂 600t,靠泊在其本人管理的非法砂场中另一艘吸砂船外档期间,因船舶自身缺陷,船体进水沉没,船上 3 人落水、2 人死亡、1 人失踪,直接经济损失 100 余万元。

事故调查认定,事故发生的直接原因是:当事船舶为改装船舶,长期不检验,船舶带病非法航行,事发时首尖舱底部出现裂缝进水,积水从船首尖舱破损的排水管通过水口进入前沥水舱,再通过滤水孔进入货舱,导致船舶沉没。

事故发生的间接原因主要包括:

(1)砂场经营人易某等法制和安全意识极其淡薄,未依法取得相关许可和采砂许可,长期在长江干线河道非法盗采河砂、从事水路运输。

(2)船舶管理不到位,船舶所有人易某违反法规规定,擅自改装船舶,且改装后未对船舶进行检验,在无法保证船舶适航状态下冒险航行采砂;船主易某违反规定,聘请无证船员冒险航行采砂。

(3)安全监督管理、河道、海事、港口等行政部门对码头、船舶、非法采砂管理不到位。

事故调查报告建议,对砂场合伙人之一、当事船所有人易某和当事船在船人员叶某等 4 人追究刑事责任;对政府、海事、港航等管理机构 9 人追究行政责任。

案例 2-13:青岛"11·25"货轮沉没事故

2013 年 11 月 25 日,挂靠天津某航运有限公司并委托黄石某船舶管理公司管理的个人所有的干货船(载石油焦 4509t),由广东惠州开往辽宁鲅鱼圈港途中,遭遇大风浪,货舱进水倾覆沉没,造成 9 人死亡,5 人失踪。事故现场图如图 7-5 所示。

事故调查认定,事故发生的直接原因是:该船舶在开航时未全部关闭货舱盖,并且货舱舱盖板之间未能满足风雨密要求,航行途中遭遇大风浪,甲板上浪,舱盖漏水,货舱持续进水,产生自由液面,在大风浪作用下导致船舶倾覆沉没。

事故发生的间接原因主要包括:

(1)船舶管理公司管理缺位,未履行船员调配、船舶管理等安全管理责任,将

船员调配权交予船舶实际所有人。

图 7-5　青岛“11·25”货轮沉没事故现场图

(2)船舶实际所有人管理越位,擅自调配不合格船员上船,致使船员不适任;且存在租借船员证书,骗取船舶出港签证等情形。

事故调查报告建议,肇事船舶实际的股东、经营人和控制人高某以及船舶管理公司总经理林某和工作人员潘某等 5 人涉嫌交通肇事罪和重大劳动安全事故罪,建议移送司法机关追究刑事责任;吊销本航次不在船的 6 名船员适任证书;对船舶管理公司和船舶所有人等 2 家企业进一步调查处罚。

案例 2-14:广州“5·5”河北籍船舶与外国籍集装箱船碰撞事故

2014 年 5 月 5 日,马绍尔群岛籍集装箱船由香港驶往深圳盐田港途中,在珠江口担杆水道定线制第二警戒区,与由河北曹妃甸港驶往海口港的唐山某船务有限公司管理、黄骅港某海运有限公司所属的冀籍散货船发生碰撞,造成散货船沉没,10 名中国籍船员死亡,集装箱船船体受损,直接经济损失约 3669 万元人民币。事故示意图如图 7-6 所示。

事故调查认定,事故发生的直接原因是:中国籍散货船作为让路船,未遵循早让宽让的避碰原则,小角度转向避让造成紧迫局面;集装箱船作为直航船,未采取安全航速航行,向左转向加速紧迫危险形成;两船疏于瞭望,避让措施不协调。

事故发生的间接原因主要包括:

(1)散货船配员不足,租用船员证书,船员不适任。

(2)集装箱船船员履行职责存在欠缺,二副对船长明显违反避碰规则的行为没有提醒,没有将雷达观测到的重要情况汇报给船长。

(3)船舶管理公司未能履行安全与防污染体系职责,安全管理记录存在虚假现象,体系文件中对航行值班的要求不适应实际管理船舶条件,公司以电话面试的形式不能保证船员适任。

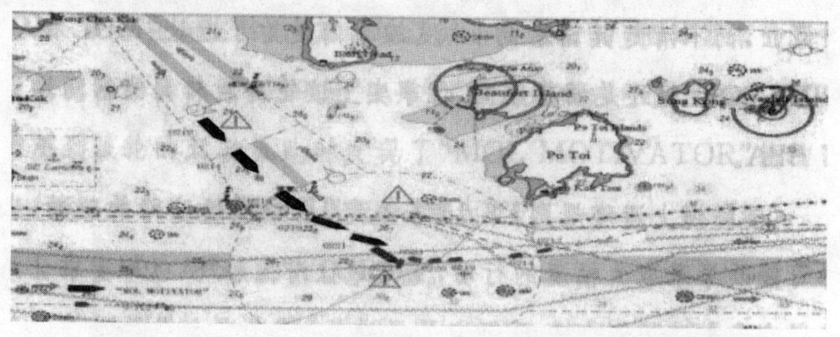

图 7-6　船舶碰撞示意图

(4)船舶所有人未切实履行企业安全生产主体责任,变相出租资质,存在代而不管的行为。

事故调查报告建议,船舶管理公司法人代表高某、船舶所有人法人代表黄某涉嫌构成重大责任事故罪,建议移交司法机关处理;按程序吊销租借船员证书的郑某和魏某的船员适任证书;对船舶管理公司按程序进行附加审核;有关主管部门对船舶所人依法进行处理。

案例 2-15:上海"4·28"散货船与渔船碰撞事故

2015 年 4 月 28 日,由泰州某船务有限公司经营、南京某船务有限公司管理的中国泰州籍散货船从江阴驶往曹妃甸途中,在东海海域与浙江台州籍渔船发生碰撞。事故造成渔船沉没,8 人死亡、7 人失踪。

事故调查认定,事故发生的直接原因是:散货船过失,对正横前的船舶采取向左转向,碰撞事故发生前,两轮均处于能见度不良水域,渔船位于散货船左正横前。约 21:40 时,散货轮发现事故渔船在本船左舷 3.5 ~ 4 海里,CPA0.2 ~ 0.3 海里,与本船存在碰撞危险。散货轮采取了向左转向的避让行动,且避让幅度较小,也没有通过雷达保持不间断地观察,未核实避让行动的有效性;散货轮在能见度不良条件下一直保持全速航行。事故渔船未保持安全航速、未谨慎驾驶等。

事故发生的间接原因主要包括:

(1)散货船值班三副在操纵船舶和避让渔船方面缺乏经验,船长未能有效履行对其监督和指导的职责。

(2)事故发生前,散货船处于能见度不良水域中,船长在三副值班期间两次上驾驶台,但未指挥操纵船舶,未按照相关管理规定及公司安全管理体系要求采取雾航措施。事故发生后逃逸。

(3)南京某船务有限公司未严格落实船舶安全和防污染管理职责,未能有效管理和指导船舶运行安全管理体系。该公司对招聘船员培训和考核不严。

事故调查报告建议,将肇事散货船三副王某、船长陈某、水手彭某移送司法机关追究刑事责任;给予肇事散货船三副王某、船长陈某、水手彭某行政处罚;对南京某船务有限公司船舶管理公司体系进行附加审核。

案例 2-16:天津港"8·12"瑞海公司危险品仓库特别重大火灾爆炸事故

2015 年 8 月 12 日,位于天津港港区内的事故企业危险品仓库发生特别重大火灾爆炸事故,先后发生两次爆炸,先后形成一个直径 15m、深 1.1m 的月牙形小爆坑和一个直径 97m、深 2.7m 的圆形大爆坑。以大爆坑为爆炸中心,150m 范围内的建筑被摧毁。事故造成 165 人遇难,8 人失踪,798 人受伤住院治疗;304 幢建筑物、12428 辆商品汽车、7533 个集装箱受损。事故直接经济损失 68.66 亿元人民币。事故现场图如图 7-7 所示。

图 7-7　天津港"8·12"瑞海公司危险品仓库特别重大火灾爆炸事故现场图

调查认定事故,事故发生的直接原因是:事故企业违规操作,违规存放大量碳酸铵,危险品仓库集装箱内的硝化棉由于湿润剂散失,在高温等因素的作用下加速分解放热、积热自燃,引起相邻集装箱内的硝化棉和其他危险化学品长时间大面积燃烧,导致堆放于运抵区的硝酸铵等危险品发生爆炸。

事故涉及水路运输行业的其他原因包括:

(1)事故企业违法违规经营和储存危险货物,安全管理极其混乱,未履行安全生产主体责任，致使大量安全隐患长期存在。

(2)港口行政管理部门玩忽职守，日常监督管理严重缺失；

(3)海事管理机构培训考核不规范，玩忽职守，未按规定对危险货物集装箱现场开箱检查进行日常监督管理。

依据法律法规，公安机关对事故企业和涉事中介评估机构24人依法立案侦查或采取刑事强制措施；检察机关对交通运输、海关、安监等部门25人采取刑事强制措施。事故调查报告建议，给予涉事党政机关和相关企业共74人党纪政纪处分。

第八章　人的安全行为

本章的主要任务是通过分析事故典型案例,找出水路运输生产经营单位的主要负责人、安全生产管理人员、从业人员的不安全行为问题,分析问题产生的原因以及政策法规依据,剖析制度,吸取教训,并提出安全管理建议。

第一节　法律问题及分析

水路运输事故中,生产经营单位的主要负责人、安全生产管理人员不依法履行安全管理职责,从业人员的安全生产知识缺乏、安全生产技能薄弱、事故预防和应急处理能力较差,是造成事故发生的重要原因之一,在事故处理中将被追究法律责任。

一、生产经营单位主要负责人

(一)安全生产督促检查

法律规定

★法律

《中华人民共和国安全生产法》(以下简称《安全生产法》)第五条　生产经营单位的主要负责人对本单位的安全生产工作全面负责。

《安全生产法》第十八条　生产经营单位的主要负责人对本单位安全生产工作负有下列职责:

(一)建立、健全本单位安全生产责任制;

(二)组织制定本单位安全生产规章制度和操作规程;

(三)组织制定并实施本单位安全生产教育和培训计划;

(四)保证本单位安全生产投入的有效实施;

(五)督促、检查本单位的安全生产工作,及时消除生产安全事故隐患;

(六)组织制定并实施本单位的生产安全事故应急救援预案;

(七)及时、如实报告生产安全事故。

◆部门规章

《中华人民共和国航运公司安全与防污染管理规定》(以下简称《航运公司安全与防污染管理规定》)第六条　航运公司应当确定安全与防污染管理的方针和目标,并指定本公司主要负责人为安全与防污染工作的第一责任人。

《航运公司安全与防污染管理规定》第十四条　船舶所有人、经营人、光船承租人可以将其所属船舶的安全与防污染管理委托其他航运公司。

航运公司在接受安全与防污染管理委托时,应当与委托方签订安全与防污染管理协议,协议内容应当包括:

(一)当安全与防污染同生产、经营、效益发生矛盾时,应当坚持安全第一和保护环境优先的原则;

(二)本规定所有有关安全与防污染的责任和义务由受托方独立承担;

(三)在不妨碍船长履行其职责并独立行使其权力的前提下,受托方对处理涉及安全与防污染的事务具有最终决定权;

(四)委托方应当向受托方提供足够的资源,确保受托方有效开展船舶安全与防污染管理工作;

(五)委托方船舶的船员配备和调动、船舶及设备维护、应急反应等方面应当服从受托方的指令。

委托方、受托方应当将双方及其船舶的详细情况及船舶管理协议报受托方所在地和船籍港所在地的交通部直属海事管理机构或者省级交通主管部门所属的海事管理机构备案。

法律责任

★法律

《安全生产法》第九十一条　生产经营单位的主要负责人未履行本法规定的安全生产管理职责的,责令限期改正;逾期未改正的,处二万元以上五万元以下的罚款,责令生产经营单位停产停业整顿。生产经营单位的主要负责人有前款违法行为,导致发生生产安全事故的,给予撤职处分;构成犯罪的,依照刑法有关规定追究刑事责任。生产经营单位的主要负责人依照前款规定受刑事处罚或者撤职处分的,自刑罚执行完毕或者受处分之日起,五年内不得担任任何生产经营单位的主要负责人;对重大、特别重大生产安全事故负有责任的,终身不得担任本行业生产经营单位的主要负责人。

《安全生产法》第九十二条　生产经营单位的主要负责人未履行本法规定的安全生产管理职责,导致发生生产安全事故,由安全生产监督管理部门依照下列规定处以罚款：

（一）发生一般事故的，处上一年年收入百分之三十的罚款；

（二）发生较大事故的，处上一年年收入百分之四十的罚款；

（三）发生重大事故的，处上一年年收入百分之六十的罚款；

（四）发生特别重大事故的，处上一年年收入百分之八十的罚款。

《生产安全事故报告和调查处理条例》第三十七条　事故发生单位对事故发生负有责任的，依照下列规定处以罚款：

（一）发生一般事故的，处10万元以上20万元以下的罚款；

（二）发生较大事故的，处20万元以上50万元以下的罚款；

（三）发生重大事故的，处50万元以上200万元以下的罚款；

（四）发生特别重大事故的，处200万元以上500万元以下的罚款。

案例分析

《安全生产法》规定，**生产经营单位的主要负责人负有组织制定并实施本单位安全生产教育和培训计划；督促、检查本单位的安全生产工作，及时消除生产安全事故隐患；组织制定并实施本单位的生产安全事故应急救援预案等职责。**

广西桂平"3·11"客轮与货轮碰撞事故（案例2-7）调查认定，桂平市涉事船务有限责任公司法人代表兼经理梁某，作为公司安全生产第一责任人，未依法履行安全生产管理职责，虽然与货船船主签订了《船舶委托经营管理合同》，但未履行船舶管理、船舶配员、安全教育和货物配载等船舶实际经营责任，船舶所有事务均由船舶所有人自主办理，以包代管。上述行为说明，桂平市涉事船务有限责任公司法人代表兼经理梁某未履行《安全生产法》规定的**督促、检查本单位的安全生产工作，及时消除生产安全事故隐患职责**，致使事故隐患长期存在，间接导致事故发生。另外，梁某还存在其他违法违规行为。依据《安全生产法》，以及其他违法违规行为所依据的法律法规，事故调查报告建议，将梁某移交司法机关追究刑事责任。

湖南沅江"10·5"重大水上交通事故（案例2-10）调查认定，湖南省某船舶运输有限公司董事长陈某、总经理袁某，履行公司安全管理职责不到位，导致公司管理人员配备不到位，仅两人从事具体事务，其余均为挂名人员。公司对船舶的安全检查无文字记录，未建立船舶安全隐患排查整改台账、无书面整改通知。公司安全教育培训制度不落实，未对船员进行安全教育培训；未有效掌控船舶安全运行动态和船员情况；未及时发现和督促整改船员持失效证件上岗的情况；未组织进行船舶应急演练。湖南省某船舶运输有限公司董事长兼总经理未正确履行《安全生产法》规定的**督促、检查本单位的安全生产工作，及时消除生产安全事故隐患等职责，**

间接导致事故发生。依据《安全生产法》《生产安全事故报告和调查处理条例》等规定，事故调查报告建议，给予公司法定代表人陈某、总经理袁某罚款的行政处罚。如果事故发生在当前，湖南省某船舶运输有限公司董事长兼总经理还未正确履行《安全生产法》规定的**组织制定并实施本单位安全生产教育和培训计划职责**，依据《安全生产法》等，还应将其移交司法机关追究刑事责任。

山东烟台“11·24”特大海难事故（案例2-1）调查认定，涉事公司总经理未履行企业安全生产第一责任人的职责，对船舶长期存在的车辆系固不良、违规装载等事故隐患整改不力；特别是未吸取本单位“10·17”船舶沉没事故教训，对事故隐患未采取整改措施，对事故负有主要领导责任，依据《刑法》等被建议追究刑事责任。该事故发生在1999年，当时《安全生产法》尚未颁布。如果事故发生在当前，涉事公司总经理未履行《安全生产法》规定的**督促、检查本单位的安全生产工作，及时消除生产安全事故隐患职责**，将依据《安全生产法》《刑法》等规定移交司法机关追究刑事责任。

（二）生产安全事故报告

法律规定

★法律

《中华人民共和国海上交通安全法》（以下简称《海上交通安全法》）第三十四条　船舶、设施或飞机遇难时，除发出呼救信号外，还应当以最迅速的方式将出事时间、地点、受损情况、救助要求以及发生事故的原因，向主管机关报告。

《安全生产法》第十八条第七款　生产经营单位的主要负责人对本单位安全生产工作负有下列职责：

（七）及时、如实报告生产安全事故。

●行政法规

《中华人民共和国内河交通安全管理条例》（以下简称《内河交通安全管理条例》）第四十六条第三款　船舶、浮动设施遇险，必须迅速将遇险的时间、地点、遇险状况、遇险原因、救助要求，向遇险地海事管理机构以及船舶、浮动设施所有人、经营人报告。

《内河交通安全管理条例》第五十条　船舶、浮动设施发生交通事故，其所有人或者经营人必须立即向交通事故发生地海事管理机构报告，并做好现场保护工作。

◆部门规章

《中华人民共和国海上交通事故调查处理条例》第五条　船舶、设施发生海上交通事故，必须立即用甚高频电话、无线电报或其他有效手段向就近港口的港务监督报告。报告的内容应当包括：船舶或设施的名称、呼号、国籍、起讫港，船舶或设施的所有人或经营人名称，事故发生的时间、地点、海况以及船舶、设施的损害程度、救助要求等。

法律责任

◆部门规章

《中华人民共和国海上海事行政处罚规定》（以下简称《海上海事行政处罚规定》）第四十五条　违反《海上交通安全法》第三十四条规定，船舶、设施或者飞机遇难时，不及时向海事管理机构报告出事时间、地点、受损情况、救助要求以及发生事故的原因的，依照《海上交通安全法》第四十四条规定，对船舶、设施所有人或者经营人处以2000元以上1万元以下罚款；对船长、设施主要负责人处以1000元以上8000元以下罚款，并可扣留船员适任证书6个月至12个月。

案例分析

《安全生产法》规定，**生产经营单位的主要负责人应当按照国家有关规定立即如实报告当地负有安全生产监督管理职责的部门，不得隐瞒不报、谎报或者拖延不报**；《海上交通安全法》规定，**船舶、设施或飞机遇难时应当以最迅速的方式将出事时间、地点、受损情况、救助要求以及发生事故的原因，向主管机关报告**。

烟台“3·18”天津籍多用途船沉没事故（案例2-11）调查认定，当该船舶发生倾斜并有紧迫沉没危险时，涉事海运公司负责人马某接到船舶险情后未及时向主管机关报告险情信息，延误了救助时机，致使伤亡扩大。上述行为说明，涉事海运公司负责人马某履行《安全生产法》《海上交通安全法》赋予生产经营单位的**主要负责人及时、如实报告生产安全事故的职责**不到位，依据《安全生产法》《海上海事行政处罚规定》等，以及其他违法违规行为所依据的法律法规，涉事海运公司负责人马某涉嫌重大劳动安全事故罪。事故调查报告建议，将涉事海运公司负责人马某移交司法机关追究刑事责任。

二、生产经营单位安全生产管理人员

法律规定

★法律

《安全生产法》第二十二条　生产经营单位的安全生产管理机构以及安全生产管理人员履行下列职责：

(一)组织或者参与拟订本单位安全生产规章制度、操作规程和生产安全事故应急救援预案;

(二)组织或者参与本单位安全生产教育和培训,如实记录安全生产教育和培训情况;

(三)督促落实本单位重大危险源的安全管理措施;

(四)组织或者参与本单位应急救援演练;

(五)检查本单位的安全生产状况,及时排查生产安全事故隐患,提出改进安全生产管理的建议;

(六)制止和纠正违章指挥、强令冒险作业、违反操作规程的行为;

(七)督促落实本单位安全生产整改措施。

《安全生产法》第四十三条　生产经营单位的安全生产管理人员应当根据本单位的生产经营特点,对安全生产状况进行经常性检查;对检查中发现的安全问题,应当立即处理;不能处理的,应当及时报告本单位有关负责人,有关负责人应当及时处理。检查及处理情况应当如实记录在案。

生产经营单位的安全生产管理人员在检查中发现重大事故隐患,依照前款规定向本单位有关负责人报告,有关负责人不及时处理的,安全生产管理人员可以向主管的负有安全生产监督管理职责的部门报告,接到报告的部门应当依法及时处理。

法律责任

★法律

《安全生产法》第九十三条　生产经营单位的安全生产管理人员未履行本法规定的安全生产管理职责的,责令限期改正;导致发生生产安全事故的,暂停或者撤销其与安全生产有关的资格;构成犯罪的,依照刑法有关规定追究刑事责任。

案例分析

《安全生产法》规定,**生产经营单位的安全生产管理人员应当根据本单位的生产经营特点,对安全生产状况进行经常性检查;对检查中发现的安全问题,应当立即处理;不能处理的,应当及时报告本单位有关负责人**。

苏州太湖水域“4·4”水上交通事故(案例2-8)调查认定,苏州涉事公司快艇管理办公室主任方某,作为具体负责快艇日常安全管理的部门领导,放松了对快艇的安全监督检查和对其驾驶员的日常安全教育,履行快艇日常安全工作职责不到位。上述行为说明,苏州涉事公司快艇管理办公室主任方某履行《安全生产法》规定的**对安全生产状况进行经常性检查职责**不到位。依据《安全生产法》等,事故调

查报告建议，对该公司快艇管理办公室主任方某给予行政撤职处分。

长江马鞍山水域“8·16”汽渡船重大沉船事故（案例2-9）调查认定，涉事汽车轮渡公司安全运营部经理夏某未及时检查发现和督促纠正安全生产隐患，未能全面履行公司安全生产监督管理职责，未全面履行《安全生产法》规定的**对安全生产状况进行经常性检查以及对检查中发现的安全问题应当立即处理的职责**。依据《安全生产法》，以及其他违法违规行为所依据的法律法规，事故调查报告建议，将涉事汽车轮渡公司安全运营部经理夏某移交司法机关追究刑事责任。

三、生产经营单位从业人员

法律规定

★法律

《海上交通安全法》第七条　船长、轮机长、驾驶员、轮机员、无线电话务员以及水上飞机、潜水器的相应人员，必须持有合格的职务证书。

其他船员必须经过相应的专业技术训练。

《安全生产法》第六条　生产经营单位的从业人员有依法获得安全生产保障的权利，并应当依法履行安全生产方面的义务。

《安全生产法》第二十七条第一款　生产经营单位的特种作业人员必须按照国家有关规定经专门的安全作业培训，取得相应资格，方可上岗作业。

《安全生产法》第五十四条　从业人员在作业过程中，应当严格遵守本单位的安全生产规章制度和操作规程，服从管理，正确佩戴和使用劳动防护用品。

●行政法规

《中华人民共和国船员条例》（以下简称《船员条例》）第二十条　船员在船工作期间，应当符合下列要求：

（一）携带本条例规定的有效证件；

（二）掌握船舶的适航状况和航线的通航保障情况，以及有关航区气象、海况等必要的信息；

（三）遵守船舶的管理制度和值班规定，按照水上交通安全和防治船舶污染的操作规则操纵、控制和管理船舶，如实填写有关船舶法定文书，不得隐匿、篡改或者销毁有关船舶法定证书、文书；

（四）参加船舶应急训练、演习，按照船舶应急部署的要求，落实各项应急预防措施；

（五）遵守船舶报告制度，发现或者发生险情、事故、保安事件或者影响航行安

全的情况,应当及时报告;

(六)在不严重危及自身安全的情况下,尽力救助遇险人员;

(七)不得利用船舶私载旅客、货物,不得携带违禁物品。

《船员条例》第二十二条　船长管理和指挥船舶时,应当符合下列要求:

(一)保证船舶和船员携带符合法定要求的证书、文书以及有关航行资料;

(二)制订船舶应急计划并保证其有效实施;

(三)保证船舶和船员在开航时处于适航、适任状态,按照规定保障船舶的最低安全配员,保证船舶的正常值班;

(四)执行海事管理机构有关水上交通安全和防治船舶污染的指令,船舶发生水上交通事故或者污染事故的,向海事管理机构提交事故报告;

(五)对本船船员进行日常训练和考核,在本船船员的船员服务簿内如实记载船员的服务资历和任职表现;

(六)船舶进港、出港、靠泊、离泊,通过交通密集区、危险航区等区域,或者遇有恶劣天气和海况,或者发生水上交通事故、船舶污染事故、船舶保安事件以及其他紧急情况时,应当在驾驶台值班,必要时应当直接指挥船舶;

(七)保障船舶上人员和临时上船人员的安全;

(八)船舶发生事故,危及船舶上人员和财产安全时,应当组织船员和船舶上其他人员尽力施救;

(九)弃船时,应当采取一切措施,首先组织旅客安全离船,然后安排船员离船,船长应当最后离船,在离船前,船长应当指挥船员尽力抢救航海日志、机舱日志、油类记录簿、无线电台日志、本航次使用过的航行图和文件,以及贵重物品、邮件和现金。

《内河交通安全管理条例》第九条　船员经水上交通安全专业培训,其中客船和载运危险货物船舶的船员还应当经相应的特殊培训,并经海事管理机构考试合格,取得相应的适任证书或者其他适任证件,方可担任船员职务。严禁未取得适任证书或者其他适任证件的船员上岗。船员应当遵守职业道德,提高业务素质,严格依法履行职责。

《内河交通安全管理条例》第十五条　船舶在内河航行,应当保持瞭望,注意观察,并采用安全航速航行。船舶安全航速应当根据能见度、通航密度、船舶操纵性能和风、浪、水流、航路状况以及周围环境等主要因素决定。使用雷达的船舶,还应当考虑雷达设备的特性、效率和局限性。

船舶在限制航速的区域和汛期高水位期间,应当按照海事管理机构规定的航速航行。

《内河交通安全管理条例》第十六条　船舶在内河航行时，上行船舶应当沿缓流或者航路一侧航行，下行船舶应当沿主流或者航路中间航行；在潮流河段、湖泊、水库、平流区域，应当尽可能沿本船右舷一侧航路航行。

《内河交通安全管理条例》第十七条　船舶在内河航行时，应当谨慎驾驶，保障安全；对来船动态不明、声号不统一或者遇有紧迫情况时，应当减速、停车或者倒车，防止碰撞。

船舶相遇，各方应当注意避让。按照船舶航行规则应当让路的船舶，必须主动避让被让路船舶；被让路船舶应当注意让路船舶的行动，并适时采取措施，协助避让。

船舶避让时，各方避让意图经统一后，任何一方不得擅自改变避让行动。

船舶航行、避让和信号显示的具体规则，由国务院交通主管部门制定。

法律责任

★法律

《安全生产法》第一百零四条　生产经营单位的从业人员不服从管理，违反安全生产规章制度或者操作规程的，由生产经营单位给予批评教育，依照有关规章制度给予处分；构成犯罪的，依照刑法有关规定追究刑事责任。

《中华人民共和国刑法》(以下简称《刑法》)第一百三十三条　违反交通运输管理法规，因而发生重大事故，致人重伤、死亡或者使公私财产遭受重大损失的，处三年以下有期徒刑或者拘役；交通运输肇事后逃逸或者有其他特别恶劣情节的，处三年以上七年以下有期徒刑；因逃逸致人死亡的，处七年以上有期徒刑。

《中华人民共和国治安管理处罚法》第六十四条　有下列行为之一的，处五百元以上一千元以下罚款；情节严重的，处十日以上十五日以下拘留，并处五百元以上一千元以下罚款：

(一)偷开他人机动车的；

(二)未取得驾驶证驾驶或者偷开他人航空器、机动船舶的。

●行政法规

《内河交通安全管理条例》第八十三条　违反本条例的规定，船舶、浮动设施发生内河交通事故后逃逸的，由海事管理机构对责任船员给予吊销适任证书或者其他适任证件的处罚；证书或者证件吊销后，5 年内不得重新从业；触犯刑律的，依照刑法关于交通肇事罪或者其他罪的规定，依法追究刑事责任。

《内河交通安全管理条例》第六十六条　违反本条例的规定，未经考试合格并取得适任证书或者其他适任证件的人员擅自从事船舶航行的，由海事管理机构责令其立即离岗，对直接责任人员处2000元以上2万元以下的罚款，并对聘用单位处1万元以上10万元以下的罚款。

《内河交通安全管理条例》第八十一条　违反本条例的规定，船舶在内河航行、停泊或者作业，不遵守航行、避让和信号显示规则的，由海事管理机构责令改正，处1000元以上1万元以下的罚款；情节严重的，对责任船员给予暂扣适任证书或者其他适任证件3个月至6个月直至吊销适任证书或者其他适任证件的处罚；造成重大内河交通事故的，依照刑法关于交通肇事罪或者其他罪的规定，依法追究刑事责任。

《船员条例》第五十七条　违反本条例的规定，船员有下列情形之一的，由海事管理机构处1000元以上1万元以下罚款；情节严重的，并给予暂扣船员服务簿、船员适任证书6个月以上2年以下直至吊销船员服务簿、船员适任证书的处罚：

（一）未遵守值班规定擅自离开工作岗位的；

（二）未按照水上交通安全和防治船舶污染操作规则操纵、控制和管理船舶的；

（三）发现或者发生险情、事故、保安事件或者影响航行安全的情况未及时报告的；

（四）未如实填写或者记载有关船舶法定文书的；

（五）隐匿、篡改或者销毁有关船舶法定证书、文书的；

（六）不依法履行救助义务或者肇事逃逸的；

（七）利用船舶私载旅客、货物或者携带违禁物品的。

《船员条例》第五十八条　违反本条例的规定，船长有下列情形之一的，由海事管理机构处2000元以上2万元以下罚款；情节严重的，并给予暂扣船员适任证书6个月以上2年以下直至吊销船员适任证书的处罚：

（一）未保证船舶和船员携带符合法定要求的证书、文书以及有关航行资料的；

（二）未保证船舶和船员在开航时处于适航、适任状态，或者未按照规定保障船舶的最低安全配员，或者未保证船舶的正常值班的；

（三）未在船员服务簿内如实记载船员的服务资历和任职表现的；

（四）船舶进港、出港、靠泊、离泊，通过交通密集区、危险航区等区域，或者遇有恶劣天气和海况，或者发生水上交通事故、船舶污染事故、船舶保安事件以及其他紧急情况时，未在驾驶台值班的；

（五）在弃船或者撤离船舶时未最后离船的。

《船员条例》第六十八条　违反本条例的规定，情节严重，构成犯罪的，依法追究刑事责任。

◆部门规章

《中华人民共和国内河海事行政处罚规定》第十一条　违反《船员条例》第二十条的规定,船员有下列情形之一的,依照《船员条例》第五十七条的规定,处以1000元以上1万元以下罚款;情节严重的,并给予扣留船员服务簿、船员适任证书6个月至24个月直至吊销船员服务簿、船员适任证书的处罚:

(一)在船在岗期间饮酒,体内酒精含量超过规定标准;

(二)在船在岗期间,服用国家管制的麻醉药品或者精神药品。

案例分析

(1)《船员条例》规定,**船员在船工作期间,应当遵守船舶的管理制度和值班规定,按照水上交通安全和防治船舶污染的操作规则操纵、控制和管理船舶;船长管理和指挥船舶时,应当保证船舶和船员在开航时处于适航、适任状态,执行海事管理机构有关水上交通安全和防治船舶污染的指令**。

湖南沅江"10·5"重大水上交通事故(案例2-10)调查认定,货船船长曹某未检查船舶的安全生产状况,未及时排查生产安全事故隐患,在明知货船本航次配员不满足安全航行要求的情况下开航,未纠正不按安全航速行驶的行为,未使用安全航速行驶、航行中偏离航线占据了小船的部分上行航路、未保持正规瞭望、未按规定鸣放声号、未及时采取有效的避碰措施,未保障船舶处于适航状态。上述行为说明,货船船长曹某未履行《船员条例》规定的**按照水上交通安全和防治船舶污染的操作规则操纵、控制和管理船舶职责和船长在管理和指挥船舶时应承担的保证船舶和船员在开航时处于适航、适任状态的船舶安全管理职责**。依据《船员条例》《刑法》的规定,事故调查报告建议,将货船船长曹某移交司法机关追究刑事责任。

广西桂平"3·11"货轮与客轮碰撞事故(案例2-7)调查认定,货船驾驶员李某和客船驾驶员李某未使用安全航速,在航行中疏忽瞭望,在对向行驶相遇时,对碰撞危险估计不足,在发现紧急情况下采取不当措施。货船驾驶员李某在紧迫局面下未履行让路船义务。上述行为说明,该事故中的货船驾驶员和客船驾驶员未履行《船员条例》规定的**遵守船舶的管理制度和值班规定,按照水上交通安全的操作规则操纵、控制和管理船舶的职责**,造成重大人员伤亡。依据《船员条例》《刑法》的规定,事故调查报告建议,将货船驾驶员李某和客船驾驶员李某移交司法机关追究刑事责任。

苏州太湖水域"4·4"水上交通事故(案例2-8)调查认定,快艇驾驶员凤某违反国家法律规定酒后驾驶;航行时未采取正规瞭望,未采用安全航速行驶,以致形成紧迫局面并构成碰撞危险时难以采取有效避让措施;未履行督促乘客穿着救生衣责任;未观察并判断两艘拖船之间是否存在拖缆情况,冒险从两船之间快速穿越,导致快艇与拖带缆绳发生碰撞,造成快艇乘员严重伤亡。上述行为说明,快艇驾驶员凤某未履行《船员条例》规定的**按照水上交通安全的操作规则操纵、控制船舶职责**。另外,凤某还存在其他违法违规行为。依据《船员条例》《刑法》的规定,以及其他违法违规行为所依据的法律法规,事故调查报告建议,将快艇驾驶员凤某移交司法机关追究刑事责任。

(2)《船员条例》规定,**船员在船工作期间,在不严重危及自身安全的情况下,应当尽力救助遇险人员**。

上海"4·28"散货船与渔船碰撞事故(案例2-15)调查认定,散货船与渔船碰撞事故发生并致渔船沉没后,散货船船长和当班驾驶员未履行救助渔船的职责,肇事逃逸,造成重大人员伤亡。上述行为说明,散货船三副、船长以及水手未履行《船员条例》规定的**在不严重危及自身安全的情况下,尽力救助遇险人员职责**。依据《船员条例》《刑法》的规定,以及其他违法违规行为所依据的法律法规,事故调查报告建议,将船长陈某、三副王某、水手彭某移送司法机关追究刑事责任。

第二节 启 示

一、落实主要负责人和安全生产管理人员安全管理职责

主要负责人和安全生产管理人员应当落实相关安全生产管理制度,实现生产经营单位安全主体责任,不仅落实在制度上,还要落实在运营管理的各个细节中。企业主要负责人要认真履行《安全生产法》及行业管理相关法律法规,配合海事管理机构和安全监督管理部门制定水路运输安全、防污染治理等方面的安全生产规章制度和操作规程;港口企业负责人在制定相关安全生产制度基础上,还必须监督企业内部相关的危险货物装卸管理人员、申报人员、集装箱装箱现场检查员和其他从业人员是否持证上岗,以及相关设施设备是否符合国家规定;组织实施本单位安全生产教育和培训计划,以及保证本单位安全生产投入的有效实施。

安全生产管理人员必须明确自身的管理职责,提升自身安全管理业务水平,具备专业的安全生产知识和管理能力,参与生产经营单位安全生产的经营决策,保障单位生产安全。同时应推进安全生产标准化建设,完善公司安全与防污染管理体系建设,制定并落实本单位重大危险源的安全管理措施,建立安全生产状况记录制度,推进生产经营单位安全管理长效机制建设。

二、提升从业人员安全素质

水路运输生产经营单位和船舶所有人、经营人应当严格按法律法规要求，建立船员安全生产教育培训机制，加大内河船员安全技能培训力度，加强船舶船长、船员的安全意识教育和安全知识培训，尤其要强化航经复杂水域船员操作技能和应急处置能力培训，规范从业人员操作规程，提高安全操作能力和应对突发事件的能力，避免和减少水上交通事故的发生。

船员服务机构要定期对船员开展安全知识培训和业务技能培训。海事管理机构要研究船员安全意识提升长效机制，促使公司建立健全相关安全生产教育培训制度，全面提高从业人员素质，促进船员市场队伍稳定发展。

三、提高从业人员违法成本

加强从业人员信用系统建设，将船员信用信息纳入社会征信系统进行管理，同时加强船员违法记分管理，强化船员“黑名单”制度，加大对船员违法行为的处罚力度，让失信行为受惩戒，让守信行为被表彰，在全社会培育诚实、守信的核心价值观，不断提高公民的诚信意识。

第九章　船舶的安全状态

本章的主要任务是通过分析事故典型案例，找出船舶不安全状态的问题，分析问题产生的原因以及政策法规依据，剖析制度，吸取教训，并提出安全管理建议。

第一节　法律问题及分析

船舶的安全状态与水上交通安全有着密切的关系。在水上交通事故中，船舶在检验与登记、配员和适装方面未符合相关法律法规和规章要求，从而使船舶达不到安全航行的条件，是导致水上交通事故发生的重要原因。相关航道管理机构应当依法履行管理职责，加强对航道违法行为的查处力度，消除航道安全隐患，维护航道安全。因此，水路运输生产经营单位要依法保持船舶的安全条件，确保船舶符合相关要求。

一、船舶检验与登记

法律规定

●行政法规

《内河交通安全管理条例》第六条　船舶具备下列条件，方可航行：

（一）经海事管理机构认可的船舶检验机构依法检验并持有合格的船舶检验证书；

（二）经海事管理机构依法登记并持有船舶登记证书；

（三）配备符合国务院交通主管部门规定的船员；

（四）配备必要的航行资料。

《中华人民共和国船舶登记条例》（以下简称《船舶登记条例》）第二条　下列船舶应当依照本条例规定进行登记：

（一）在中华人民共和国境内有住所或者主要营业所的中国公民的船舶；

（二）依据中华人民共和国法律设立的主要营业所在中华人民共和国境内的企业法人的船舶。但是，在该法人的注册资本中有外商出资的，中方投资人的出资

额不得低于50%；

(三)中华人民共和国政府公务船舶和事业法人的船舶；

(四)中华人民共和国港务监督机构认为应当登记的其他船舶。

军事船舶、渔业船舶和体育运动船艇的登记依照有关法规的规定办理。

《船舶登记条例》第三条　船舶经依法登记，取得中华人民共和国国籍，方可悬挂中华人民共和国国旗航行；未经登记的，不得悬挂中华人民共和国国旗航行。

《国内水路运输管理条例》第十三条　水路运输经营者投入运营的船舶应当符合下列条件：

(一)与经营者的经营范围相适应；

(二)取得有效的船舶登记证书和检验证书；

(三)符合国务院交通运输主管部门关于船型技术标准和船龄的要求；

(四)法律、行政法规规定的其他条件。

◆部门规章

《船舶检验管理规定》第十六条　中华人民共和国管辖水域内对移动式平台、浮船坞和其他大型船舶、水上设施进行拖带航行，起拖前应当申请拖航检验。

《船舶检验管理规定》第十七条　船舶试航前，船舶所有人或者经营人应当向国内船舶检验机构申请试航检验，并取得试航检验证书。

法律责任

●行政法规

《内河交通安全管理条例》第六十四条　违反本条例的规定，船舶、浮动设施未持有合格的检验证书、登记证书或者船舶未持有必要的航行资料，擅自航行或者作业的，由海事管理机构责令停止航行或者作业；拒不停止的，暂扣船舶、浮动设施；情节严重的，予以没收。

《国内水路运输管理条例》第三十三条　未经许可擅自经营或者超越许可范围经营水路运输业务或者国内船舶管理业务的，由负责水路运输管理的部门责令停止经营，没收违法所得，并处违法所得1倍以上5倍以下的罚款；没有违法所得或者违法所得不足3万元的，处3万元以上15万元以下的罚款。

《国内水路运输管理条例》第三十四条　第一款水路运输经营者使用未取得船舶营运证件的船舶从事水路运输的，由负责水路运输管理的部门责令该船停止经营，没收违法所得，并处违法所得1倍以上5倍以下的罚款；没有违法所得或者违法所得不足2万元的，处2万元以上10万元以下的罚款。

《船舶登记条例》第二条　下列船舶应当依照本条例规定进行登记：

（一）在中华人民共和国境内有住所或者主要营业所的中国公民的船舶；

（二）依据中华人民共和国法律设立的主要营业所在中华人民共和国境内的企业法人的船舶。但是，在该法人的注册资本中有外商出资的，中方投资人的出资额不得低于50%；

（三）中华人民共和国政府公务船舶和事业法人的船舶；

（四）中华人民共和国港务监督机构认为应当登记的其他船舶。军事船舶、渔业船舶和体育运动船艇的登记依照有关法规的规定办理。

◆部门规章

《船舶检验管理规定》第五十条　移动平台、浮船坞、大型船舶、水上设施拖带航行，未经船舶检验机构进行拖航检验，由海事管理机构责令其停止拖航，并对船舶、设施所有人或者经营人处以2000元以上2万元以下罚款，对船长处以1000元以上1万元以下罚款，并扣留船员适任证书6至12个月，对水上设施主要负责人处以1000元以上1万元以下罚款。

《船舶检验管理规定》第五十一条　试航船舶未经试航检验并持有试航证书的，由海事管理机构责令停止试航，并对船舶所有人或者经营人处以2000元以上2万元以下罚款，对试航船长处以1000元以上1万元以下罚款并扣留船员适任证书6至12个月。

《船舶检验管理规定》第五十四条　违反《海上交通安全法》第四条的规定，船舶、水上设施和船上、设施上有关航行安全、防治污染等重要设备无相应的有效的检验证书的，依照《海上交通安全法》第四十四条的规定，海事管理机构应当对船舶、水上设施所有人或者经营人处以2000元以上3万元以下的罚款。

违反《中华人民共和国内河交通安全管理条例》第六条第（一）项、第七条第（一）项的规定，船舶、水上设施未持有合格的检验证书擅自航行或者作业的，依照《中华人民共和国内河交通安全管理条例》第六十四条的规定，责令停止航行或者作业；拒不停止航行或者作业的，暂扣船舶、浮动设施；情节严重的，予以没收。

案例分析

《内河交通安全管理条例》规定，**船舶必须经海事管理机构认可的船舶检验机构，依法检验并持有合格的船舶检验证书，并且经海事管理机构依法登记并持有船舶登记证书方可航行**。《国内水路运输管理条例》规定，**水路运输经营者投入运营的船舶应取得有效的船舶登记证书和检验证书**。湖北巴东水布垭“4·21”三无乡镇船舶翻沉事故（案例2-3）调查认定，肇事船舶未经船舶建造检验，未持有有效的船舶检验证书和船舶登记证书。湖南沅江“10·5”重大水上交通事故（案例2-10）

调查认定，肇事的无证非运输船舶没有船舶登记证书和船舶检验证书。两艘肇事船舶均属于“三无船舶”，即一无船舶检验证书，二无船舶登记证书登记的船籍港，三无船舶登记证书中登记的船名船号，严重违反了《内河交通安全管理条例》和《国内水路运输管理条例》的规定，无证营运，导致重大人员伤亡。依据《内河交通安全管理条例》《国内水路运输管理条例》以及《刑法》等，事故调查报告建议，将案例2-3中的船舶合伙人唐某、江某、朱某、向某和谭某移交司法机关追究刑事责任。因案例2-10中的船东代表死于此次事故，免于责任追究。

二、船舶配员

法律规定

★法律

《海上交通安全法》第六条　船舶应当按照标准定额配备足以保证船舶安全的合格船员。

●行政法规

《内河交通安全管理条例》第六条　船舶具备下列条件，方可航行：

(二)配备符合国务院交通主管部门规定的船员。

《船员条例》第九条　参加航行和轮机值班的船员，应当依照本条例的规定取得相应的船员适任证书。

申请船员适任证书，应当具备下列条件：

(一)已经取得船员服务簿；

(二)符合船员任职岗位健康要求；

(三)经过相应的船员适任培训、特殊培训；

(四)具备相应的船员任职资历，并且任职表现和安全记录良好。

法律责任

★法律

《海上交通安全法》第十九条第二款　船舶、设施有下列情况之一的，主管机关有权禁止其离港，或令其停航、改航、停止作业：二、处于不适航或不适拖状态。

《海上交通安全法》第四十四条　对违反本法的，主管机关可视情节，给予下列一种或几种处罚：

一、警告；

二、扣留或吊销职务证书；

三、罚款。

《海上交通安全法》第四十七条　对违反本法构成犯罪的人员，由司法机关依法追究刑事责任。

●行政法规

《内河交通安全管理条例》第六十五条　违反本条例的规定，船舶未按照国务院交通主管部门的规定配备船员擅自航行，或者浮动设施未按照国务院交通主管部门的规定配备掌握水上交通安全技能的船员擅自作业的，由海事管理机构责令限期改正，对船舶、浮动设施所有人或者经营人处1万元以上10万元以下的罚款；逾期不改正的，责令停航或者停止作业。

《内河交通安全管理条例》第六十六条　违反本条例的规定，未经考试合格并取得适任证书或者其他适任证件的人员擅自从事船舶航行的，由海事管理机构责令其立即离岗，对直接责任人员处2000元以上2万元以下的罚款，并对聘用单位处1万元以上10万元以下的罚款。

《内河交通安全管理条例》第八十七条　违反本条例的规定，海事管理机构发现船舶、浮动设施不再具备安全航行、停泊、作业条件而不及时撤销批准或者许可并予以处理的，对负有责任的主管人员和其他直接责任人员根据不同情节，给予记大过、降级或者撤职的行政处分；造成重大内河交通事故或者致使公共财产、国家和人民利益遭受重大损失的，依照刑法关于滥用职权罪、玩忽职守罪或者其他罪的规定，依法追究刑事责任。

案例分析

《内河交通安全管理条例》规定，**船舶必须配备符合国务院交通主管部门规定的船员方可航行**。湖北巴东水布垭"4·21"三无乡镇船舶翻沉事故(案例2-3)调查认定，按照《中华人民共和国船舶最低安全配员规则》的配员标准，事故船舶最低应配6名合格船员，即船长、轮机长和大副各1名及2名水手、1名机工。但该船事发时实际在船工作人员5人，缺少持证的船长、轮机长和大副，船员配备不满足正常航行最低配员要求。该船舶未满足《内河交通安全管理条例》规定的**配备符合国务院交通主管部门规定的船员的要求**，间接导致事故发生，造成重大人员伤亡。依据《内河交通安全管理条例》及《刑法》规定，以及其他违法违规行为所依据的法律法规，事故调查报告建议，将船舶合伙人唐某、江某、朱某、向某和谭某与当班驾驶员陈某移交司法机关追究法律责任。

《海上交通安全法》规定，**船舶应当按照标准定额配备足以保证船舶安全的合格船员**。广州"5·5"河北籍船舶与外国籍集装箱船碰撞事故(案例2-14)调查认定，中国籍散货船出港签证时提交的资料显示，船舶实际配员情况符合该船舶最低

安全配员的要求；但是，大副魏某和轮机长郑某两人自2013年初起租借证书给该船，仅在广东、天津等地上过几次船，领取证书租借费和应付海事部门的配员检查，根本未在该船工作。4月26日该船自曹妃甸开出时，船舶配员缺少大副和轮机长；5月3日自平潭开出时，该船仍缺少大副。上述行为说明，中国籍散货船配员不足，违反了《海上交通安全法》规定的**船舶应当按照标准定额配备足以保证船舶安全的合格船员的条件**，依据《海上交通安全法》《刑法》的规定，以及其他违法违规行为所依据的法律法规，事故调查报告建议，将船舶管理公司（涉事船务有限公司）法人代表兼总经理高某、船舶所有人和经营人（涉事海运有限公司）法人代表高某移交司法机关追究刑事责任，并建议对船舶管理公司进行附加审核。

三、船舶适装

法律规定

★法律

《海上交通安全法》第九条　船舶、设施上的人员必须遵守有关海上交通安全的规章制度和操作规程，保障船舶、设施航行、停泊和作业的安全。

《海上交通安全法》第十条　船舶、设施航行、停泊和作业，必须遵守中华人民共和国的有关法律、行政法规和规章。

●行政法规

《内河交通安全管理条例》第八条　船舶、浮动设施应当保持适于安全航行、停泊或者从事有关活动的状态。船舶、浮动设施的配载和系固应当符合国家安全技术规范。

《内河交通安全管理条例》第二十一条　从事货物或者旅客运输的船舶，必须符合船舶强度、稳性、吃水、消防和救生等安全技术要求和国务院交通主管部门规定的载货或者载客条件。任何船舶不得超载运输货物或者旅客。

《内河交通安全管理条例》第三十一条　载运危险货物的船舶，必须持有经海事管理机构认可的船舶检验机构依法检验并颁发的危险货物适装证书，并按照国家有关危险货物运输的规定和安全技术规范进行配载和运输。

《国内水路运输管理条例》第十八条　水路运输经营者应当使用符合本条例规定条件、配备合格船员的船舶，并保证船舶处于适航状态。

水路运输经营者应当按照船舶核定载客定额或者载重量载运旅客、货物，不得超载或者使用货船载运旅客。

法律责任

★法律

《海上交通安全法》第四十四条　对违反本法的，主管机关可视情节，给予下列一种或几种处罚：

一、警告；

二、扣留或吊销职务证书；

三、罚款。

●行政法规

《内河交通安全管理条例》第八十二条　违反本条例的规定，船舶不具备安全技术条件从事货物、旅客运输，或者超载运输货物、旅客的，由海事管理机构责令改正，处2万元以上10万元以下的罚款，可以对责任船员给予暂扣适任证书或者其他适任证件6个月以上直至吊销适任证书或者其他适任证件的处罚，并对超载运输的船舶强制卸载，因卸载而发生的卸货费、存货费、旅客安置费和船舶监管费由船舶所有人或者经营人承担；发生重大伤亡事故或者造成其他严重后果的，依照刑法关于重大劳动安全事故罪或者其他罪的规定，依法追究刑事责任。

《国内水路运输管理条例》第三十八条　水路运输经营者有下列情形之一的，由海事管理机构依法予以处罚：

（一）未按照规定配备船员或者未使船舶处于适航状态；

（二）超越船舶核定载客定额或者核定载重量载运旅客或者货物；

（三）使用货船载运旅客；

（四）使用未取得危险货物适装证书的船舶运输危险货物。

◆部门规章

《海上海事行政处罚规定》第二十六条　违反《海上交通安全法》第十条的规定，船舶、设施不遵守有关法律、行政法规和规章，依照《海上交通安全法》第四十四条的规定，对船舶、设施所有人或经营人处以3000元以上1万元以下罚款；对船长或设施主要负责人处以2000元以上1万元以下罚款并对其他直接责任人员处以1000元以上1万元以下罚款；情节严重的，并给予扣留船员适任证书6个月至24个月直至吊销船员适任证书的处罚：

本条前款所称船舶、设施不遵守有关法律、行政法规和规章，包括下列情形：

（一）不按照规定检修、检测影响船舶适航性能的设备；

（二）不按照规定检修、检测通信设备和消防设备；

（三）不按照规定载运旅客、车辆；

（四）超过核定载重线载运货物；

（五）不符合安全航行条件而开航；

（六）不符合安全作业条件而作业；

（七）未按照规定进行夜航；

（八）强令船员违规操作；

（九）强令船员疲劳上岗操作；

（十）未按照船员值班规则安排船员值班；

（十一）超过核定航区航行；

（十二）未按照规定的航路行驶；

（十三）不遵守避碰规则；

（十四）不采用安全速度航行；

（十五）不按照规定停泊、倒车、调头、追越；

（十六）不按照规定进行试车、试航、测速、辨校方向；

（十七）不遵守航行、停泊和作业信号规定；

（十八）不遵守强制引航规定；

（十九）不遵守航行通信和无线电通信管理规定；

（二十）不按照规定保持船舱良好通风或者清洁；

（二十一）不按照规定采取保障人员上、下船舶、设施安全的措施；

（二十二）不遵守有关明火作业安全操作规程；

（二十三）未按照规定拖带或者非拖带船从事拖带作业；

（二十四）违反船舶并靠或者过驳有关规定；

（二十五）不按照规定填写航海日志；

（二十六）未按照规定报告船位、船舶动态；

（二十七）未按照规定标记船名、船舶识别号；

（二十八）未按照规定配备航海图书资料。

案例分析

《内河交通安全管理条例》规定，**任何船舶不得超载运输货物或者旅客**。四川南充“9·27”特别重大沉船事故（案例2-2）调查认定，涉事船舶核定乘客定额80人，船上载客133人，超载66%，属于严重超载，造成船舶操纵性能降低，导致事故发生；同时，超载加大了事故损失。上述行为说明，涉事船舶违反了《内河交通安全管理条例》规定的**任何船舶不得超载运输旅客的规定**。另外，客船经营人祝某还存在其他违法违规行为。依据《内河交通安全管理条例》《刑法》等，以及其他违法违规行为所依据的法律法规，事故调查报告建议，将客船经营人祝某移交司法机关追究刑事责任。

《内河交通安全管理条例》规定，**船舶、浮动设施应当保持适于安全航行、停泊或者从事有关活动的状态。船舶、浮动设施的配载和系固应当符合国家安全技术规范**。长江马鞍山水域“8·16”汽渡船重大沉船事故（案例2-9）调查认定，涉事汽车渡船配积载车辆时，重载车辆集中于船尾和装车甲板左舷一侧，船体尾部及左舷一侧明显偏重，船舶离泊时呈尾倾、左倾状态，配积载不当；配载货车5台、轿车3台、2轮及3轮电动车各1台，实际配载量约230t，但根据该轮满载排水量373t，空载排水量210t，配载量为163t，该船属于超载航行。此外，该轮在此种装载条件下干舷约为0.58m，低于0.80m的设计干舷，属于超额定干舷航行。船舶在开航时处于不适航状态，致使船舶转向时，倾覆沉没。湖北巴东水布垭“4·21”三无乡镇船舶翻沉事故（案例2-3）调查认定，事故船舶设计可载车12辆，满载载货量663t。但事故发生时该船载车17辆，车货总重800t；船舶超载车辆、超载重量分别达40%、20%，超过船舶承载能力，导致船舶储备浮力严重不足，稳性下降，不满足安全航行规范要求。上述行为说明，两起事故中的涉事船舶均未履行《内河交通安全管理条例》规定的**船舶应当保持适于安全航行的状态，必须符合船舶强度、稳性、吃水、消防和救生等安全技术要求和国务院交通主管部门规定的载货或者载客条件等职责**，导致重大人员伤亡。依据《内河交通安全管理条例》《刑法》规定，以及其他违法违规行为所依据的法律法规，事故调查报告建议，将案例2-10中事故船舶所在公司总经理于某、副总经理濮某和杨某被建议移交司法机关追究刑事责任，将案例2-3中事故船舶的5名船舶合伙人唐某、江某、朱某、向某和谭某移交司法机关追究刑事责任。

第二节 启 示

一、加强船舶检验管理

船舶公司必须按中国船级社的规定，合理安排船期，配合做好船舶检验工作，加强船舶管理，保证船舶的营运安全，防止污染、损害海洋环境。

船舶检验部门应严格执行船舶检验技术规范和标准，强化船舶审图、船舶监造、试航检验等重点环节管理，杜绝因船体结构或设备设施等方面存在的问题而造成的船舶不适航；建立海事、船检机构船舶重大缺陷通报制度，将检验不合格的船舶情况及时通报海事管理机构，杜绝低标准船进入航运市场，为船舶航行安全提供

保障。

海事管理机构要严把船舶登记关，加强船舶登记工作，把好船载危险货物进出港申报审批关。

二、加强船舶配员管理

航运公司要严格遵守《最低安全配员规则》，按照海事管理机构核定的《船舶最低安全配员证书》聘请合格的船员，特别是高级船员，为船舶配备足额、适任的船员。要加强公司日常安全监督管理，特别要加强对属下有船舶挂靠管理的公司的监督管理，杜绝出现“挂而不管”的现象，督促其切实履行安全管理责任、自觉加强对船员的安全培训和教育，提高船员的安全意识、守法意识。

船长作为船舶安全管理的第一责任人，应于船员换班时，查验船员证书，保证船员携带符合法定要求的证件；保证船员在开航时处于适任状态，按照规定保障船舶的最低安全配员，保证船舶的正常值班。

海事管理机构在公司体系审核管理时，要重点检查船舶配员、船员管理方面的制度是否落实，对存在配员不足情况的航运公司列入重点跟踪航运公司名单，并向相关部门通报。

三、加强船舶配积载管理

船舶公司要强化安全意识，正确处理安全与生产、安全与效益的关系，严格按照核定的船舶载客定额或者载重量配载，关注船舶稳性问题，不超载运输货物或者超乘客定额运送旅客。船长及大副应依据《内河船舶法定检验技术规则》《船舶与海上设施法定检验规则》的规定，充分考虑船舶的稳性和强度、特殊箱的合理装载及管理、集装箱的系固及检查等，确保船舶营运安全。船舶开航前要按照装载及系固手册的要求，严格对集装箱、车辆等可移动大件货物进行系固、对散装货物进行平仓，防止因货物移位影响船舶稳性。有关部门要将离港前提交稳性报告和船舶系固证明，作为离港的基本条件；引导船舶加强配载管理。

第十章　航道的安全状态

本章的主要任务是通过分析事故典型案例，发现航道养护和管理中存在的问题，分析问题产生的原因以及政策法规依据，剖析制度，吸取教训，并提出安全管理建议。

第一节　法律问题及分析

航道安全与水上交通安全有着密切的关系。在水上交通事故中，航行船舶和作业者未遵守航道安全相关法律法规、没有履行法定义务，是导致水上交通事故发生的重要原因。相关航道管理机构应当依法履行管理职责，加强对航道违法行为的查处力度，消除航道安全隐患，维护航道安全。

法律规定

★法律

《航道法》第三十三条　与航道有关的工程建设活动不得危及航道安全。

《航道法》第三十四条　在通航水域上建设桥梁等建筑物，建设单位应当按照国家有关规定和技术要求设置航标等设施，并承担相应费用。

桥区水上航标由负责航道管理的部门、海事管理机构负责管理维护。

《航道法》第三十五条　禁止下列危害航道通航安全的行为：

（一）在航道内设置渔具或者水产养殖设施的；

（二）在航道和航道保护范围内倾倒砂石、泥土、垃圾以及其他废弃物的；

（三）在通航建筑物及其引航道和船舶调度区内从事货物装卸、水上加油、船舶维修、捕鱼等，影响通航建筑物正常运行的；

（四）危害航道设施安全的；

（五）其他危害航道通航安全的行为。

《航道法》第三十六条　在河道内采砂，应当依照有关法律、行政法规的规定进行。禁止在河道内依法划定的砂石禁采区采砂、无证采砂、未按批准的范围和作业方式采砂等非法采砂行为。

在航道和航道保护范围内采砂,不得损害航道通航条件。

●行政法规

《内河交通安全管理条例》第四十一条　内河航道发生变迁,水深、宽度发生变化,或者航标发生位移、损坏、灭失,影响通航安全的,航道、航标主管部门必须及时采取措施,使航道、航标保持正常状态。

《内河交通安全管理条例》第四十二条　内河通航水域内可能影响航行安全的沉没物、漂流物、搁浅物,其所有人和经营人,必须按照国家有关规定设置标志,向海事管理机构报告,并在海事管理机构限定的时间内打捞清除;没有所有人或者经营人的,由海事管理机构打捞清除或者采取其他相应措施,保障通航安全。

《中华人民共和国航道管理条例》(以下简称为《航道管理条例》)第十三条　航道和航道设施受国家保护,任何单位和个人均不得侵占或者破坏。交通部门应当加强对航道的养护,保证航道畅通。

《航道管理条例》第十四条　修建与通航有关的设施或者治理河道、引水灌溉,必须符合国家规定的通航标准和技术要求,并应当事先征求交通主管部门的意见。

违反前款规定,中断或者恶化通航条件的,由建设单位或者个人赔偿损失,并在规定期限内负责恢复通航。

◆部门规章

《中华人民共和国航道管理条例实施细则》第十六条　航道和航道设施受国家保护,任何单位和个人不得侵占、破坏。

航道主管部门负责管理和保护航道及航道设施,有权依法制止、处理各种侵占、破坏航道和航道设施的行为。

法律责任

★法律

《航道法》第四十二条　违反本法规定,有下列行为之一的,由负责航道管理的部门责令改正,对单位处五万元以下罚款,对个人处二千元以下罚款;造成损失的,依法承担赔偿责任:

(一)在航道内设置渔具或者水产养殖设施的;

(二)在航道和航道保护范围内倾倒砂石、泥土、垃圾以及其他废弃物的;

(三)在通航建筑物及其引航道和船舶调度区内从事货物装卸、水上加油、船舶维修、捕鱼等,影响通航建筑物正常运行的;

(四)危害航道设施安全的;

（五）其他危害航道通航安全的行为。

《航道法》第四十三条　在河道内依法划定的砂石禁采区采砂、无证采砂、未按批准的范围和作业方式采砂等非法采砂的，依照有关法律、行政法规的规定处罚。

违反本法规定，在航道和航道保护范围内采砂，损害航道通航条件的，由负责航道管理的部门责令停止违法行为，没收违法所得，可以扣押或者没收非法采砂船舶，并处五万元以上三十万元以下罚款；造成损失的，依法承担赔偿责任。

《海上交通安全法》第四十四条　对违反本法的，主管机关可视情节，给予下列一种或几种处罚：

一、警告；

二、扣留或吊销职务证书；

三、罚款。

●行政法规

《航道管理条例》第二十七条　对违反本条例规定的单位和个人，县以上交通主管部门可以视情节轻重给予警告、罚款的处罚。

《航道管理条例》第二十九条　违反本条例的规定，应当受治安管理处罚的，由公安机关处理；构成犯罪的，由司法机关依法追究刑事责任。

《内河交通安全管理条例》第七十五条　违反本条例的规定，内河通航水域中的沉没物、漂流物、搁浅物的所有人或者经营人，未按照国家有关规定设置标志或者未在规定的时间内打捞清除的，由海事管理机构责令限期改正；逾期不改正的，海事管理机构强制设置标志或者组织打捞清除；需要立即组织打捞清除的，海事管理机构应当及时组织打捞清除。海事管理机构因设置标志或者打捞清除发生的费用，由沉没物、漂流物、搁浅物的所有人或者经营人承担。

《内河交通安全管理条例》第八十一条　违反本条例的规定，船舶在内河航行、停泊或者作业，不遵守航行、避让和信号显示规则的，由海事管理机构责令改正，处1000元以上1万元以下的罚款；情节严重的，对责任船员给予暂扣适任证书或者其他适任证件3个月至6个月直至吊销适任证书或者其他适任证件的处罚；造成重大内河交通事故的，依照刑法关于交通肇事罪或者其他罪的规定，依法追究刑事责任。

◆部门规章

《中华人民共和国航道管理条例实施细则》第三十八条　对有违反《条例》和本《细则》规定行为的单位或者个人，县以上交通运输主管部门或者其受委托的航道管理机构除责令其纠正违法行为，限期采取补救措施，排除障碍，赔偿损失外，按

下列规定予以处罚：

（一）违反《条例》第十三条，本《细则》第十六条，侵占、破坏航道或者航道设施的，处以不超过损失赔偿费40%的罚款。

案例分析

《航道法》规定，**与航道有关的工程建设活动不得危及航道安全**。《航道管理条例》规定，**修建与通航有关的设施或者治理河道、引水灌溉，必须符合国家规定的通航标准和技术要求，并应当事先征求交通主管部门的意见**；《中华人民共和国航道管理条例实施细则》规定，**任何单位和个人不得侵占、破坏航道和航道设施**。四川南充"9·27"特别重大沉船事故（案例2-2）调查认定，在未事先征求有关部门的意见、未办理水上水下施工许可的情况下，金溪航电枢纽二期左岸工程围堰进入主航道，对通航环境产生影响，特别是2004年9月26日至27日凌晨2时许，围堰向前进占河道约18m，主航道被严重侵占，并使水流态势发生急剧变化，通航条件极度恶化的情况下，建设单位未督查监理单位采取保证航道安全的措施，导致事故发生。金溪航电枢纽工程施工局明知左岸围堰进占影响通航，存在事故隐患，没有具体落实安全防护措施，违反了《航道管理条例》规定的**修建与通航有关的设施或者治理河道、引水灌溉，必须符合国家规定的通航标准和技术要求**以及《中华人民共和国航道管理条例实施细则》规定的**不得侵占、破坏航道和航道设施的职责**，依据《航道管理条例》和《刑法》，以及其他违法违规行为所依据的法律法规，事故调查报告建议，将金溪航电枢纽二期左岸工程施工项目负责人李某移交司法机关追究刑事责任。如果事故发生在当前，该工程还违反了《航道法》规定的**与航道有关的工程建设活动不得危及航道安全内容**，应依据《航道法》《刑法》的规定，追究项目负责人刑事责任。

第二节　启　　示

一、加强航道保护

涉水工程的建设单位应在工程建设前期开展航道通航条件影响评价；施工作业期间，应建立安全制度和管理体系，落实航道通航安全措施；工程竣工验收前，应当及时清除影响航道通航条件的临时设施及其残留物。

负责航道管理的部门应当按照航道养护技术规范进行航道养护，保障航道处于良好技术状态；明确航道的巡查、维修、抢修等主要养护制度以及疏浚、清障等养护作业的相关要求。应当合理安排航道养护作业,避免进行限制通航的集中作业和在同行高峰期作业。同时为保证航道正常通航,还应在养护作业结束后及时清除对航道通航条件有影响的作业标志及其他残留物,恢复正常通航。

二、开展航道动态巡查

负责航道管理的部门应按照航道养护技术规范进行航道养护,保证航道处于良好的通航技术状态。应当根据航道现状技术等级或者航道自然条件,确定并公布航道维护尺度和内河航道图,加强对航道、航标、设施、助航标志等的定期巡查,特别是对重点航段、复杂航区的巡查,发现航道实际尺度达不到航道维护标准,或者航标发生灭失或移位等情况,或者有其他不符合保证船舶通航安全要求的情形时,应当及时进行维护,并及时通报海事部门发布航行通(警)告。海事管理机构发现妨碍通航安全情况或者接到妨碍通航安全的报告后,应当根据情况发布航行通告或者航行警告,并通知负责航道管理的部门做好工作。

在接到相关问题的举报或投诉后,负责航道管理的部门应即刻进行相关事项的监督检查执法工作,特别是对重点、情况复杂的航段,比如事故多发区域、非法挖砂船经常出没区域和相关建设工程的施工作业区域,负责航道管理的部门应加大巡查和监督检查力度,及时发现隐患、整改不足、消除危害、排除妨害等,以有效维护航道安全,防止水上交通事故的发生。

三、做好航道应急处置

负责航道管理的部门应当建立和完善航道突发事件应急预案,整合航道防灾抢险保畅资源,全面履行航道安全保畅管理职责,建立航道风险辨识和评估机制,进一步强化航道风险防控,加强对风险点的排查和管控。落实值班和带班制度,成立航道应急处置领导小组,坚持巡航制度,强化应急物资和装备储备,自然灾害、事故灾难等突发事件造成航道损坏、阻塞时,及时发布通告,尽快修复抢通。

第十一章　水路运输生产经营单位安全管理

本章的主要任务是通过分析事故典型案例,找出水路运输生产经营单位在安全管理中存在的问题,分析问题产生的原因以及政策法规依据,剖析制度,吸取教训,并提出安全管理建议。

第一节　法律问题及分析

水上交通事故容易造成群死群伤、污染水域等不良后果。一旦发生重大水上交通事故,就会造成极大的生命财产损失和恶劣的社会影响。事故数据分析表明,多数水上交通事故的发生是由企业安全管理不到位而导致的。因此,要加强水路运输生产经营单位的安全管理,减少水上交通事故的发生。

一、安全生产条件

法律规定

★法律

《安全生产法》第十七条　生产经营单位应当具备本法和有关法律、行政法规和国家标准或者行业标准规定的安全生产条件;不具备安全生产条件的,不得从事生产经营活动。

《安全生产法》第二十五条第一款　生产经营单位应当对从业人员进行安全生产教育和培训,保证从业人员具备必要的安全生产知识,熟悉有关的安全生产规章制度和安全操作规程,掌握本岗位的安全操作技能,了解事故应急处理措施,知悉自身在安全生产方面的权利和义务。未经安全生产教育和培训合格的从业人员,不得上岗作业。

《中华人民共和国港口法》(以下简称《港口法》)第二十二条第一款　从事港口经营,应当向港口行政管理部门书面申请取得港口经营许可,并依法办理工商登记。

《港口法》第二十六条第三款　港口经营人应当依照有关环境保护的法律、法规的规定，采取有效措施，防治对环境的污染和危害。

●行政法规

《中华人民共和国安全生产许可证条例》第二条　国家对矿山企业、建筑施工企业和危险化学品、烟花爆竹、民用爆破器材生产企业（以下统称企业）实行安全生产许可制度。

企业未取得安全生产许可证的，不得从事生产活动。

《内河交通安全管理条例》第十条　船舶、浮动设施的所有人或者经营人，应当加强对船舶、浮动设施的安全管理，建立、健全相应的交通安全管理制度，并对船舶、浮动设施的交通安全负责；不得聘用无适任证书或者其他适任证件的人员担任船员；不得指使、强令船员违章操作。

《内河交通安全管理条例》第十一条　船舶、浮动设施的所有人或者经营人，应当根据船舶、浮动设施的技术性能、船员状况、水域和水文气象条件，合理调度船舶或者使用浮动设施。

《国内水路运输管理条例》第六条　申请经营水路运输业务，除本条例第七条规定的情形外，申请人应当符合下列条件：

（一）具备企业法人条件；

（二）有符合本条例第十三条　规定的船舶，并且自有船舶运力符合国务院交通运输主管部门的规定；

（三）有明确的经营范围，其中申请经营水路旅客班轮运输业务的，还应当有可行的航线营运计划；

（四）有与其申请的经营范围和船舶运力相适应的海务、机务管理人员；

（五）与其直接订立劳动合同的高级船员占全部船员的比例符合国务院交通运输主管部门的规定；

（六）有健全的安全管理制度；

（七）法律、行政法规规定的其他条件。

《国内水路运输管理条例》第七条　个人可以申请经营内河普通货物运输业务。

申请经营内河普通货物运输业务的个人，应当有符合本条例第十三条规定且船舶吨位不超过国务院交通运输主管部门规定的自有船舶，并应当符合本条例第六条第六项、第七项规定的条件。

《国内水路运输管理条例》第八条　经营水路运输业务，应当按照国务院交通运输主管部门的规定，经国务院交通运输主管部门或者设区的市级以上地方人民政府负责水路运输管理的部门批准。

申请经营水路运输业务，应当向前款规定的负责审批的部门提交申请书和证明申请人符合本条例第六条或者第七条规定条件的相关材料。

负责审批的部门应当自受理申请之日起30个工作日内审查完毕，作出准予许可或者不予许可的决定。予以许可的，发给水路运输业务经营许可证件，并为申请人投入运营的船舶配发船舶营运证件；不予许可的，应当书面通知申请人并说明理由。

《国内水路运输管理条例》第十三条 水路运输经营者投入运营的船舶应当符合下列条件：

(一)与经营者的经营范围相适应；

(二)取得有效的船舶登记证书和检验证书；

(三)符合国务院交通运输主管部门关于船型技术标准和船龄的要求；

(四)法律、行政法规规定的其他条件。

《防治船舶污染海洋环境管理条例》第十七条 船舶污染物接收单位从事船舶垃圾、残油、含油污水、含有毒有害物质污水接收作业，应当依法经海事管理机构批准。

◆部门规章

《国内水路运输管理规定》第七条 水路运输经营者投入运营的船舶应当符合下列条件：

(一)与水路运输经营者的经营范围相适应。从事旅客运输的，应当使用普通客船、客货船和滚装客船(统称为客船)运输；从事散装液体危险货物运输的，应当使用液化气体船、化学品船、成品油船和原油船(统称为危险品船)运输；从事普通货物运输、包装危险货物运输和散装固体危险货物运输的，可以使用普通货船运输。

(二)持有有效的船舶所有权登记证书、船舶国籍证书、船舶检验证书以及按照相关法律、行政法规规定证明船舶符合安全与防污染和入级检验要求的其他证书。

(三)符合交通运输部关于船型技术标准、船龄以及节能减排的要求。

《港口经营管理规定》第六条 从事港口经营，应当申请取得港口经营许可。

实施港口经营许可，应当遵循公平、公正和公开透明的原则，不得收取费用，并应当接受社会监督。

《港口危险货物安全管理规定》第十九条 申请危险货物港口经营人资质，应当向港口行政管理部门提交上述材料。其中，从事剧毒化学品、易制爆危险化学品经营或者有储存设施的，应当向所在地设区的市级港口行政管理部门提出申请；从事其他危险化学品经营的企业,应当向所在地县级港口行政管理部门提出申请。

港口行政管理部门应当自受理申请之日起20日内作出许可或者不予许可的决定,20日内不能作出决定的,经负责人批准,可以延长10日,并应当将延长期限的理由告知申请人。符合许可条件的,应当颁发《港口经营许可证》,并对每个具体的危险货物作业场所配发《港口危险货物作业附证》(见附件)。

《港口经营许可证》应当载明危险货物港口经营人的名称与办公地址、法定代表人、经营项目、经营地域、主要设施设备、附证事项、发证日期、许可证有效期和证书编号。

《港口危险货物作业附证》应当载明危险货物作业的具体区域范围、作业方式、允许作业的危险货物品名(集装箱和包装货物载明到"项别")及其他相关事项。

《港口危险货物安全管理规定》第二十八条　危险货物港口经营人在危险货物港口装卸、过驳作业开始24小时前,应当将作业委托人,以及危险货物品名、数量、理化性质、作业地点和时间、安全防范措施等事项向所在地港口行政管理部门报告。所在地港口行政管理部门应当在接到报告后24小时内作出是否同意作业的决定,通知报告人,并及时将有关信息通报海事管理机构。报告人在取得作业批准后72小时内未开始作业的,应当重新报告。未经所在地港口行政管理部门批准的,不得进行港口危险货物作业。

时间、内容和方式固定的港内危险货物装卸、过驳作业,可以按照港口行政管理部门的要求实行定期申报。

法律责任

★法律

《安全生产法》第九十四条　生产经营单位有下列行为之一的,责令限期改正,可以处五万元以下的罚款;逾期未改正的,责令停产停业整顿,并处五万元以上十万元以下的罚款,对其直接负责的主管人员和其他直接责任人员处一万元以上二万元以下的罚款:

(一)未按照规定设置安全生产管理机构或者配备安全生产管理人员的;

(二)危险物品的生产、经营、储存单位以及矿山、金属冶炼、建筑施工、道路运输单位的主要负责人和安全生产管理人员未按照规定经考核合格的;

(三)未按照规定对从业人员、被派遣劳动者、实习学生进行安全生产教育和培训,或者未按照规定如实告知有关的安全生产事项的;

(四)未如实记录安全生产教育和培训情况的;

(五)未将事故隐患排查治理情况如实记录或者未向从业人员通报的;

（六）未按照规定制定生产安全事故应急救援预案或者未定期组织演练的；

（七）特种作业人员未按照规定经专门的安全作业培训并取得相应资格，上岗作业的。

《港口法》第四十八条　有下列行为之一的，由港口行政管理部门责令停止违法经营，没收违法所得；违法所得十万元以上的，并处违法所得二倍以上五倍以下罚款；违法所得不足十万元的，处五万元以上二十万元以下罚款：

（一）未依法取得港口经营许可证，从事港口经营的；

（二）未经依法许可，经营港口理货业务的；

（三）港口理货业务经营人兼营货物装卸经营业务、仓储经营业务的。

有前款第（三）项行为，情节严重的，由有关主管部门吊销港口理货业务经营许可证。

《港口法》第五十三条　未依法向港口行政管理部门报告并经其同意，在港口内进行危险货物的装卸、过驳作业的，由港口行政管理部门责令停止作业，处五千元以上五万元以下罚款。

●行政法规

《国内水路运输管理条例》第三十三条　未经许可擅自经营或者超越许可范围经营水路运输业务或者国内船舶管理业务的，由负责水路运输管理的部门责令停止经营，没收违法所得，并处违法所得 1 倍以上 5 倍以下的罚款；没有违法所得或者违法所得不足 3 万元的，处 3 万元以上 15 万元以下的罚款。

《国内水路运输管理条例》第三十四条　水路运输经营者使用未取得船舶营运证件的船舶从事水路运输的，由负责水路运输管理的部门责令该船停止经营，没收违法所得，并处违法所得 1 倍以上 5 倍以下的罚款；没有违法所得或者违法所得不足 2 万元的，处 2 万元以上 10 万元以下的罚款。

从事水路运输经营的船舶未随船携带船舶营运证件的，责令改正，可以处 1000 元以下的罚款。

《国内水路运输管理条例》第三十五条　水路运输经营者未经国务院交通运输主管部门许可或者超越许可范围使用外国籍船舶经营水路运输业务，或者外国的企业、其他经济组织和个人经营或者以租用中国籍船舶或者舱位等方式变相经营水路运输业务的，由负责水路运输管理的部门责令停止经营，没收违法所得，并处违法所得 1 倍以上 5 倍以下的罚款；没有违法所得或者违法所得不足 20 万元的，处 20 万元以上 100 万元以下的罚款。

《国内水路运输管理条例》第三十七条　出租、出借、倒卖本条例规定的行政许可证件或者以其他方式非法转让本条例规定的行政许可的，由负责水路运输管理的部门责令改正,没收违法所得,并处违法所得1倍以上5倍以下的罚款;没有违法所得或者违法所得不足3万元的,处3万元以上15万元以下的罚款;情节严重的,由原许可机关吊销相应的许可证件。

《国内水路运输管理条例》第四十四条　违反本条例规定,构成违反治安管理行为的,依法给予治安管理处罚;构成犯罪的,依法追究刑事责任。

《安全生产许可证条例》第十九条　违反本条例规定,未取得安全生产许可证擅自进行生产的,责令停止生产,没收违法所得,并处10万元以上50万元以下的罚款;造成重大事故或者其他严重后果,构成犯罪的,依法追究刑事责任。

《防治船舶污染海洋环境管理条例》第六十二条　违反本条例的规定,船舶污染物接收单位未经海事管理机构批准,擅自从事船舶垃圾、残油、含油污水、含有毒有害物质污水接收作业的,由海事管理机构处1万元以上5万元以下的罚款;造成海洋环境污染的,处5万元以上25万元以下的罚款。

◆部门规章

《港口经营管理规定》第三十七条　有下列行为之一的,由港口行政管理部门责令停止违法经营,没收违法所得;违法所得10万元以上的,并处违法所得2倍以上5倍以下罚款;违法所得不足10万元的,处5万元以上20万元以下罚款:

(一)未依法取得港口经营许可证,从事港口经营的;

(二)未经依法许可,经营港口理货业务的;

(三)港口理货业务经营人兼营货物装卸经营业务、仓储经营业务的。

有前款第(三)项行为,情节严重的,由港口所在地的省级交通运输主管部门吊销港口理货业务经营许可证,并以适当方式向社会公布。

《港口危险货物安全管理规定》第五十四条　未依法取得相应的港口经营许可证,从事港口危险货物经营的,由所在地港口行政管理部门责令停止违法经营,没收违法所得;违法所得十万元以上的,并处违法所得二倍以上五倍以下罚款;违法所得不足十万元的,处五万元以上二十万元以下罚款。

案例分析

(1)《中华人民共和国水路运输管理条例》规定,**水路运输经营者应当具有与经营范围相适应的运输船舶**;《水路运输管理条例实施细则》规定,**水路运输经营者用于运输的船舶应当取得"船舶营业运输证"**;《国内水路运输经营资质管理规定》规定,**经营国内水路运输的船舶应当取得《船舶营业运输证》**。2012年发布的《国内水路运输管理条例》规定**水路运输经营者应当具有与经营范围相适应的运输船舶、运输船舶应当取得船舶营运证件**。2014年发布的《国内水路运输管理规

定》规定，**水路运输经营者投入运营的船舶应当取得《船舶营业运输证》**。2013 年《国内水路运输管理条例》实施，《中华人民共和国水路运输管理条例》同时废止。2014 年《国内水路运输管理规定》实施，《水路运输管理条例实施细则》（交通运输部令 2009 年第 6 号）、《国内水路运输经营资质管理规定》（交通运输部令 2008 年第 2 号）同时废止。

辽宁营口"11·3"砂船沉没事故（案例 2-4）调查认定，武汉涉事海运公司未能有效保证事故船舶的安全营运，该公司所属涉事船舶在没有取得营业运输许可的情况下非法营运。上述行为说明，武汉涉事海运公司未履行《中华人民共和国水路运输管理条例》《水路运输管理条例实施细则》和《国内水路运输经营资质管理规定》规定的**从事营业性运输应当具有与经营范围相适应的运输船舶、运输船舶应当取得船舶运输证件等**。另外，武汉涉事海运公司还涉及其他违法违规行为。依据《中华人民共和国水路运输管理条例》等规定，以及其他违法违规行为所依据的法律法规，事故调查报告建议，追究武汉涉事海运公司主要责任人员的刑事责任。

(2)《安全生产许可证条例》规定，**企业未取得安全生产许可证的，不得从事生产活动**。广州"6·17"油轮爆炸事故（案例 2-5）调查认定，涉事船舶清污公司作为一家长期从事危险化学品装卸、储存、处置的企业，一直未取得安全生产许可证，长期无证经营，逃避监督管理，致使事故发生，造成重大人员伤亡。根据《安全生产法》《安全生产许可证条例》等法律法规的规定，应当在生产作业前达到法定安全生产条件，并取得安全生产许可证。上述行为说明，涉事船舶清污公司未履行《安全生产许可证条例》要求的**未取得安全生产许可证的危险化学品企业不得从事生产活动规定**。另外，涉事船舶清污公司还存在其他违法违规行为。依据《安全生产法》《安全生产许可证条例》等，以及其他违法违规行为所依据的法律法规，事故调查报告建议，吊销涉事船舶清污公司相关经营许可证书，将涉事船舶清污公司负责人陈某、李某移交司法机关追究刑事责任。

(3)《防治船舶污染海洋环境管理条例》规定，**船舶污染物接收单位从事船舶垃圾、残油、含油污水、含有毒有害物质污水接收作业，应当依法经海事管理机构批准**；《港口危险货物安全管理规定》规定，**危险货物港口经营人在危险货物港口装卸、过驳作业开始 24 小时前，应当将作业委托人，以及危险货物品名、数量、理化性质、作业地点和时间、安全防范措施等事项向所在地港口行政管理部门报告**。广州"6·17"油轮爆炸事故（案例 2-5）调查认定，广州涉事船舶清污公司在危险货物（残油）港口作业前，没有向广州港口行政管理部门申请办理危险货物港口作业审批手续，说明该公司未履行《港口危险货物管理规定》规定的**在危险货物港口装卸、过驳、储存、包装、集装箱装拆箱等作业开始 24 小时前，应当将作业委托人，以**

及危险货物品名、数量、理化性质、作业地点和时间、安全防范措施等事项向所在地港口行政管理部门报告等要求。广州涉事船舶清污公司在危险货物(残油)港口作业前没有按照规定向广州海事管理机构申请办理船舶在港区内排放残油许可,说明该公司未履行《防治船舶污染海洋环境管理条例》规定的**船舶污染物接收单位从事船舶垃圾、残油、含油污水、含有毒有害物质污水接收作业,应当依法经海事管理机构批准等职责**。依据《防治船舶污染海洋环境管理条例》《港口危险货物管理规定》等,以及其他违法违规行为所依据的法律法规,事故调查报告建议,将涉事船舶清污公司负责人陈某、李某移交司法机关追究刑事责任。2012 年发布的《港口危险货物安全管理规定》实施,2003 年发布的《港口危险货物管理规定》同时废止。如果事故发生在当前,涉事船舶清污公司违反了《港口危险货物安全管理规定》的相关规定,将被依据相关法律法规追究责任。

(4)《港口法》《港口经营管理规定》《港口危险货物安全管理规定》等规定,**从事港口经营,应当向港口行政管理部门书面申请取得《港口经营许可证》**;《港口危险货物安全管理规定》规定,**港口行政管理部门对符合许可条件的从事港口经营申请人,应当颁发《港口经营许可证》,并对每个具体的危险货物作业场所配发《港口危险货物作业附证》**。因此,在港区内从事危险货物仓储业务经营的企业,必须同时取得《港口经营许可证》和《港口危险货物作业附证》。天津港"8·12"瑞海公司危险品仓库特别重大火灾爆炸事故(案例 2-16)调查认定,肇事港口经营企业自 2014 年 1 月 12 日至 4 月 15 日未取得港口经营许可证,也没有有关部门的批复,违反了《港口法》和《港口经营管理规定》规定的**从事港口经营,应当申请取得港口经营许可的规定**;无证从事港口危险货物仓储经营业务,违反了《港口危险货物安全管理规定》规定的**危险货物港口经营人取得《港口危险货物作业附证》的要求**,公司无证经营,逃避监督管理,导致较大事故发生。依据《港口法》《港口经营管理规定》《港口危险货物安全管理规定》等,以及其他违法违规行为所依据的法律法规,肇事港口经营企业董事长于某、企业副董事长兼执行董事董某、企业总经理兼法定代表人只某被批准逮捕;事故调查报告建议,吊销肇事港口经营企业有关证照并处罚款,企业相关主要负责人终身不得担任本行业生产经营单位的主要负责人。

二、安全制度

法律规定

◆部门规章

《航运公司安全与防污染管理规定》第四条　航运公司应当建立、健全安全与

防污染管理制度，完善安全与防污染条件，保障船舶安全，防止船舶污染水域环境。

《航运公司安全与防污染管理规定》第十条　航运公司应当建立教育培训制度，加强和规范安全与防污染知识的教育和培训，确保相关人员熟悉安全与防污染的有关规定和操作规程，掌握相应的操作技能，并提高对船舶安全与防污染的应急反应能力。

《航运公司安全与防污染管理规定》第十六条　需要建立安全管理体系的航运公司，除应当符合本章第四条至第十四条规定外，还应当满足以下要求：

（一）制定安全与防污染操作规程；

（二）确保当发生事故、险情和不符合规定情况时得到报告、调查、分析和纠正；

（三）有效控制与安全管理体系有关的所有文件和资料；

（四）对安全管理体系进行内部审核、有效性评价和管理复查。

法律责任

◆部门规章

《航运公司安全与防污染管理规定》第三十六条　违反本规定第十四条规定，受托航运公司未履行安全与防污染管理责任的，由海事管理机构责令改正，并可以对受托航运公司处以5000元以上3万元以下罚款。

《海上海事行政处罚规定》第十三条　违反安全营运管理秩序，有下列情形之一，造成严重后果的，对船舶所有人或者船舶经营人吊销安全营运与防污染管理体系（临时）符合证明：

（一）不掌控船舶安全配员；

（二）不掌握船舶动态；

（三）不掌握船舶装载情况；

（四）船舶管理人不实际履行安全管理义务；

（五）安全管理体系运行存在重大问题。

《中华人民共和国内河海事行政处罚规定》（以下简称《内河海事行政处罚规定》）第七条　违反安全营运管理秩序，有下列情形之一，造成严重后果的，按以欺骗手段取得安全营运与防污染管理体系符合证明或者临时符合证明，对船舶所有人或者船舶经营人取得的安全营运与防污染管理体系符合证明或者临时符合证明予以撤销：

（一）不掌控船舶安全配员；

（二）不掌握船舶动态；

（三）不掌握船舶装载情况；

（四）船舶管理人不实际履行安全管理义务；

（五）安全管理体系运行存在其他重大问题。

案例分析

《航运公司安全与防污染管理规定》规定，**航运公司应当建立、健全安全与防污染管理制度，完善安全与防污染条件，保障船舶安全，防止船舶污染水域环境；制定安全与防污染操作规程**。福建“2·18”散货船沉没事故（案例2-6）调查认定，涉事船舶管理公司建立并运行NSM管理体系，其管理的事故船舶为散货船舶，船舶管理公司应根据所属船舶载运货物的种类，建立健全与所载货种相适应的规章制度，但调查表明，船舶管理公司的安全管理体系文件未明确其船舶载运易流态化固体散装货物的要求，说明船舶管理公司未正确履行《航运公司安全与防污染管理规定》规定的**建立健全安全与防污染管理制度、制定安全与防污染操作规程等职责**，导致对载运易流态化固体散装货物管理缺失，致使固体散装货物含水率过高，船舶形成自由液面，影响船舶稳性，造成重大人员伤亡。如果事故发生在当前，应当依据《海上海事行政处罚规定》等规定追究责任，以及其他违法违规行为所依据的法律法规，追究涉事船舶管理公司的责任。

三、安全生产教育培训

法律规定

★法律

《安全生产法》第二十五条第一款　生产经营单位应当对从业人员进行安全生产教育和培训，保证从业人员具备必要的安全生产知识，熟悉有关的安全生产规章制度和安全操作规程，掌握本岗位的安全操作技能，了解事故应急处理措施，知悉自身在安全生产方面的权利和义务。未经安全生产教育和培训合格的从业人员，不得上岗作业。

●行政法规

《危险化学品安全管理条例》第四十四条第一款　危险化学品道路运输企业、水路运输企业的驾驶人员、船员、装卸管理人员、押运人员、申报人员、集装箱装箱现场检查员应当经交通运输主管部门考核合格，取得从业资格。具体办法由国务院交通运输主管部门制定。

◆部门规章

《港口危险货物安全管理规定》第十七条第三款　从事港口危险货物作业的港口经营人，企业主要负责人，危险货物装卸管理人员、申报人员、集装箱装箱现场

检查员以及其他从业人员应当按照相关法律法规的规定取得相应的从业资格证书。

《航运公司安全与防污染管理规定》第十条　航运公司应当建立教育培训制度,加强和规范安全与防污染知识的教育和培训,确保相关人员熟悉安全与防污染的有关规定和操作规程,掌握相应的操作技能,并提高对船舶安全与防污染的应急反应能力。

法律责任

★法律

《安全生产法》第九十四条　生产经营单位有下列行为之一的,责令限期改正,可以处五万元以下的罚款;逾期未改正的,责令停产停业整顿,并处五万元以上十万元以下的罚款,对其直接负责的主管人员和其他直接责任人员处一万元以上二万元以下的罚款:

(一)未按照规定设置安全生产管理机构或者配备安全生产管理人员的;

(二)危险物品的生产、经营、储存单位以及矿山、金属冶炼、建筑施工、道路运输单位的主要负责人和安全生产管理人员未按照规定经考核合格的;

(三)未按照规定对从业人员、被派遣劳动者、实习学生进行安全生产教育和培训,或者未按照规定如实告知有关的安全生产事项的;

(四)未如实记录安全生产教育和培训情况的;

(五)未将事故隐患排查治理情况如实记录或者未向从业人员通报的;

(六)未按照规定制定生产安全事故应急救援预案或者未定期组织演练的;

(七)特种作业人员未按照规定经专门的安全作业培训并取得相应资格,上岗作业的。

《安全生产法》第一百零九条　发生生产安全事故,对负有责任的生产经营单位除要求其依法承担相应的赔偿等责任外,由安全生产监督管理部门依照下列规定处以罚款:

(一)发生一般事故的,处二十万元以上五十万元以下的罚款;

(二)发生较大事故的,处五十万元以上一百万元以下的罚款;

(三)发生重大事故的,处一百万元以上五百万元以下的罚款;

(四)发生特别重大事故的,处五百万元以上一千万元以下的罚款;情节特别严重的,处一千万元以上二千万元以下的罚款。

●行政法规

《生产安全事故报告和调查处理条例》第三十七条　事故发生单位对事故发

生负有责任的，依照下列规定处以罚款：

（一）发生一般事故的，处10万元以上20万元以下的罚款；

（二）发生较大事故的，处20万元以上50万元以下的罚款；

（三）发生重大事故的，处50万元以上200万元以下的罚款；

（四）发生特别重大事故的，处200万元以上500万元以下的罚款。

案例分析

（1）《安全生产法》规定，**生产经营单位应当对从业人员进行安全生产教育和培训，保证从业人员具备必要的安全生产知识，熟悉有关的安全生产规章制度和安全操作规程，掌握本岗位的安全操作技能**。湖南沅江“10·5”重大水上交通事故（案例2-11）调查认定，湖南省涉事船舶运输公司对船员安全生产教育和培训不到位，虽然制定了安全教育培训制度，明确了教育培训要求，但是安全教育培训制度不落实，未对船员进行安全教育培训。上述行为说明，湖南省涉事船舶运输公司未履行《安全生产法》规定的**对从业人员进行安全生产教育和培训职责**，对事故发生负有责任。依据《生产安全事故报告和调查处理条例》，以及其他违法违规行为所依据的法律法规，对公司法定代表人陈某、总经理袁某给予罚款的行政处罚。

广州“6·17”油轮爆炸事故（案例2-5）调查认定，广州市涉事船舶清污公司的相关管理人员和所有从事危险货物港口作业的15名工人，未接受有关法律、法规、规章和安全知识、专业技术、职业卫生防护和应急救援知识的培训和考核，缺乏防火、防爆安全知识，安全意识淡薄，导致违规操作，发生重大安全生产事故。上述行为说明，广州市涉事船舶清污公司未履行《安全生产法》规定的**对从业人员进行安全生产教育和培训等职责**，依据《安全生产法》《生产安全事故报告和调查处理条例》等，以及其他违法违规行为所依据的法律法规，事故调查报告建议，吊销涉事船舶清污公司相关经营许可证书，将涉事船舶清污公司负责人陈某、李某移交司法机关追究刑事责任。

天津港“8·12”瑞海公司危险品仓库特别重大火灾爆炸事故（案例2-16）调查认定，肇事港口经营企业的部分叉车司机，没有经过相关危险货物作业安全知识培训，对危险品防护知识的了解仅限于现场不准吸烟、车辆要带防火帽等，对各类危险物质的隔离要求、防静电要求、事故应急处置方法等均不了解。肇事港口经营企业安全生产教育培训严重缺失，说明企业未履行《安全生产法》规定的**对从业人员进行安全生产教育和培训职责**，对事故发生负有责任。依据《安全生产法》等，以及其他违法违规行为所依据的法律法规，对肇事港口经营企业给予罚款的行政处罚。

(2)《航运公司安全与防污染管理规定》规定，**航运公司应当建立教育培训制度，加强和规范安全与防污染知识的教育和培训，确保相关人员熟悉安全与防污染的有关规定和操作规程，掌握相应的操作技能，并提高对船舶安全与防污染的应急反应能力**。广西桂平"3·11"客轮与货轮碰撞事故(案例2-7)调查认定，货船所在的涉事船务公司，虽然建立了《安全生产责任制度》《安全生产操作规程》等制度，并与相关公司签订了委托经营协议，将相应船舶纳入公司管理，但公司相关台账或证据表明，该船务公司对事故船舶在内，受委托经营管理的其他船舶动态、经营情况不了解，也未能对船东、船员提供安全生产教育服务，致使船员安全意识、应急能力等均存在严重问题，导致重大事故发生。上述情况说明，涉事船务公司未履行《航运公司安全与防污染管理规定》规定的**加强和规范安全与防污染知识的教育和培训职责**。依据《航运公司安全与防污染管理规定》《内河海事行政处罚规定》等，以及其他违法违规行为所依据的法律法规，事故调查报告建议，对货船所在的涉事船务公司处以罚款的行政处罚，吊销涉事船舶公司的营业许可证资格。

四、从业人员管理

法律规定

★法律

《安全生产法》第二十五条第一款　生产经营单位应当对从业人员进行安全生产教育和培训，保证从业人员具备必要的安全生产知识，熟悉有关的安全生产规章制度和安全操作规程，掌握本岗位的安全操作技能，了解事故应急处理措施，知悉自身在安全生产方面的权利和义务。未经安全生产教育和培训合格的从业人员，不得上岗作业。

《安全生产法》第二十七条第一款　生产经营单位的特种作业人员必须按照国家有关规定经专门的安全作业培训，取得相应资格，方可上岗作业。

《海上交通安全法》第六条　船舶应当按照标准定额配备足以保证船舶安全的合格船员。

●行政法规

《内河交通安全管理条例》第九条第一款　船员经水上交通安全专业培训，其中客船和载运危险货物船舶的船员还应当经相应的特殊培训，并经海事管理机构考试合格，取得相应的适任证书或者其他适任证件，方可担任船员职务。严禁未取得适任证书或者其他适任证件的船员上岗。

《内河交通安全管理条例》第十条　船舶、浮动设施的所有人或者经营人，应当加强对船舶、浮动设施的安全管理，建立、健全相应的交通安全管理制度，并对船舶、浮动设施的交通安全负责；不得聘用无适任证书或者其他适任证件的人员担任船员；不得指使、强令船员违章操作。

《船员条例》第二十七条　船员用人单位应当依照有关劳动合同的法律、法规和中华人民共和国缔结或者加入的有关船员劳动与社会保障国际条约的规定，与船员订立劳动合同。

船员用人单位不得招用未取得本条例规定证件的人员上船工作。

《危险化学品安全管理条例》第四十四条　危险化学品道路运输企业、水路运输企业的驾驶人员、船员、装卸管理人员、押运人员、申报人员、集装箱装箱现场检查员应当经交通运输主管部门考核合格，取得从业资格。具体办法由国务院交通运输主管部门制定。

◆部门规章

《航运公司安全与防污染管理规定》第八条　航运公司应当为船舶配备满足最低安全配员要求的适任船员。

《港口危险货物安全管理规定》第十七条　从事港口危险货物作业的港口经营人（以下简称"危险货物港口经营人"），除应当符合《港口经营管理规定》（交通运输部令2009年第13号）规定的港口经营许可条件外，还应当具备以下条件：

（一）设有安全生产管理机构或者配备专职安全生产管理人员；

（二）具有健全的安全管理制度和操作规程；

（三）企业主要负责人，危险货物装卸管理人员、申报人员、集装箱装箱现场检查员以及其他从业人员应当按照相关法律法规的规定取得相应的从业资格证书；

《危险货物水路运输从业人员考核和从业资格管理规定》第十二条　装卸管理人员、申报员、检查员应当按照本规定经考核合格，具备相应从业条件，取得相应种类的《危险化学品水路运输从业资格证书》（以下简称《资格证书》，见附件），方可从事相应的作业。

《资格证书》按照危险化学品国际水路运输和国内水路运输类型，细分为包装、散装固体、散装液体等种类，并在证书备注栏中予以注明。

《资格证书》由交通运输部统一式样及编号，在全国范围内有效。

⚖ 法律责任

★法律

《安全生产法》第九十四条　生产经营单位有下列行为之一的，责令限期改正，可以处五万元以下的罚款；逾期未改正的，责令停产停业整顿，并处五万元以上

十万元以下的罚款,对其直接负责的主管人员和其他直接责任人员处一万元以上二万元以下的罚款:

(二)危险物品的生产、经营、储存单位以及矿山、金属冶炼、建筑施工、道路运输单位的主要负责人和安全生产管理人员未按照规定经考核合格的;

(七)特种作业人员未按照规定经专门的安全作业培训并取得相应资格,上岗作业的。

《海上交通安全法》第四十四条　对违反本法的,主管机关可视情节,给予下列一种或几种处罚:

一、警告;

二、扣留或吊销职务证书;

三、罚款。

●行政法规

《内河交通安全管理条例》第六十六条　违反本条例的规定,未经考试合格并取得适任证书或者其他适任证件的人员擅自从事船舶航行的,由海事管理机构责令其立即离岗,对直接责任人员处2000元以上2万元以下的罚款,并对聘用单位处1万元以上10万元以下的罚款。

《内河交通安全管理条例》第八十条　违反本条例的规定,船舶、浮动设施的所有人或者经营人指使、强令船员违章操作的,由海事管理机构给予警告,处1万元以上5万元以下的罚款,并可以责令停航或者停止作业;造成重大伤亡事故或者严重后果的,依照刑法关于重大责任事故罪或者其他罪的规定,依法追究刑事责任。

《国内水路运输管理条例》第四十四条　违反本条例规定,构成违反治安管理行为的,依法给予治安管理处罚;构成犯罪的,依法追究刑事责任。

《船员条例》第六十条　违反本条例的规定,船员用人单位、船舶所有人有下列行为之一的,由海事管理机构责令改正,处3万元以上15万元以下罚款:

(一)招用未依照本条例规定取得相应有效证件的人员上船工作的;

(二)中国籍船舶擅自招用外国籍船员担任船长或者高级船员的;

(三)船员在船舶上生活和工作的场所不符合国家船舶检验规范中有关船员生活环境、作业安全和防护要求的;

(四)不履行遣返义务的;

(五)船员在船工作期间患病或者受伤,未及时给予救治的。

《危险化学品安全管理条例》第八十六条　有下列情形之一的,由交通运输主管部门责令改正,处5万元以上10万元以下的罚款;拒不改正的,责令停产停业整

顿;构成犯罪的,依法追究刑事责任:

(一)危险化学品道路运输企业、水路运输企业的驾驶人员、船员、装卸管理人员、押运人员、申报人员、集装箱装箱现场检查员未取得从业资格上岗作业的。

◆部门规章

《航运公司安全与防污染管理规定》第二十六条　在年度审核或者换证审核中,发现安全管理体系运行存在严重不符合规定的情况,或者有大量不符合规定的情况并且已经严重影响到安全管理体系运行的有效性时,海事管理机构应当对其在相应审核的6个月后实施跟踪审核。

航运公司所管理的船舶出现发生重大事故、连续发生事故、多次被滞留等情况时,海事管理机构应当对其实施附加审核。

《航运公司安全与防污染管理规定》第三十六条　违反本规定第十四条规定,受托航运公司未履行安全与防污染管理责任的,由海事管理机构责令改正,并可以对受托航运公司处以5000元以上3万元以下罚款。

《危险货物水路运输从业人员考核和从业资格管理规定》第二十七条　水路运输企业的装卸管理人员、申报员、检查员未取得从业资格上岗作业的,由所在地港口行政管理部门或者海事管理机构责令改正,处5万元以上10万元以下的罚款;拒不改正的,责令停产停业整顿。

案例分析

(1)《海上交通安全法》《船员条例》均要求,**船舶按照标准定额配备足以保证船舶安全的合格船员、不得招用未取得规定证件的人员上船工作**。青岛"11·25"货轮沉没事故(案例2-13)调查认定,涉事船舶管理公司未按照规定履行船员聘任职责,未为管理的船舶招聘并配备合格船员;任由船舶实际出资人直接或通过其在船代表高某擅自调配不合格船员上船,致使船舶配员缺少大副、三副等5名适任船员,导致事故发生。上述行为说明,涉事船舶管理公司违反了《海上交通安全法》《船员条例》等规定的**按照标准定额配备足以保证船舶安全的合格船员、不得招用未取得规定证件的人员上船工作等规定**。另外,涉事船舶管理公司还存在其他违法违规行为。依据《航运公司安全与防污染管理规定》等,以及其他违法违规行为所依据的法律法规,事故调查报告建议,对涉事船舶管理公司进行附加审核,并按规定给予其行政处罚。

(2)《航运公司安全与防污染管理规定》规定,**航运公司应当为船舶配备满足最低安全配员要求的适任船员**。广州"5·5"河北籍船舶与外国籍集装箱船碰撞事故(案例2-15)调查认定,涉事散货运输船舶的最低安全配员证书,要求该轮配备 11 名船员，分别为船长、大副、三副、GMDSS 操作员、轮机长、大管轮各 1 名，水手 3 名，机工 2 名，并且涉事散货运输船舶出港签证时提交的资料显示，船舶实际配员情况符合该船最低安全配员的要求。但是，调查发现，大副魏某和轮机长郑某两人自 2013 年初起租借证书给该船，仅在广东、天津等地上过几次船领取证书租借费和应付海事部门的配员检查，根本未在该船工作。涉事散货运输船舶于 4 月 26 日自曹妃甸开出时，船舶配员缺少大副和轮机长；5 月 3 日自平潭开出时，缺少大副。同时，调查认定，涉事散货运输船舶以电话面试的形式面试船员不能保证船员适任。由于涉事散货运输船所在的船舶管理公司未能为船舶配备足额、适任船员，导致事故发生，造成重大人员伤亡。上述行为说明，散货运输船所在的船舶管理公司未履行《航运公司安全与防污染管理规定》规定的**为船舶配备满足最低安全配员要求的适任船员的职责**。依据《航运公司安全与防污染管理规定》，以及其他违法违规行为所依据的法律法规，事故调查报告建议，海事管理机构按程序对涉事散货运输船舶所在的船舶管理公司进行附加审核。

(3)《安全生产法》规定，**未经安全生产教育和培训合格的从业人员不得上岗作业；特种作业人员必须按照国家有关规定经专门的安全作业培训、取得相应资格才可上岗作业的要求**；《危险化学品安全管理条例》规定，**从事危险货物港口作业的管理、作业人员，必须接受有关法律、法规、规章和安全知识、专业技术、职业卫生防护和应急救援知识的培训，并经交通部或其授权的机构组织考核。考核合格，取得上岗资格证后，方可上岗作业**。广州“6·17”油轮爆炸事故(案例 2-5)调查认定，广州市涉事船舶清污公司的总经理陈某、副总经理李某、码头安全生产主管严某等管理人员和部分岸基人员未经法律法规规定的教育培训，未取得相应的岗位证书；并且所有从事危险货物港口作业的 15 名工人均未接受专业培训，未持证上岗，从业人员安全技能不足，安全意识淡薄，导致重大人员伤亡。上述行为说明，广州市涉事船舶清污公司未履行《安全生产法》规定的**未经安全生产教育和培训合格的从业人员不得上岗作业，特种作业人员必须按照国家有关规定经专门的安全作业培训、取得相应资格才可上岗作业的要求**；《危险化学品安全管理条例》和《港口危险货物管理规定》规定的**从事危险货物港口作业的管理、作业人员，必须接受有关法律、法规、规章和安全知识、专业技术、职业卫生防护和应急救援知识的培训，并经交通部或其授权的机构组织考核。考核合格，取得上岗资格证后，方可上岗作业等**，无证上岗，导致事故发生，造成重大人员伤亡。依据《安全生产法》《危险化学品安全管理条例》《港口危险货物管理规定》等，以及其他违法违规行为所依据的法律法规，事故调查报告建议，吊销涉事船舶清污公司相关经营许可证书，将涉事船舶清污公司负责人陈某、李某移交司法机关追究刑事责任。

(4)《危险化学品安全管理条例》《港口危险货物安全管理规定》规定,**港口危险货物装卸管理人员以及其他从业人员应当按照相关法律法规的规定取得相应的从业资格证书**。天津港"8·12"瑞海公司危险品仓库特别重大火灾爆炸事故(案例2-16)调查认定,事故企业聘用没有取得港口相关部门颁发的从业资格证书的装卸管理人员,无视安全,从业人员无证上岗。上述行为说明,事故企业未履行《危险化学品安全管理条例》《港口危险货物安全管理规定》规定的**港口危险货物装卸管理人员以及其他从业人员应当按照相关法律法规的规定取得相应的从业资格证书等**,从业人员缺乏必要的安全技能,无证上岗,引发事故,导致重大事故。依据《安全生产法》《危险化学品安全管理条例》等,以及其他违法违规行为所依据的法律法规,肇事港口经营企业董事长于某、企业副董事长兼执行董事董某、企业总经理兼法定代表人只某被批准逮捕;事故调查报告建议,吊销肇事港口经营企业有关证照并处罚款,企业相关主要负责人终身不得担任本行业生产经营单位的主要负责人。如果事故发生在当前,事故企业还违反了《危险货物水路运输从业人员考核和从业资格管理规定》等有关规定,将依据《危险货物水路运输从业人员考核和从业资格管理规定》等规定追究责任。

五、港口危险货物储存

法律规定

◆部门规章

《港口危险货物安全管理规定》第三十五条第二款　危险货物的储存方式、方法以及储存数量应当符合国家标准或者国家有关规定。

法律责任

◆部门规章

《港口危险货物安全管理规定》第五十六条　危险货物港口经营人有下列情形之一的,由所在地港口行政管理部门责令改正,处五万元以上十万元以下的罚款;拒不改正的,责令停产停业整顿直至吊销其港口经营许可证件:

(四)危险货物的储存方式、方法或者储存数量不符合国家标准或者国家有关规定的。

案例分析

《危险货物集装箱港口作业安全规程》规定,**易燃易爆危险货物集装箱,最高只许堆码两层,其他危险货物集装箱不超过三层,并根据不同性质的危险货物,做**

好有效隔离;《集装箱港口装卸作业安全规程》规定,**货场内应设置冷藏集装箱和危险货物集装箱用箱区。危险货物集装箱区应与其他箱区隔离,箱内货物性质与施救互抵的危险货物集装箱应分类和分隔堆放**;《港口危险货物安全管理规定》规定,**危险货物的储存方式、方法以及储存数量应当符合国家标准或者国家有关规定**。国家法律法规和行业标准明确了港口危险货物储存的堆放原则、间距等要求。天津港"8·12"瑞海公司危险品仓库特别重大火灾爆炸事故(案例2-16)调查认定,肇事港口经营企业的危险品堆放存在严重问题,不仅将不同类别的危险货物混存堆放,而且违规超高堆码现象普遍,4层甚至5层的集装箱堆垛大量存在,严重违反了《危险货物集装箱港口作业安全规程》规定的**集装箱堆码要求**,以及《集装箱港口装卸作业安全规程》规定的**危险货物集装箱应分类和分隔堆放的要求等**;危险品堆放间距严重不足,违反了《港口危险货物安全管理规定》规定的**危险货物的堆放、分隔及储存方式、方法和储存数量应当符合国家标准或者国家有关规定的要求**,引发特别重大事故。依据《安全生产法》《刑法》《港口危险货物安全管理规定》等规定,以及其他违法违规行为所依据的法律法规,肇事港口经营企业董事长于某、企业副董事长兼执行董事董某、企业总经理兼法定代表人只某被批准逮捕;事故调查报告建议,吊销肇事港口经营企业有关证照并处罚款,企业相关主要负责人终身不得担任本行业生产经营单位的主要负责人。

六、重大危险源登记备案

法律规定

●行政法规

《危险化学品安全管理条例》第二十五条第二款　对剧毒化学品以及储存数量构成重大危险源的其他危险化学品,储存单位应当将其储存数量、储存地点以及管理人员的情况,报所在地县级人民政府安全监督管理部门(在港区储存的,报港口行政管理部门)和公安机关备案。

◆部门规章

《港口危险货物安全管理规定》第三十六条第二款　对剧毒化学品以及储存数量构成重大危险源的其他危险货物,危险货物港口经营人应当将其储存数量、储存地点以及管理措施、管理人员等情况,报所在地港口行政管理部门备案。

《港口危险货物安全管理规定》第三十八条　危险货物港口经营人应当根据有关规定,进行重大危险源辨识,确定重大危险源级别,进行分级管理,对本单位的重大危险源登记建档,并报送所在地港口行政管理部门备案。对涉及船舶航行、作业安全的重大危险源信息，港口行政管理部门应当及时通报海事管理机构。

法律责任

●行政法规

《危险化学品安全管理条例》第八十一条　有下列情形之一的，由公安机关责令改正，可以处1万元以下的罚款；拒不改正的，处1万元以上5万元以下的罚款：

（一）生产、储存、使用剧毒化学品、易制爆危险化学品的单位不如实记录生产、储存、使用的剧毒化学品、易制爆危险化学品的数量、流向的；

（二）生产、储存、使用剧毒化学品、易制爆危险化学品的单位发现剧毒化学品、易制爆危险化学品丢失或者被盗，不立即向公安机关报告的；

（三）储存剧毒化学品的单位未将剧毒化学品的储存数量、储存地点以及管理人员的情况报所在地县级人民政府公安机关备案的；

（四）危险化学品生产企业、经营企业不如实记录剧毒化学品、易制爆危险化学品购买单位的名称、地址、经办人的姓名、身份证号码以及所购买的剧毒化学品、易制爆危险化学品的品种、数量、用途，或者保存销售记录和相关材料的时间少于1年的；

（五）剧毒化学品、易制爆危险化学品的销售企业、购买单位未在规定的时限内将所销售、购买的剧毒化学品、易制爆危险化学品的品种、数量以及流向信息报所在地县级人民政府公安机关备案的；

（六）使用剧毒化学品、易制爆危险化学品的单位依照本条例规定转让其购买的剧毒化学品、易制爆危险化学品，未将有关情况向所在地县级人民政府公安机关报告的。

生产、储存危险化学品的企业或者使用危险化学品从事生产的企业未按照本条例规定将安全评价报告以及整改方案的落实情况报安全生产监督管理部门或者港口行政管理部门备案，或者储存危险化学品的单位未将其剧毒化学品以及储存数量构成重大危险源的其他危险化学品的储存数量、储存地点以及管理人员的情况报安全生产监督管理部门或者港口行政管理部门备案的，分别由安全生产监督管理部门或者港口行政管理部门依照前款规定予以处罚。

生产实施重点环境管理的危险化学品的企业或者使用实施重点环境管理的危险化学品从事生产的企业未按照规定将相关信息向环境保护主管部门报告的，由环境保护主管部门依照本条第一款的规定予以处罚。

◆部门规章

《港口危险货物安全管理规定》第五十七条　港口经营人违反本规定第二十

一条、第三十六条规定，未将安全评价报告以及整改方案的落实情况报港口行政管理部门备案的，或者未将其剧毒化学品以及储存数量构成重大危险源的其他危险货物的储存数量、储存地点、管理措施以及管理人员等情况报港口行政管理部门备案的，由所在地港口行政管理部门责令改正，可以处一万元以下的罚款；拒不改正的，处一万元以上五万元以下的罚款。

案例分析

《危险化学品安全管理条例》规定，**储存单位应当将对剧毒化学品以及储存数量构成重大危险源的其他危险化学品的储存数量、储存地点以及管理人员的情况报所在地港口行政管理部门和公安机关备案**；《港口危险货物安全管理规定》规定，**危险货物港口经营人应当将剧毒化学品以及储存数量构成重大危险源的其他危险货物其储存数量、储存地点以及管理措施、管理人员等情况报所在地港口行政管理部门备案**；《港口危险货物安全管理规定》规定，**危险货物港口经营人应当根据有关规定，进行重大危险源辨识，确定重大危险源级别，进行分级管理，对本单位的重大危险源登记建档，并报送所在地港口行政管理部门备案等有关规定**。天津港"8·12"瑞海公司危险品仓库特别重大火灾爆炸事故（案例2-16）调查认定，肇事港口经营企业没有对本单位的港口危险货物存储场所进行重大危险源辨识评估，也没有将重大危险源向天津市交通运输部门进行登记备案，违反了《危险化学品安全管理条例》《港口危险货物安全管理规定》以及《港口危险货物安全管理规定》规定的**进行重大危险源辨识、向所在地港口行政管理部门备案等规定**，间接引发特别重大事故，依据《危险化学品安全管理条例》《港口危险货物安全管理规定》，以及其他违法违规行为所依据的法律法规，肇事港口经营企业董事长于某、企业副董事长兼执行董事董某、企业总经理兼法定代表人只某被批准逮捕；事故调查报告建议，吊销肇事港口经营企业有关证照并处罚款，企业相关主要负责人终身不得担任本行业生产经营单位的主要负责人。

第二节　启　　示

一、落实安全生产责任

水路运输企业要按照"党政同责、一岗双责"的要求，认真建立和完善企业安全生产责任制度，全面落实安全生产责任制，切实做到各级各类从业人员职责明晰。同时要加大安全生产投入，保证安全生产条件。严格遵守国家法律法规和标准规范，确保危险品堆场、罐区安全；加强安全生产体系建设，建立健全安全生产规章制度和操作规程，保证港口生产作业安全；加强对港口企业管理人员和现场操作人员的安全教育培训，提高其安全意识和操作技能；加强对危险品进出港口的登记和安全管理，保障危险品储存安全。加强应急管理，及时制修订应急预案，强化应急装备建设，组织开展有针对性的应急演练，提高应急救援水平。

二、加强安全教育培训

落实水路运输生产经营单位的安全生产教育培训责任，加大安全生产教育培训投入，强化广大员工的安全意识，全面提高员工自身防护能力。要加强员工的安全培训工作，特别是特种作业人员等特殊岗位工人的安全培训工作。同时要提高员工对突发事故的处理能力。通过相关的培训，提高船员的业务水平，减少因船员操作失误而发生事故的概率，并使船员在面对各类不同的突发事故时，能够在最短的时间内，采取最有效的方法予以紧急处置，努力减少事故损失。

三、健全安全管理机构

水路运输生产经营单位必须建立安全生产组织领导机构，成立安全生产委员会，由董事长或总经理担任主任；必须落实安全管理力量，依法设置安全生产管理机构，配备安全管理人员。海监室或安监室要配备具有航海经验的人员。认真履行安全生产职责，配备公司安全管理机构和专职安全管理人员。认真组织船舶进行安全应急演练，提高应急救援能力和水平。

四、执行安全管理制度

落实水路运输生产经营单位安全管理责任，杜绝代而不管。加强安全生产管理，建立船舶安全隐患排查整改制度，认真落实各项措施，及时消除安全隐患。加强对船舶的安全管理，及时纠正船舶的违法违规行为，确保船舶适航、船员适任。相关管理部门要加大日常管理力度，发现挂而不管的公司，要坚决进行处理，应吊销经营证书的要坚决吊销。公司要加强安全体系的内审，完善相应的管理制度，按照公司的体系要求和实际运行的船舶种类来完善相应的管理制度。

第十二章　水路运输安全监督管理

本章的主要任务是通过分析事故典型案例，找出行业管理部门在安全监督管理中存在的共性问题，分析问题产生的原因以及政策法规依据，剖析制度，吸取教训，并提出安全管理建议。

第一节　法律问题及分析

一、海事管理机构

（一）安全管理体系审核

法律规定

●行政法规

《航运公司安全与防污染管理规定》第二十九条　海事管理机构应当建立、健全航运公司安全与防污染的监督检查制度，对航运公司的安全与防污染管理活动实施监督检查。监督检查的情况和处理结果应当记录，由监督检查人员签字后归档。

法律责任

●行政法规

《航运公司安全与防污染管理规定》第三十七条　有关审核人员违反本规定以及相应的审核发证规则和程序的，由有关海事管理机构责令改正；情节严重的，追究有关审核人员的行政责任。

案例分析

《航运公司安全与防污染管理规定》规定，**海事管理机构应当对航运公司的安全与防污染管理活动实施监督检查**。烟台“3·18”天津籍多用途船沉没事故（案例2-11）调查认定，海事管理机构审核员梁某对涉事船舶管理公司安全管理体系进行第三次年度审核时任审核组组长，对涉事船舶管理公司在船舶安全管理上存在的问题（如未全面掌握船舶动态、对船舶配员不掌握、未与船舶建立有效联系渠道、未按规定配备合格的管理人员等）监督检查不到位，带队审核失察。上述行为说明,海事管理机构未全面履行《航运公司安全与防污染管理规定》规定的**对航运公司的安全与防污染管理活动实施监督检查职责**,依据《航运公司安全与防污染管理规定》等规定,事故调查报告建议,给予审核员梁某通报批评。

(二)安全隐患督促整改

法律规定

●行政法规

《内河交通安全管理条例》第五十九条　海事管理机构必须依法履行职责,加强对船舶、浮动设施、船员和通航安全环境的监督检查。发现内河交通安全隐患时,应当责令有关单位和个人立即消除或者限期消除;有关单位和个人不立即消除或者逾期不消除的,海事管理机构必须采取责令其临时停航、停止作业,禁止进港、离港等强制性措施。

法律责任

●行政法规

《内河交通安全管理条例》第八十六条　违反本条例的规定,海事管理机构对审批、许可的安全事项不实施监督检查的,对负有责任的主管人员和其他直接责任人员根据不同情节,给予记大过、降级或者撤职的行政处分;造成重大内河交通事故或者致使公共财产、国家和人民利益遭受重大损失的,依照刑法关于滥用职权罪、玩忽职守罪或者其他罪的规定,依法追究刑事责任。

《内河交通安全管理条例》第八十八条　违反本条例的规定,海事管理机构对未经审批、许可擅自从事旅客、危险货物运输的船舶不实施监督检查,或者发现内河交通安全隐患不及时依法处理,或者对违法行为不依法予以处罚的,对负有责任的主管人员和其他直接责任人员根据不同情节,给予降级或者撤职的行政处分;造成重大内河交通事故或者致使公共财产、国家和人民利益遭受重大损失的,依照刑法关于滥用职权罪、玩忽职守罪或者其他罪的规定,依法追究刑事责任。

《安全生产领域违法违纪行为政纪处分暂行规定》第八条第二款　国家行政机关及其公务员有下列行为之一的,对有关责任人员,给予警告、记过或者记大过处分;情节较重的,给予降级或者撤职处分;情节严重的,给予开除处分:

(二)发现存在重大安全隐患,未按规定采取措施,导致生产安全事故发生的。

案例分析

《内河交通安全管理条例》规定,**海事管理机构必须依法履行职责**,加强对船

舶、浮动设施、船员和通航安全环境的监督检查。发现内河交通安全隐患时，应当责令有关单位和个人立即消除或者限期消除；有关单位和个人不立即消除或者逾期不消除的，海事管理机构必须采取责令其临时停航、停止作业，禁止进港、离港等强制性措施。江西九江永安砂场“8·7”沉船事故（案例2-12）调查认定，海事管理机构冯某和汪某未严格履行监督管理职责，在对事故船舶安全隐患下达整改指令后，督促落实不到位，未采取强制性措施，致使船舶带病航行。上述行为说明，海事管理机构冯某和汪某未履行《内河交通安全管理条例》规定的**对不立即消除或者逾期不消除的内河交通安全隐患的有关单位和个人，采取责令其临时停航、停止作业，禁止进港、离港等强制性措施的职责**，依据《安全生产领域违法违纪行为政纪处分暂行规定》等，事故调查报告建议，给予冯某行政记过处分、给予汪某行政警告处分。

（三）水上水下活动通航安全监督管理

法律规定

●行政法规

《内河交通安全管理条例》第二十三条第二款　遇有下列情形之一时，海事管理机构可以根据情况采取限时航行、单航、封航等临时性限制、疏导交通的措施，并予公告：

（二）大范围水上施工作业。

◆部门规章

《中华人民共和国水上水下活动通航安全管理规定》（以下简称《水上水下活动通航安全管理规定》）第二十八条　海事管理机构应当建立涉水工程施工作业或活动现场监督检查制度，依法检查有关建设单位和施工作业单位所属船舶、设施、人员水上通航安全作业条件和采取的通航保障措施落实情况。有关单位和人员应当予以配合。

法律责任

●行政法规

《内河交通安全管理条例》第八十八条　违反本条例的规定，海事管理机构对未经审批、许可擅自从事旅客、危险货物运输的船舶不实施监督检查，或者发现内河交通安全隐患不及时依法处理，或者对违法行为不依法予以处罚的，对负有责任的主管人员和其他直接责任人员根据不同情节，给予降级或者撤职的行政处分；造成重大内河交通事故或者致使公共财产、国家和人民利益遭受重大损失的，依照刑法关于滥用职权罪、玩忽职守罪或者其他罪的规定，依法追究刑事责任。

◆部门规章

《水上水下活动通航安全管理规定》第三十七条　海事管理机构工作人员不按法定的条件进行海事行政许可或者不依法履行职责进行监督检查,有滥用职权、徇私舞弊、玩忽职守等行为的,由其所在机构或上级机构依法给予行政处分;构成犯罪的,由司法机关依法追究刑事责任。

案例分析

《内河交通安全管理条例》规定,**遇到大范围水上施工作业,海事管理机构应采取限时航行、单航、封航等临时性限制、疏导交通的措施,并予公告**;《水上水下活动通航安全管理规定》规定,**海事管理机构应当建立涉水工程施工作业或活动现场监督检查制度,依法检查有关建设单位和施工作业单位所属船舶、设施、人员水上通航安全作业条件和采取的通航保障措施落实情况**。四川南充"9·27"特别重大沉船事故(案例2-2)调查认定,地方海事管理机构、负责航道管理的部门、地方交通主管部门对金溪航电枢纽工程左岸围堰施工影响航运安全的重大隐患重视不够,未向上级海事管理机构报告并采取有效的防控措施。上述行为说明,地方海事管理机构、负责航道管理的部门、地方交通主管部门未履行《内河交通安全管理条例》规定的**采取限时航行、单航、封航等临时性限制、疏导交通的措施,并予公告的职责**。依据《内河交通安全管理条例》等规定,以及其他违法违规行为所依据的法律法规,事故调查报告建议,给予海事管理机构伍某行政降级处分。

如果事故发生在当前,行业管理机构相关人员对涉水工程施工作业或活动未依规定实施现场监督检查制度,未依法检查相关水上通航安全作业条件和采取的通航保障措施落实情况,违反了《水上水下活动通航安全管理规定》规定的**依法检查有关建设单位和施工作业单位所属船舶、设施、人员水上通航安全作业条件和采取的通航保障措施落实情况职责**,按照《水上水下活动通航安全管理规定》等规定,将对相关人员依法给予行政处分或追究刑事责任。

(四)船舶检验

法律规定

◆部门规章

《船舶检验管理规定》第三十四条　船舶检验机构开展检验活动应当遵守中华人民共和国法律、法规、规章和相关国际公约的规定。

船舶检验机构应当严格按照检验业务范围开展检验工作,不得拒绝满足法定检验受理条件的申请。

船舶检验人员应当严格按照相关的法律、法规和检验技术规范的要求开展检

验工作，恪守职业道德和执业纪律。

法律责任

●行政法规

《船舶和海上设施检验条例》第二十八条　船舶检验机构的检验人员滥用职权、徇私舞弊、玩忽职守、严重失职的，由所在单位或者上级机关给予行政处分或者撤销其检验资格；情节严重，构成犯罪的，由司法机关依法追究刑事责任。

◆部门规章

《船舶检验管理规定》第五十七条　船舶检验人员有下列情形之一的，依照《中华人民共和国船舶和海上设施检验条例》第二十八条的规定，海事管理机构可视情节给予警告、撤销其检验资格：

（一）未进行检验而签发相关检验证书；

（二）超出所持证书范围开展检验业务；

（三）未按照法定检验技术规范执行检验；

（四）未按规定的检验程序和项目进行检验；

（五）所签发的船舶检验证书或者检验报告与船舶、水上设施的实际情况不符；

（六）发生重大检验质量责任问题；

（七）不配合事故调查或者在调查过程中提供虚假证明。

案例分析

《船舶检验管理规定》规定，**船舶检验人员应当严格按照相关的法律、法规和检验技术规范的要求开展检验工作，恪守职业道德和执业纪律**。烟台“3·18”天津籍多用途船沉没事故（案例2-11）调查认定，天津地方船检局验船师何某没有按船舶检验规定实地上船检验，没有发现船舶存在的重大隐患，对事故船舶相关检验证书进行展期，致使船舶带病航行，工作存在失误，依据《船舶和海上设施检验条例》等规定被建议给予行政警告处分。如果事故发生在当前，验船师未履行《船舶检验管理规定》规定的**严格按照相关的法律法规和检验技术规范的要求开行船舶检验职责**，还将依据《船舶检验管理规定》等规定追究责任。

二、港口行政管理部门

（一）港口经营许可

法律规定

★法律

《港口法》第二十二条　从事港口经营，应当向港口行政管理部门书面申请取得港口经营许可，并依法办理工商登记。

港口行政管理部门实施港口经营许可，应当遵循公开、公正、公平的原则。

港口经营包括码头和其他港口设施的经营，港口旅客运输服务经营，在港区内从事货物的装卸、驳运、仓储的经营和港口拖轮经营等。

《港口法》第二十四条　港口行政管理部门应当自收到本法第二十二条第一款规定的书面申请之日起三十日内依法作出许可或者不予许可的决定。予以许可的，颁发港口经营许可证；不予许可的，应当书面通知申请人并告知理由。

●行政法规

《中华人民共和国政府信息公开条例》（以下简称《政府信息公开条例》）第九条第一项　行政机关对涉及公民、法人或者其他组织切身利益的政府信息应当主动公开。

◆部门规章

《港口经营管理规定》第十三条　申请从事港口经营（申请从事港口理货除外），申请人应当向港口行政管理部门提出书面申请和第十二条第一款、第三款规定的相关文件资料。港口行政管理部门应当自受理申请之日起30个工作日内作出许可或者不许可的决定。符合资质条件的，由港口行政管理部门发给《港口经营许可证》，并通过信息网络或者报刊公布；不符合条件的，不予行政许可，并应当将不予许可的决定及理由书面通知申请人。《港口经营许可证》应当明确港口经营人的名称与办公地址、法定代表人、经营项目、经营地域、主要设施设备、发证日期、许可证有效期和证书编号。

《港口危险货物安全管理规定》第十八条第四项　申请危险货物港口经营人资质，除按《港口经营管理规定》的要求提交相关文件和材料外，还应当提交安全设施专项验收合格证明。

《港口危险货物安全管理规定》第十九条第二款　符合许可条件的，应当颁发《港口经营许可证》，并对每个具体的危险货物作业场所配发《港口危险货物作业附证》。

《港口危险货物安全管理规定》第二十条第二款　危险货物港口经营人应当在《港口经营许可证》有效期届满之日30日以前，向《港口经营许可证》发证机关申请办理延续手续。

法律责任

★法律

《港口法》第五十六条　交通主管部门、港口行政管理部门、海事管理机构等不依法履行职责，有下列行为之一的，对直接负责的主管人员和其他直接责任人员

依法给予行政处分;构成犯罪的,依法追究刑事责任:

(一)违法批准建设港口设施使用港口岸线、违法批准建设港口危险货物作业场所或者实施卫生除害处理的专用场所,或者违法批准船舶载运危险货物进出港口、违法批准在港口内进行危险货物的装卸、过驳作业的;

(二)对不符合法定条件的申请人给予港口经营许可或者港口理货业务经营许可的。

●行政法规

《政府信息公开条例》第三十五条　行政机关违反本条例的规定,有下列情形之一的,由监察机关、上一级行政机关责令改正;情节严重的,对行政机关直接负责的主管人员和其他直接责任人员依法给予处分;构成犯罪的,依法追究刑事责任:

(一)不依法履行政府信息公开义务的;

(二)不及时更新公开的政府信息内容、政府信息公开指南和政府信息公开目录的;

(三)违反规定收取费用的;

(四)通过其他组织、个人以有偿服务方式提供政府信息的;

(五)公开不应当公开的政府信息的;

(六)违反本条例规定的其他行为。

◆部门规章

《港口经营管理规定》第四十三条　港口行政管理部门不依法履行职责,有下列行为之一的,对直接负责的主管人员和其他直接责任人员依法给予行政处分;构成犯罪的,依法追究刑事责任:

(一)对不符合法定条件的申请人给予港口经营许可的。

《港口危险货物安全管理规定》第六十一条　港口行政管理部门的工作人员有下列行为之一的,对直接负责的主管人员和其他直接责任人员给予行政处分;构成犯罪的,依法追究刑事责任:

(一)未按规定的条件、程序和期限实施行政许可的。

案例分析

《港口法》规定,**港口行政管理部门应当自收到书面申请之日起三十日内依法作出许可或者不予许可的决定。予以许可的,颁发港口经营许可证;不予许可的,应当书面通知申请人并告知理由职责**;《政府信息公开条例》规定,**行政机关对涉及公民、法人或者其他组织切身利益的政府信息应当主动公开**;《港口经营管理规定》规定,**对符合资质条件的,由港口行政管理部门发给《港口经营许可证》,并通**

过信息网络或者报刊公布；不符合条件的，不予行政许可，并应当将不予许可的决定及理由书面通知申请人。

天津港"8·12"瑞海公司危险品仓库特别重大火灾爆炸事故（案例2-16）调查认定，首先，港口行政管理部门在明知肇事港口经营企业未取得安全评价审批、环境影响评价审批、安全设施专项验收等法定审批许可手续，不具备港口危险货物作业条件的情况下，以批复形式违法批准该企业从事港口危险货物经营，既不符合实质要件，又不符合形式要件。其次，肇事港口经营企业试运营资质到期、处于无证违法经营状态的情况下，应当向港口行政管理部门书面申请取得港口经营许可，港口行政管理部门应当按照规定程序进行审批，但是港口行政管理部门以换证方式代替新证审批，向该企业颁发《港口经营许可证》和《港口危险货物作业附证》。上述行为说明，港口行政管理部门未履行《港口法》和《港口经营管理规定》规定的**审批程序进行审批职责**。港口行政管理部门没有向社会公开给肇事港口经营企业核发《港口经营许可证》《港口危险货物作业附证》和给予肇事港口经营企业危险货物经营资质批复的信息，说明港口行政管理部门违反了《港口法》《政府信息公开条例》和《港口经营管理规定》规定的**主动公开政府信息的职责**。依据《港口法》《政府信息公开条例》和《港口经营管理规定》等规定，副处长高某被批准逮捕，事故调查报告建议，给予港口行政管理部门综合规划处处长程某党内严重警告、行政撤职处分，给予行政审批处副主任赵某批评教育。

（二）日常监管

法律规定

★法律

《港口法》第三十六条第一款　港口行政管理部门应当依法对港口安全生产情况实施监督检查，对旅客上下集中、货物装卸量较大或者有特殊用途的码头进行重点巡查；检查中发现安全隐患的，应当责令被检查人立即排除或者限期排除。

《港口法》第四十二条第一款　港口行政管理部门依据职责对本法执行情况实施监督检查。

●行政法规

《危险化学品安全管理条例》第二十五条第二款　对剧毒化学品以及储存数量构成重大危险源的其他危险化学品，储存单位应当将其储存数量、储存地点以及管理人员的情况，报所在地县级人民政府安全监督管理部门（在港区储存的，报港口行政管理部门）和公安机关备案。

◆部门规章

《港口经营管理规定》第三十二条　港口行政管理部门应当依法对港口安全生产情况和本规定执行情况实施监督检查，并将检查的结果向社会公布。港口行政管理部门应当对旅客集中、货物装卸量较大或者特殊用途的码头进行重点巡查。检查中发现安全隐患的，应当责令被检查人立即排除或者限期排除。

各级交通运输（港口）主管部门应当加强对港口行政管理部门实施《中华人民共和国港口法》和本规定的监督管理，切实落实法律规定的各项制度，及时纠正行政执法中的违法行为。

《港口危险货物安全管理规定》第四十八条　所在地港口行政管理部门应当依法对港口危险货物作业实施监督检查，对危险货物装卸、储存区域进行重点巡查。实施监督检查时，可以行使下列职权：

（一）进入并检查港口危险货物作业场所，查阅、抄录、复印相关的文件或者资料，提出整改意见。

（二）发现危险货物港口作业和设施、设备、装置、器材、运输工具不符合法律、法规、规章规定和标准要求的，责令立即停止使用。

（三）检查中发现安全隐患的，应当责令危险货物港口经营人立即消除或者限期消除；安全隐患严重影响生产安全的，应当责令停止作业。

（四）发现违法行为，应当当场予以纠正或者责令限期改正。

（五）经本部门主要负责人批准，查封违法储存危险化学品的场所，扣押违法储存的危险化学品。

港口行政管理部门依法进行监督检查，监督检查人员不得少于2人，并应当出示执法证件；有关单位和个人对依法进行的监督检查应当予以配合，不得拒绝、阻碍。

法律责任

★法律

《港口法》第五十六条第四款　交通主管部门、港口行政管理部门、海事管理机构等不依法履行职责，有下列行为之一的，对直接负责的主管人员和其他直接责任人员依法给予行政处分；构成犯罪的，依法追究刑事责任：

（四）不依法履行监督检查职责，对违反港口规划建设港口、码头或者其他港口设施的行为，未经依法许可从事港口经营、港口理货业务的行为，不遵守安全生产管理规定的行为，危及港口作业安全的行为，以及其他违反本法规定的行为，不依法予以查处的。

●行政法规

《危险化学品安全管理条例》第九十六条　负有危险化学品安全监督管理职责的部门的工作人员，在危险化学品安全监督管理工作中滥用职权、玩忽职守、徇私舞弊，构成犯罪的，依法追究刑事责任；尚不构成犯罪的，依法给予处分。

◆部门规章

《港口经营管理规定》第四十三条　港口行政管理部门不依法履行职责，有下列行为之一的，对直接负责的主管人员和其他直接责任人员依法给予行政处分；构成犯罪的，依法追究刑事责任：

（一）对不符合法定条件的申请人给予港口经营许可的；

（二）发现取得经营许可的港口经营人不再具备法定许可条件而不及时吊销许可证的；

（三）不依法履行监督检查职责，对未经依法许可从事港口经营的行为，不遵守安全生产管理规定的行为，危及港口作业安全的行为，以及其他违反本法规定的行为，不依法予以查处的。

《港口危险货物安全管理规定》第六十一条　港口行政管理部门的工作人员有下列行为之一的，对直接负责的主管人员和其他直接责任人员给予行政处分；构成犯罪的，依法追究刑事责任：

（二）发现违法行为未依法予以制止、查处，情节严重的；

（三）未履行本规定设定的监督管理职责，造成严重后果的。

案例分析

《港口法》《港口经营管理规定》规定，**港口行政管理部门应当依法对港口安全生产情况实施监督检查，对货物装卸量较大码头进行重点巡查；检查中发现安全隐患的，应当责令被检查人立即排除或者限期排除**；《港口危险货物管理规定》规定，**港口行政管理部门及其管理人员对从事危险货物港口作业的企业进行监督检查，发现危险货物港口作业和应急设备、设施不符合法律、法规、规章规定和标准要求的，责令立即停止使用；发现安全隐患，应当责令立即排除或者限期排除**。2013年实施的《港口危险货物安全管理规定》规定，**所在地港口行政管理部门实施监督检查时，发现危险货物港口作业和设施、设备、装置、器材、运输工具不符合法律、法规、规章规定和标准要求的，责令立即停止使用；检查中发现安全隐患的，应当责令危险货物港口经营人立即消除或者限期消除；安全隐患严重影响生产安全的，应当责令停止作业**。2013年《港口危险货物安全管理规定》实施后，《港口危险货物管理规定》同时废止。

广州"6·17"油轮爆炸事故(案例2-5)调查认定,港口行政管理部门的安全检查流于形式,未能及时发现该公司安全生产规章制度不健全、管理和作业人员未持证上岗等违法违规问题,安全监督管理严重缺失。上述行为说明,港口行政管理部门未全面履行《港口法》《港口经营管理规定》《港口危险货物管理规定》(现《港口危险货物安全管理规定》)规定的**监督检查职责**。另外,港口行政管理部门还存在其他违法违规行为。依据《港口法》《港口经营管理规定》《港口危险货物管理规定》(现《港口危险货物安全管理规定》)等,以及其他违法违规行为所依据的法律法规,事故调查报告建议,给予港口行政管理部门分管涉事公司港口作业现场安全监督管理的负责人夏某和港航运输管理科科长廖某行政记过处分。

天津港"8·12"瑞海公司危险品仓库特别重大火灾爆炸事故(案例2-16)调查认定,港口行政管理部门在安全监督检查中,未发现超高码放、超量存放危险货物集装箱,以及危险货物集装箱间距不足、货品混放等问题。上述行为说明,港口行政管理部门未履行《港口法》《港口经营管理规定》和《港口危险货物安全管理规定》规定的**监督检查及处理隐患职责**,依据《港口法》《危险化学品安全管理条例》《港口危险货物安全管理规定》《刑法》,以及其他违法违规行为所依据的法律法规,事故调查报告建议,将港口行政管理部门相关责任人员移交司法机关追究刑事责任,并给予港口行政管理部门吴某、姜某行政处分。

第二节　启　　示

一、督促企业安全主体责任落实

相关管理部门要督促航运公司落实安全生产主体责任,加强船舶相关人员的指导和警示教育,确保船舶船长、大副掌握货物的特性、检测方法、管理特点、应急处置等相关知识,确保船舶的配载和系固符合国家安全技术规范,增强船员集体荣誉感和警示意识,确保在运输过程中,船舶各类人员履行好岗位职责,尽可能避免或减少安全事故的发生。

强化港口企业的安全生产主体责任,严格遵守国家法律法规和标准规范,确保危险品堆场、罐区安全;加强安全生产体系建设,建立健全安全生产规章制度和操作规程,保证港口生产作业安全;加强对港口企业管理人员和现场操作人员的安全教育培训,提高安全意识和操作技能;加强对危险品进出港口的登记和安全管理,保障危险化学品储存安全。加强应急管理,及时制修订应急预案,强化应急装备建设,组织开展有针对性的应急演练,提高应急救援水平。

二、强化安全风险管理

交通管理部门通过辖区风险管理辨识、标注等，做好风险评估，加强风险源管控，引导航运企业加强对水上交通安全隐患治理，对存在严重安全隐患的，应实行挂牌督办，及时督促航运公司进行整改。要加强与相关部门的协调配合，做好与相关部门的移交移送，形成合力，共同推进水上交通安全的发展。

要加强航运公司安全管理体系审核专业队伍建设，加强对航运企业的年度安全生产监督检查，确保安全管理制度落实有效。强化航运公司的资质管理，加强事中、事后监督管理；建立经营者诚信管理制度，及时向社会公告监督检查情况。

行业管理部门落实《安全生产法》要求，制订港口安全生产监督检查计划，并依据监督检查计划实施行业安全监督管理，保障关键岗位、关键时期不脱岗离岗。严格检查企业是否具备合法资质，企业的生产场所、必备设备、检验设备等是否符合生产许可及相关标准规定，企业的安全生产是否按生产工艺要求和技术操作规范(规程)生产，生产工人是否参加教育培训或持证上岗等行为，严厉打击危险品港口企业违法违规经营作业行为。严厉打击危险品港口企业违法违规经营作业行为。

三、规范行政审批手续

行业管理部门要严格把好生产经营资格关和市场准入关，严格依法审查危险品港口经营主体资质，严格危险品的审定、登记等许可。

要严格按照审改办公布的审批项目清单目录实施审批，简化审批环节，创新行政审批方式。实行行政审批问责，落实责任追究，强化部门、批准人、审核人和承办人问责。建立审批管理的长效考评机制。

进一步规范行政审批信息公开工作，提高行政审批服务工作透明度，保障公民、法人和其他组织依法获取行政审批信息的权利。

加强对审核队伍的管理，提升安全管理体系审核队伍的人员素质，规范审核程序和流程，减少人为因素干扰，保障安全管理审核体系客观公正。

第三部分

公路水运工程建设篇

近年来，我国公路水运工程建设领域的生产安全事故大幅度减少，但仍时有发生，严重威胁着人民的生命财产安全，同时也对经济社会发展产生了重大不利影响。分析公路水运工程建设领域典型事故的发生原因，不难发现，建设单位、勘察设计单位、监理单位、工程施工单位、公路水运工程质量安全监督机构的行为都会对公路水运工程事故的发生产生影响，是事故发生的重要因素。公路水运工程建设的每一环节，如果有细小疏漏或责任缺失，都会与事故的发生产生直接的联系或者起到重要的助推作用。因此，抓好公路水运工程建设安全生产工作的关键是加强对建设、勘察设计、监理、施工、行业管理行为的管控，做到警钟长鸣，牢固树立安全意识和责任意识，高度重视安全生产工作，从而防患于未然。

第十三章　公路水运工程建设事故典型案例

案例3-1：四川都汶高速公路董家山隧道工程“12·22”特别重大瓦斯爆炸事故

2005年12月22日，四川省都江堰至汶川高速公路建设工程项目C合同段，董家山隧道工程右线隧道发生特别重大瓦斯爆炸事故，造成44人死亡，11人受伤，直接经济损失2035万元。

事故调查认定，事故发生的直接原因是：掌子面处塌方，瓦斯异常涌出，致使模板台车附近瓦斯浓度达到爆炸界限，模板台车配电箱附近悬挂的三芯插头短路产生火花，引起瓦斯爆炸。

事故发生的间接原因主要包括：

(1)建设单位对施工单位违规分包、现场安全管理混乱、监理单位人员缺编和人员资质不符合要求等问题，未能加以纠正，没有及时采取有效措施解决董家山隧道施工过程中出现的瓦斯隐患。

(2)设计单位对涉及施工安全的瓦斯异常涌出认识不足，在施工现场技术服务中对瓦斯异常涌出的防范措施不到位，特别是在右洞施工处于预测的高瓦斯工区和发生塌方的情况下，没有充分考虑瓦斯异常涌出情况和瓦斯异常涌出后可能造成的危害，未能及时商有关单位提请修改原设计，提高瓦斯设防等级。

(3)监理单位没有认真履行监理职责，从参加投标到实施监理都是委托他人操作，没有派人参加具体监理业务，没有对西南分公司的监理工作实施监督管理；该公司西南分公司对工程监理部管理混乱，关键岗位人员不符合资质条件，无证上岗，对隧道施工中的安全生产监理不到位。

(4)施工单位违规将劳务分包给无资质的作业队，在施工过程中没有严格执行安全生产法规和有关规章制度，现场安全管理混乱，对农民工的安全知识和技能培训不到位，有部分瓦斯检查员无证上岗，通风管理不善，违规使用电器和设备，瓦斯检查不规范等。

(5)公路水运工程质量安全监督机构对董家山隧道项目参建各方的安全生产

工作监督检查不力，未能及时督促各有关单位发现并纠正施工中存在的安全隐患及管理不到位问题。

事故调查报告建议，将施工单位的6名事故直接责任人移交司法机关处理，给予建设单位、施工单位、监理单位、勘察设计单位、公路水运工程质量安全监督机构等17名责任人相应的党纪、政纪处分。

案例3-2：湖南凤凰县堤溪沱江大桥“8·13”特别重大坍塌事故

2007年8月13日，湖南省湘西土家族苗族自治州凤凰县正在建设的堤溪沱江大桥发生坍塌事故，造成64人死亡，22人受伤，直接经济损失3974.7万元。事故现场图如图13-1所示。

图13-1　湖南凤凰县堤溪沱江大桥“8·13”特别重大坍塌事故现场图

事故调查认定，事故发生的直接原因是：大桥主拱圈砌筑材料未满足规范和设计要求，拱桥上部构造施工工序不合理，主拱圈砌筑质量差，降低了拱圈砌体的整体性和强度，随着拱上荷载的不断增加，造成1号孔主拱圈靠近0号桥台一侧3～4m宽范围内，即2号腹拱下的拱脚区段砌体强度达到破坏极限而坍塌，受连拱效应影响，整个大桥迅速坍塌。

事故发生的间接原因主要包括：

(1)建设单位对发现的施工质量问题未认真督促施工单位整改，未经设计单位同意擅自与施工单位变更原主拱圈设计施工方案，盲目倒排工期赶进度，越权指挥，甚至要求监理不要上桥检查。

(2)勘察设计单位违规将勘察项目分包给个人，地质勘察设计深度不够，现场服务和设计交底不到位。

(3)监理单位未能制止施工单位擅自变更原主拱圈施工方案，对发现的主拱圈施工质量问题督促整改不力，在主拱圈砌筑完成但强度资料尚未测出的情况下

即签字验收合格。

(4)施工单位擅自变更原主拱圈施工方案,现场管理混乱,违规乱用料石,主拱圈施工不符合规范要求,在主拱圈未达到设计强度的情况下就开始落架施工作业。

(5)相关质量安全监督机构对大桥工程的质量监督管理严重失职。

(6)政府及有关部门对工程建设立项审批、招投标、质量和安全生产等方面的工作监督管理不力。

事故调查报告建议,将建设单位、勘察设计单位、监理单位、施工单位等13名相关责任人移送司法机关处理,给予建设单位、勘察设计单位、监理单位、施工单位等19名责任人相应的党纪、政纪处分。

案例3-3:广东广深沿江高速公路第3合同段工程"6·14"较大淹溺事故

2011年6月14日,广东省某公路工程有限公司在广深沿江高速公路(深圳段)第3合同段大铲湾特大桥第9号桥墩处进行架桥机作业时,架桥机前支腿与摇平滚总成的连接部位突然断裂,导致发生淹溺较大事故,造成5人死亡,1人受伤,直接经济损失约702万元。

事故发生的直接原因主要包括:

(1)事故发生时球铰已经严重锈蚀,表明该结构未能按原设计的要求实现自动调整,使得球头焊缝受力状况恶化。

(2)事故设备的活动锲块调整螺栓锈死,说明使用中没有按要求调整活动锲块,使球铰结构承受了吊梁作业载荷。

(3)球头焊缝被设计成封闭在结构内的隐蔽焊缝,使用中无法检查。

(4)球头焊缝设计考虑不周,没有采用能够有效降低应力集中的焊缝形式;焊缝还存在制造缺陷和根部腐蚀现象。

(5)台车外侧轮缘与轨道之间长期存在严重啃轨现象,使前支脚及球头焊缝承受额外载荷。

(6)原设计允许12m轨道及轨道梁随同前支脚过孔,实际作业是将自制的21m轨道及轨道梁、轨道梁护筒全部捆绑在前支脚上一起过孔,增加了球头焊缝承受的载荷。

事故发生的间接原因主要包括:

(1)代建单位对施工总承包单位的工程违法分包管理失察。

(2)监理单位安全监理不到位,对施工单位违法分包存在管理失察过错;事故架桥机进场未把关，在没有审查资料原件的情况下，先发出了该事故架桥机的准入证，对架桥机的有关资料、专项施工方案、操作人员配备及资格等存在的问题审查不力。

(3)施工单位安全管理存在缺陷，安全生产责任制不落实，安全管理制度未有效执行，项目部管理不到位。具体表现有：①开工至事故发生期间，从未对工程的安全生产状况进行检查，其分公司在检查中没有发现事故架桥机存在安全隐患。②管理把关不严，违法劳务分包。③事故架桥机专项操作方案存在缺陷，架桥机实际规格型号与销售方提供的设计说明书不符合，导致专项方案不具有可操作性，且未经过严格审核，未对关键操作环节和程序予以明确。④事故架桥机进场存在漏洞，安装无资质、进场未把关、验收走形式、未严格按照设计要求制定操作规程或专项方案、未将作业人员的操作能力培训到合格水平。⑤对特种作业人员未持有效证件上岗监督不力。

(4)相关质量安全监督机构存在监督管理不严、管理不到位等问题。

(5)事故架桥机的设计单位在补办产品合格证时，对存在设计缺陷的架桥机出具不真实的产品合格证。

事故调查报告建议，将建设单位、监理单位、施工单位、事故架桥机设计制造单位等5个相关单位进行责任认定并给出处理建议，施工单位、监理单位、设计单位等4名相关人员涉嫌犯罪，移送司法机关追究刑事责任，对13名相关人员给予行政处罚或行政处分。

案例3-4：湖南炎汝高速公路八面山隧道"5·19"重大爆炸事故

2012年5月19日，某工程有限公司承建的湖南炎汝高速公路八面山隧道工地，一辆施工运输车发生重大爆炸事故，导致20人死亡，2人重伤，直接经济损失2008万余元。事故现场图如图13-2所示。

事故发生的直接原因是：爆破施工队在炸药运输过程中违规作业（违规用翻斗车运输爆破器材；违规将起爆器材与炸药同车运输；违规将爆破器材与钻杆、钻头、锤子等工具混装；违规用运送爆破器材车辆载人），因施工隧道内道路坑洼不平，汽车在转弯时车上起爆器材在机械能作用下发生爆炸，引起240kg乳化炸药爆炸，导致人员重大伤亡。

事故发生的间接原因主要包括：

(1)建设单位对施工安全生产工作统一协调、管理不力，包括对施工单位违法分包行为失察、对施工、监理等单位的安全生产工作协调、管理不到位，对下属

部门及人员落实安全管理制度情况督促检查不到位，没有及时督促解决存在的问题。

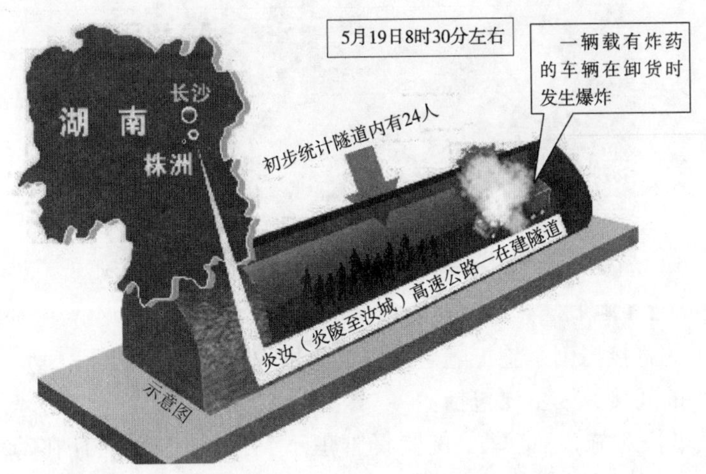

图 13-2　湖南炎汝高速公路八面山隧道"5・19"重大爆炸事故模拟图

(2)监理单位安全生产主体责任不落实，没有设置安全生产管理机构和配足专职安全生产管理人员，没有认真履行合同的安全管理义务；对隧道爆破施工现场安全监理不到位，事发后提供伪造的监理工作指令。

(3)施工单位安全生产主体责任不落实，包括违法分包、对炎汝高速公路第 13 合同段项目部缺乏监督管理和指导、未及时开展安全培训教育、缺乏对施工人员的动态监督管理、对爆破作业等特种作业人员无证上岗缺乏督促检查、对现场施工安全管控不到位、未及时报告事故信息。

(4)相关监督管理机构对建设、施工等单位的安全监督管理不到位。

事故调查报告建议，将建设单位、监理单位、施工单位等 26 名相关涉嫌犯罪人员移送司法机关处理，给予建设单位、施工单位等 26 名人员给予党纪、政纪处分。对建设单位、监理单位、施工单位等 4 个单位和监理单位的 4 名人员给予行政处罚。

案例 3-5：安徽池州东至县望东长江大桥龙头岭隧道"5・3"较大施工坍塌事故

2014 年 5 月 3 日，池州市东至县境内望东长江大桥南连接线龙头岭隧道施工工地现场发生坍塌，造成 6 人死亡、2 人受伤，直接经济损失约 800 万元。事故现场图如图 13-3 所示。

图 13-3　安徽池州东至县望东长江大桥龙头岭隧道“5·3”较大施工坍塌事故现场图

事故发生的直接原因是施工隧道围岩失稳坍塌。

事故发生的间接原因主要包括：

(1)建设单位对施工、监理单位监督管理不到位，安全管理存在薄弱环节和漏洞。

(2)监理单位在施工作业未严格按照设计及施工组织方案组织施工的情况下，履行职责不认真，未按照规定采取停工整改措施，对工程施工监理不到位。

(3)施工单位在组织施工作业时与设计及施工组织方案有偏差，对施工现场管理责任落实不到位、技术管理不到位、监督管理不到位。

(4)有关部门安全监督管理不到位。

事故调查报告建议，对建设单位、监理单位、施工单位等 11 名相关人员给予政纪处分，对建设单位、监理单位、施工单位等 3 名相关人员和 5 个相关单位给予行政处罚。

案例 3-6：四川成都五洛路 1 号隧道工程“2·24”较大瓦斯爆炸事故

2015 年 2 月 24 日，由某公司承建的龙泉驿区洛带镇五洛路 1 号隧道，发生一起瓦斯爆炸事故，造成 7 人死亡、19 人受伤，直接经济损失 1620 余万元。事故现场图如图 13-4 所示。

事故发生的直接原因是：五洛路 1 号隧道春节放假期间停工停风，隧道内瓦斯大量积聚，并达到爆炸极限；事故发生当天，施工单位 4 名运渣车驾驶员违反安全操作规程，翻越栅栏进入未通风的隧道内检修车辆，产生火花引爆了隧道内瓦斯。

事故发生的间接原因主要包括：

(1)建设单位安全管理责任落实不到位,包括未有效督促施工单位加强现场安全管理,未及时排查整治各类安全事故隐患,制定、落实高瓦斯隧道安全作业有效措施不利,对施工单位任用无安全生产考核合格证人员担任施工现场负责人的问题失察。

a) 四川成都五洛路1号隧道工程"2·24"较大瓦斯爆炸事故现场图

b) 四川成都五洛路1号隧道工程"2·24"较大瓦斯爆炸事故现场升起蘑菇云图

图 13-4 四川成都五洛路 1 号隧道工程"2·24"较大瓦斯爆炸事故

(2)监理单位监理责任落实不到位,包括施工现场监督管理不力,对施工单位未在隧道洞口外设置针对高瓦斯隧道的有效警示标志、未制定并落实严禁人员进入停工停风高瓦斯隧道作业的有效措施、教育培训不到位和施工现场负责人无安全生产考核合格证等问题失察。

(3)施工单位安全生产主体责任不落实,包括项目部负责人对瓦斯危害程度认识不足,落实《公路隧道施工技术规范》有关规定不到位;安全管理不到位;教育培训不到位;违规工程分包。在工程施工中,任用无安全生产考核合格证人员担任施工现场负责人;春节停工期间,未制定并落实严禁人员进入停工停风高瓦斯隧道作业的有效措施,未在隧道洞口外设置针对高瓦斯隧道的有效警示标志。

(4)相关部门监督管理责任落实不到位,未督促施工单位在隧道洞口外设置针对高瓦斯隧道的有效警示标志,未制定并落实严禁人员进入停工停风高瓦斯隧道作业的有效措施。

事故调查报告建议,对施工单位的 3 名涉事人员追究刑事责任;对 13 人给予政纪处分和行政处罚,其中区交通运输主管部门 4 人被建议给予政纪处分,建设单位、监理单位、施工单位等 8 名相关人员被建议给予政纪处分和行政处罚;对 6 个相关单位给予行政处罚或问责。

案例 3-7:陕西咸阳"5·15"特别重大道路交通事故

2015 年 5 月 15 日,陕西省咸阳市淳化县境内发生一起特别重大道路交通事故，造成35人死亡、11人受伤，直接经济损失2300余万元。事故现场图如图13-5所示。

图13-5 陕西咸阳“5·15”特别重大道路交通事故现场图

事故发生的直接原因有：驾驶员王某驾驶制动系统技术状况严重不良的大型客车，行经下陡坡、连续急弯路段时，因制动力不足造成车速过快，行至发生事故的急弯路段时，连速达到59km/h，在离心力作用下出现侧滑，失控冲出路面翻坠至崖下；客车坠崖后车头猛烈撞击地面，冲击力造成乘客向前翻倒，由于客车座椅与车身连接强度不足，事故发生时70%的座椅发生脱落，砸压车内乘客，进一步加重了事故伤亡后果。

事故发生的间接原因主要有：

(1)建设单位违反公路工程质量管理相关规定，在事故路段改建过程中未按设计文件设置安全防护设施，“打非治违”工作开展不力，在项目招投标时，未将已批复设计文件中的安全防护设施等项目工程纳入招标范围，也未通过规定程序进行设计变更，在包括安全防护设施等工程项目未按设计施工的情况下申请项目整体竣工验收，造成淳卜路安全防护设施缺失，安全防护能力不足。

(2)相关部门监督管理单位违反公路工程质量管理相关规定，对淳卜路改建工程验收及质量监督工作履职不到位，包括违规组织淳卜路改建工程验收工作，在设计文件中安全防护设施等工程项目未建设的情况下，出具《淳化县城关至卜家公路改建工程竣工验收鉴定书》；对淳卜路改建工程质量监督不到位，未发现建设施工违反设计文件、安全防护设施缺失的问题。

事故调查报告建议，对7名参与淳卜路改建工程建设管理、招投标、设计变更、验收等相关工作的公务人员给予党纪、政纪处分。

第十四章　建设单位的安全行为

本章的主要任务是通过分析事故典型案例，找出建设单位在管理方面的共性问题，分析问题产生的原因以及所涉及的法律法规，吸取教训，并提出相关建议。

第一节　法律问题及分析

建设单位在工期管理、设计管理、合同管理、安全管理等方面工作不到位是导致公路水运工程建设事故发生的重要原因。因此，分析建设单位在公路水运工程建设项目工期管理、设计管理、合同管理、安全管理等方面存在的问题，明确相关法律责任，对预防和减少公路水运工程建设事故具有重要意义。

一、项目工期管理

法律规定

●行政法规

《建设工程质量管理条例》第十条　建设工程发包单位不得迫使承包方以低于成本的价格竞标，不得任意压缩合理工期。建设单位不得明示或者暗示设计单位或者施工单位违反工程建设强制性标准，降低建设工程质量。

◆部门规章

《公路建设监督管理办法》第十九条　公路建设项目法人应当承担公路建设相关责任和义务，对建设项目质量、投资和工期负责公路建设项目法人必须依法开展招标活动，不得接受投标人低于成本价的投标，不得随意压缩建设工期，禁止指定分包和指定采购。

《公路建设市场管理办法》第三十三条　公路建设项目法人应当合理确定建设工期，严格按照合同工期组织项目建设。项目法人不得随意要求更改合同工期。如遇特殊情况，确需缩短合同工期的，经合同双方协商一致，可以缩短合同工期，但应当采取措施，确保工程质量，并按照合同规定给予经济补偿。

法律责任

●行政法规

《建设工程质量管理条例》第五十六条　违反本条例规定，建设单位有下列行为之一的，责令改正，处20万元以上50万元以下的罚款：

（一）迫使承包方以低于成本的价格竞标的；

（二）任意压缩合理工期的；

（三）明示或者暗示设计单位或者施工单位违反工程建设强制性标准，降低工程质量的；

（四）施工图设计文件未经审查或者审查不合格，擅自施工的；

（五）建设项目必须实行工程监理而未实行工程监理的；

（六）未按照国家规定办理工程质量监督手续的；

（七）明示或者暗示施工单位使用不合格的建筑材料、建筑构配件和设备的；

（八）未按照国家规定将竣工验收报告、有关认可文件或者准许使用文件报送备案的。

◆部门规章

《公路建设监督管理办法》第四十一条　违反本办法第十九条规定，项目法人指定分包和指定采购，随意压缩工期，侵犯他人合法权益的，责令限期改正，可处20万元以上50万元以下的罚款；造成严重后果的，对全部或部分使用财政性资金的项目，可暂停项目执行或暂缓资金拨付。

案例分析

《建设工程质量管理条例》和《公路建设监督管理办法》规定，**建设工程发包单位不得迫使承包方以低于成本的价格竞标，不得任意压缩合理工期**；《公路建设市场管理办法》规定，**公路建设项目法人应当合理确定建设工期，严格按照合同工期组织项目建设。项目法人不得随意要求更改合同工期。如遇特殊情况，确需缩短合同工期的，经合同双方协商一致，可以缩短合同工期，但应当采取措施，确保工程质量，并按照合同规定给予经济补偿**。湖南凤凰县堤溪沱江大桥“8·13”特别重大坍塌事故（案例3-2）调查认定，为向“州庆”50周年献礼，建设单位盲目倒排工期赶进度，压缩合理工期。上述行为说明，建设单位未履行《建设工程质量管理条例》和《公路建设监督管理办法》规定的**不得任意压缩工期的职责**。如果事故发生在当前，还违反了《公路建设市场管理办法》的相关规定。依据《建设工程质量管理条例》《公路建设监督管理办法》等，以及其他违法行为违反的法律法规情况，事

故调查报告建议，给予建设单位罚款的行政处罚。

二、项目设计管理

法律规定

◆部门规章

《公路工程设计变更管理办法》第四条　公路工程设计变更应当符合国家有关公路工程强制性标准和技术规范的要求，符合公路工程质量和使用功能的要求，符合环境保护的要求。

《公路工程设计变更管理办法》第六条　公路工程重大、较大设计变更实行审批制。

公路工程重大、较大设计变更，属于对设计文件内容作重大修改，应当按照本办法规定的程序进行审批。未经审查批准的设计变更不得实施。

任何单位或者个人不得违反本办法规定擅自变更已经批准的公路工程初步设计、技术设计和施工图设计文件。不得肢解设计变更规避审批。

经批准的设计变更一般不得再次变更。

《公路工程设计变更管理办法》第十三条　设计变更文件完成后，项目法人应当组织对设计变更文件进行审查。

一般设计变更文件由项目法人审查确认后决定是否实施。项目法人应当在15日内完成审查确认工作。

重大及较大设计变更文件经项目法人审查确认后报省级交通主管部门审查。其中，重大设计变更文件由省级交通主管部门审查后报交通部批准；较大设计变更文件由省级交通主管部门批准，并报交通部备案。若设计变更与可行性研究报告批复内容不一致，应征得原可行性研究报告批复部门的同意。

法律责任

◆部门规章

《公路工程设计变更管理办法》第二十四条　项目法人有以下行为之一的，交通主管部门责令改正；情节严重的，对全部或者部分使用国有资金的项目，暂停项目执行。构成犯罪的，依法追究刑事责任：

（一）不按照规定权限、条件和程序审查、报批公路工程设计变更文件的；

（二）将公路工程设计变更肢解规避审批的；

（三）未经审查批准或者审查不合格，擅自实施设计变更的。

案例分析

《公路工程设计变更管理办法》规定，**公路工程重大、较大设计变更实行审批制。公路工程重大、较大设计变更，属于对设计文件内容作重大修改，应当按照本办法规定的程序进行审批。未经审查批准的设计变更不得实施。任何单位或者个人不得违反本办法规定擅自变更已经批准的公路工程初步设计、技术设计和施工图设计文件。不得肢解设计变更规避审批**。陕西咸阳"5·15"特别重大道路交通事故（案例3-7）调查认定，按照淳卜路2007年改建工程设计文件，K1+365m至K1+460m应设置钢筋混凝土城垛式防撞墙，但施工时未实施，也未通过规定程序进行设计变更。调查认定，相关交通运输主管部门作为2007年淳卜路改建工程的建设单位，在项目招投标时未将已批复设计文件中的安全防护设施等项目工程纳入招标范围，未通过规定程序进行设计变更，在包括安全防护设施等工程项目未按设计施工的情况下申请项目整体竣工验收。上述行为说明，建设单位未履行《公路工程设计变更管理办法》规定的**公路工程重大、较大设计变更审批制**。依据《公路工程设计变更管理办法》等，以及其他违法违规行为所依据的法律法规，事故调查报告建议，给予建设单位主要负责人行政处分。

湖南凤凰县堤溪沱江大桥"8·13"特别重大坍塌事故（案例3-2）调查认定，建设单位未经设计单位同意，擅自与施工单位变更原主拱圈设计施工方案，违反了《公路工程设计变更管理办法》规定的**公路工程重大、较大设计变更审批制**。依据《公路工程设计变更管理办法》，以及其他违法违规行为所依据的法律法规，事故调查报告建议，追究建设单位总经理、副总经理兼总工程师刑事责任。

三、项目合同管理

法律规定

◆部门规章

《公路建设市场管理办法》第三十八条　施工单位可以将非关键性工程或者适合专业化队伍施工的工程分包给具有相应资格条件的单位，并对分包工程负连带责任。允许分包的工程范围应当在招标文件中规定。分包工程不得再次分包，严禁转包。

任何单位和个人不得违反规定指定分包、指定采购或者分割工程。

项目法人应当加强对施工单位工程分包的管理，所有分包合同须经监理审查，并报项目法人备案。

法律责任

●行政法规

《生产安全事故报告和调查处理条例》第三十七条　事故发生单位对事故发生负有责任的，依照下列规定处以罚款：

（一）发生一般事故的，处10万元以上20万元以下的罚款；

（二）发生较大事故的，处20万元以上50万元以下的罚款；

（三）发生重大事故的，处50万元以上200万元以下的罚款；

（四）发生特别重大事故的，处200万元以上500万元以下的罚款。

案例分析

《公路建设市场管理办法》规定，**项目法人应当加强对施工单位工程分包的管理，所有分包合同须经监理审查，并报项目法人备案。**

广东广深沿江高速公路第3合同段工程"6·14"较大淹溺事故（案例3-3）调查认定，施工总承包单位广东省某公路工程有限公司，将四项分部工程分包给不具有相应资质的某公司，属于违法分包，且已实施工程施工半年多。建设单位的项目代建单位没有发现施工单位的上述违法违规行为，且未及时制止，存在管理失察。上述行为说明建设单位的代建单位履行《公路建设市场管理办法》规定的**加强对施工单位工程分包的管理职责**不到位。依据相关法律法规，事故调查报告建议对建设单位的项目代建单位责令立即整改，加强工程分包管理，确保安全生产管理责任和措施落实到位。

四川都汶高速公路董家山隧道工程"12·22"特别重大瓦斯爆炸事故（案例3-1）调查认定，项目法人对施工单位违规分包问题未能加以纠正，说明项目法人履行《公路建设市场管理办法》规定的**加强对施工单位工程分包的管理职责**不到位，间接导致事故发生。依据相关法律法规，以及其他违法违规行为所依据的法律法规，事故调查报告建议，给予项目法人四川某公司经理、党总支书记徐某行政降级、党内警告处分，给予公司副总经理兰某行政降级、党内严重警告处分，给予公司都江堰业主代表处处长何某、工程师邓某行政降级、党内严重警告处分。

湖南炎汝高速公路八面山隧道"5·19"重大爆炸事故（案例3-4）调查认定，建设单位对施工单位将承接的炎汝高速公路13号标段工程违法分包行为失察，说明建设单位履行《公路建设市场管理办法》规定的**加强对施工单位工程分包的管理职责**不到位。依据《生产安全事故报告和调查处理条例》，以及其他违法违规行为所依据的法律法规，事故调查报告建议，给予建设单位罚款的行政处罚。

四、项目安全管理

法律规定

★法律

《中华人民共和国安全生产法》(以下简称《安全生产法》)第二十二条　生产经营单位的安全生产管理机构以及安全生产管理人员履行下列职责:

(一)组织或者参与拟订本单位安全生产规章制度、操作规程和生产安全事故应急救援预案;

(二)组织或者参与本单位安全生产教育和培训,如实记录安全生产教育和培训情况;

(三)督促落实本单位重大危险源的安全管理措施;

(四)组织或者参与本单位应急救援演练;

(五)检查本单位的安全生产状况,及时排查生产安全事故隐患,提出改进安全生产管理的建议;

(六)制止和纠正违章指挥、强令冒险作业、违反操作规程的行为;

(七)督促落实本单位安全生产整改措施。

《安全生产法》第三十八条第一款　生产经营单位应当建立健全生产安全事故隐患排查治理制度,采取技术、管理措施,及时发现并消除事故隐患。事故隐患排查治理情况应当如实记录,并向从业人员通报。

《安全生产法》第四十三条　生产经营单位的安全生产管理人员应当根据本单位的生产经营特点,对安全生产状况进行经常性检查;对检查中发现的安全问题,应当立即处理;不能处理的,应当及时报告本单位有关负责人,有关负责人应当及时处理。检查及处理情况应当如实记录在案。生产经营单位的安全生产管理人员在检查中发现重大事故隐患,依照前款规定向本单位有关负责人报告,有关负责人不及时处理的,安全生产管理人员可以向主管的负有安全生产监督管理职责的部门报告,接到报告的部门应当依法及时处理。

法律责任

★法律

《安全生产法》第九十八条　生产经营单位有下列行为之一的,责令限期改正,可以处十万元以下的罚款;逾期未改正的,责令停产停业整顿,并处十万元以上二十万元以下的罚款,对其直接负责的主管人员和其他直接责任人员处二万元以上五万元以下的罚款;构成犯罪的,依照刑法有关规定追究刑事责任:

（一）生产、经营、运输、储存、使用危险物品或者处置废弃危险物品，未建立专门安全管理制度、未采取可靠的安全措施的；

（二）对重大危险源未登记建档，或者未进行评估、监控，或者未制定应急预案的；

（三）进行爆破、吊装以及国务院安全生产监督管理部门会同国务院有关部门规定的其他危险作业，未安排专门人员进行现场安全管理的；

（四）未建立事故隐患排查治理制度的。

《安全生产法》第九十九条　生产经营单位未采取措施消除事故隐患的，责令立即消除或者限期消除；生产经营单位拒不执行的，责令停产停业整顿，并处十万元以上五十万元以下的罚款，对其直接负责的主管人员和其他直接责任人员处二万元以上五万元以下的罚款。

《安全生产法》第一百零九条　发生生产安全事故，对负有责任的生产经营单位除要求其依法承担相应的赔偿等责任外，由安全生产监督管理部门依照下列规定处以罚款：

（一）发生一般事故的，处二十万元以上五十万元以下的罚款；

（二）发生较大事故的，处五十万元以上一百万元以下的罚款；

（三）发生重大事故的，处一百万元以上五百万元以下的罚款；

（四）发生特别重大事故的，处五百万元以上一千万元以下的罚款；情节特别严重的，处一千万元以上二千万元以下的罚款。

案例分析

《安全生产法》规定，**生产经营单位应当建立健全生产安全事故隐患排查治理制度，采取技术、管理措施，及时发现并消除事故隐患**。四川都汶高速公路董家山隧道工程“12·22”特别重大瓦斯爆炸事故（案例3-1）调查认定，建设单位没有及时采取有效措施，解决董家山隧道施工中出现的瓦斯隐患问题。湖南炎汝高速公路八面山隧道“5·19”重大爆炸事故（案例3-4）调查认定，建设单位在2010年11月4日至9日组织的施工安全考核时，发现了施工标段存在民爆物品管理混乱的问题，没有采取有效的措施督促纠正；未认真督促施工单位落实爆破物品管理规定，约谈企业法人代表后对施工过程中发现的安全、质量、进度等问题的督促整改工作落实不力。这两个案件都暴露了隐患排查治理方面存在的问题。2014年之前的《安全生产法》没有专门的隐患排查规定，而2014年修订后的《安全生产法》增加了这方面的条款。建设单位应当在今后的建设管理中注重落实隐患排查治理制度。如果该类行为发生在当前，建设单位（当生产经营单位为建设单位时）未履行《安全生产法》规定的**建立健全生产安全事故隐患排查治理制度，及时发现并消**

除事故隐患的职责，应当依据《安全生产法》等规定追究建设单位的责任。

第二节　启　示

一、合理安排工期

工期短、造价低、质量好是建设项目追求的目标。缩短建设工期，可以增加项目投资收益，还可以争取更多的建设项目。因此，缩短工期，体现业主绩效往往成为建设单位突出关心的问题，也因此出现了一些不切实际、盲目求快的现象。然而，要确保工程质量，就必须“养生、沉降、成形”等待时间。根据客观规律确定合理的建设工期具有重要意义。

建设单位应当制定科学合理的工期目标，建立切实可行的工期管理制度，严格按照项目建设程序和合同工期组织项目建设，加强从业人员工期管理教育，严禁随意压缩工期。

二、规范设计变更

建筑工程施工中，施工单位经常遇到建设单位擅自修改、变更设计图纸的情况。这种情况令施工单位左右为难：同意变更，不符合建设程序，竣工后质量监督站及设计单位会有异议，影响验收；拒绝变更，则不好处理同建设单位的合作关系。建设单位要遵守基本建设程序，只能由设计单位出具变更通知单后变更设计图纸。不可直接向施工单位发变更通知。理由如下：第一，建筑结构的安全可靠性由设计单位负责，如果擅自变更，可能会影响到结构可靠性。第二，整体方案已由设计单位全面考虑，如擅自变更，会影响到整体质量。第三，工程结算及技术资料的整理只能以设计单位的变更通知单为准。第四，擅自变更削弱了设计图纸的严肃性。

建设单位确需设计变更的，应当与设计单位沟通协商，在符合国家有关公路工程强制性标准和技术规范要求、符合公路工程质量和使用功能要求、符合环境保护要求的基础上，按照《公路工程设计变更管理办法》的规定履行审批手续。公路建设单位从业人员应当熟悉、尊重并严格执行有关工程设计变更的法律法规规定。

三、加强合同管理

建筑工程合同属于经济合同，是承、发包双方为实现工程建设目标，明确相互责任、权利、义务关系的协议。合同是工程实施过程中双方的最高行为准则，也是双方争执判定的依据。现代的工程项目越来越大，所涉及的方面和关系也越来越

多，越来越复杂，这就使合同的作用越来越重要。虽然我们国家出台了一系列的法规来强调要按合同来管理项目、来规范合同的管理，但在实际操作中，合同的作用还未受到人们的广泛重视，且管理水平也相对较低，远没有达到合同应起到的效果。

目前，总承包商和专业分包商之间以及各分包商之间经常因合同界面不清，责、权、利不明确，而互相推诿，影响工程建设的顺利进行；有的承包商将工程非法转包给一些没有资质的施工队伍。这些承包商缺乏对承包工程的基本控制步骤和监督手段，进而对工程进度、质量造成严重影响。

因此，建设单位应当加强对施工单位专业分包合同、劳务分包合同的监督管理，严格审查分包人企业法人营业执照、企业资质、安全生产许可证等主体资格及实际能力等条件；如发现违法分包行为，应当按合同相关规定处罚。

四、加强安全管理

建设单位在贯彻落实安全生产责任制、建立健全安全生产规章制度上需要做大量工作。建设单位应当针对工程特点、技术规范等要求制定安全检查标准和安全管理奖惩制度；审查施工单位制定的专业施工方案和应急预案；定期和不定期地组织各方参与安全检查，并编制检查结果报告；收集监理、施工单位的安全管理资料，了解现场安全管理现状，督促施工单位落实安全管理制度；按合同条款检查施工单位安全投入情况。工程现场应配备安全管理经验丰富的专职安全生产管理人员。

五、督促隐患整改

建设单位应当明确各参建单位施工现场安全隐患排查、治理的职责，建立安全生产隐患排查、治理制度，及时消除安全隐患。在巡查和督查中，应当根据不同气候条件、工程施工特点，强调下一步安全生产监控重点和施工安全注意事项。对暂时不能完成整改的安全隐患或者重大安全隐患，应下发书面整改要求，要求施工单位在规定的期限内整改完成，指定工程项目管理部或监理单位专人盯守，跟踪落实整改，全程留痕，并通报相关领导，根据整改情况，及时组织复查，直至安全隐患整改完成，遏制重特大事故的发生。

第十五章　勘察设计单位的安全行为

本章的主要任务是通过分析事故典型案例，找出勘察设计单位在工作中存在的共性问题，分析问题产生的原因以及所涉及的法律法规，吸取教训，并提出有针对性的建议，促进公路水运工程建设安全、有序、健康发展。

第一节　法律问题及分析

勘察设计单位在勘察设计质量管理、分包等方面工作不到位是导致公路水运工程建设事故发生的重要原因。因此，分析公路水运工程建设项目中，勘察设计单位在勘察设计质量管理、分包等方面存在的问题，明确相关法律责任，对预防和减少公路水运工程建设事故具有重要意义。

一、勘察设计质量管理

法律规定

●行政法规

《建设工程质量管理条例》第十九条　勘察、设计单位必须按照工程建设强制性标准进行勘察、设计，并对其勘察、设计的质量负责。

《建设工程质量管理条例》第二十一条　设计单位应当根据勘察成果文件进行建设工程设计。设计文件应当符合国家规定的设计深度要求，注明工程合理使用年限。

《建设工程质量管理条例》第二十三条　设计单位应当就审查合格的施工图设计文件向施工单位作出详细说明。

《建设工程安全生产管理条例》第十三条　设计单位应当按照法律、法规和工程建设强制性标准进行设计，防止因设计不合理导致生产安全事故的发生。设计单位应当考虑施工安全操作和防护的需要，对涉及施工安全的重点部位和环节在设计文件中注明，并对防范生产安全事故提出指导意见。采用新结构、新材料、新工艺的建设工程和特殊结构的建设工程，设计单位应当在设计中提出保障施工作业人员安全和预防生产安全事故的措施建议。设计单位和注册建筑师等注册执业

人员应当对其设计负责。

《建设工程勘察设计管理条例》第三十条　建设工程勘察、设计单位应当在建设工程施工前,向施工单位和监理单位说明建设工程勘察、设计意图,解释建设工程勘察、设计文件。

建设工程勘察、设计单位应当及时解决施工中出现的勘察、设计问题。

◆部门规章

《公路水运工程安全生产监督管理办法》第三十条　设计单位应当按照法律、法规、规章、工程建设强制性标准和合同文件进行设计,防止因设计不合理导致生产安全事故的发生。

设计单位应当考虑施工安全操作和防护的需要,对涉及施工安全的重点部位和环节在设计文件中加以注明,提出安全防范意见。依据设计风险评估结论,对存在较高安全风险的工程部位还应当增加专项设计,并组织专家进行论证。

采用新结构、新工艺、新材料的工程和特殊结构工程,设计单位应当在设计文件中提出保障施工作业人员安全和预防生产安全事故的措施建议。

设计单位和设计人员应当对其设计负责,并按合同要求做好安全技术交底和现场服务。

《公路建设市场管理办法》第二十八条　公路建设从业单位应当按照合同约定全面履行义务:

(二)勘察、设计单位应当按照合同约定,按期提供勘察设计资料和设计文件。工程实施过程中,应当按照合同约定派驻设计代表,提供设计后续服务。

法律责任

●行政法规

《建设工程质量管理条例》第六十三条　违反本条例规定,有下列行为之一的,责令改正,处10万元以上30万元以下的罚款:

(一)勘察单位未按照工程建设强制性标准进行勘察的;

(二)设计单位未根据勘察成果文件进行工程设计的;

(三)设计单位指定建筑材料、建筑构配件的生产厂、供应商的;

(四)设计单位未按照工程建设强制性标准进行设计的。

有前款所列行为,造成工程质量事故的,责令停业整顿,降低资质等级;情节严重的,吊销资质证书;造成损失的,依法承担赔偿责任。

《建设工程质量管理条例》第七十四条　建设单位、设计单位、施工单位、工程监理单位违反国家规定,降低工程质量标准,造成重大安全事故,构成犯罪的,对直接责任人员依法追究刑事责任。

《建设工程勘察设计管理条例》第四十条　违反本条例规定，勘察、设计单位未依据项目批准文件，城乡规划及专业规划，国家规定的建设工程勘察、设计深度要求编制建设工程勘察、设计文件的，责令限期改正；逾期不改正的，处10万元以上30万元以下的罚款；造成工程质量事故或者环境污染和生态破坏的，责令停业整顿，降低资质等级；情节严重的，吊销资质证书；造成损失的，依法承担赔偿责任。

《建设工程安全生产管理条例》第五十六条　违反本条例的规定，勘察单位、设计单位有下列行为之一的，责令限期改正，处10万元以上30万元以下的罚款；情节严重的，责令停业整顿，降低资质等级，直至吊销资质证书；造成重大安全事故，构成犯罪的，对直接责任人员，依照刑法有关规定追究刑事责任；造成损失的，依法承担赔偿责任：

（一）未按照法律、法规和工程建设强制性标准进行勘察、设计的；

（二）采用新结构、新材料、新工艺的建设工程和特殊结构的建设工程，设计单位未在设计中提出保障施工作业人员安全和预防生产安全事故的措施建议的。

◆部门规章

《公路建设监督管理办法》第四十五条　违反本办法第二十五条规定，公路建设从业单位忽视工程质量和安全管理，造成质量或安全事故的，对项目法人给予警告、限期整改，情节严重的，暂停资金拨付；对勘察、设计、施工和监理等单位视情节轻重给予警告、取消其2年至5年内参加依法必须进行招标项目的投标资格的处罚；对情节严重的监理单位，还可给予责令停业整顿、降低资质等级和吊销资质证书的处罚。

案例分析

（1）《建设工程质量管理条例》规定，**勘察、设计单位必须按照工程建设强制性标准进行勘察、设计，并对其勘察、设计的质量负责；设计单位应当根据勘察成果文件进行建设工程设计，设计文件应当符合国家规定的设计深度要求，注明工程合理使用年限；**《建设工程安全生产管理条例》规定，**设计单位应当按照法律、法规和工程建设强制性标准进行设计；**《建设工程质量管理条例》规定，**设计单位应当就审查合格的施工图设计文件向施工单位作出详细说明；**《公路建设市场管理办法》规定，**勘察、设计单位应当按照合同约定，按期提供勘察设计资料和设计文件。工程实施过程中，应当按照合同约定派驻设计代表，提供设计后续服务。**

湖南凤凰县堤溪沱江大桥“8·13”特别重大坍塌事故（案例3-2）调查认定，勘察设计单位前期勘察工作不细，地质勘察设计深度不够，违反了《建设工程质量管

理条例》规定的**按照工程建设强制性标准进行勘察设计以及根据勘察成果文件进行建设工程设计、设计文件应当符合国家规定的设计深度要求等职责**，违反了《建设工程安全生产管理条例》规定的**按照法律、法规和工程建设强制性标准进行设计等职责**；设计交底不到位，违反了《建设工程质量管理条例》规定的**就审查合格的施工图设计文件向施工单位作出详细说明等职责**；现场服务不到位，违反了《公路建设市场管理办法》规定的**按照合同约定派驻设计代表，提供设计后续服务等职责**。依据《建设工程质量管理条例》《公路建设监督管理办法》等规定，以及其他违法行为所依据的法律法规，事故调查报告建议，给予勘察设计单位所长武某、副所长李某行政记大过、党内警告处分。

(2)《建设工程勘察设计管理条例》规定，**建设工程勘察设计单位应当及时解决施工中出现的勘察和设计问题**；《公路工程质量管理办法》规定，**勘察设计单位应在施工现场设立代表或派驻设计代表，随时掌握工现场情况，解决设计的有关问题**。

四川都汶高速公路董家山隧道工程"12·22"特别重大瓦斯爆炸事故(案例3-1)调查认定，勘察设计单位对涉及施工安全的瓦斯异常涌出认识不足，在施工现场技术服务中对瓦斯异常涌出的防范措施不到位，特别是在右洞施工处于预测的高瓦斯工区和发生塌方的情况下，没有充分考虑瓦斯异常涌出情况和瓦斯涌出后可能造成的危害，未能及时商有关单位提请修改原设计，提高瓦斯设防等级。上述行为说明，勘察设计单位未有效履行《建设工程勘察设计管理条例》规定的**及时解决施工中出现的勘察和设计问题**，《公路工程质量管理办法》规定的**应在施工现场设立代表或派驻设计代表，随时掌握工现场情况，解决设计的有关问题等职责**。依据《公路建设监督管理办法》等规定，以及其他违法违规行为所依据的法律法规，事故调查报告建议，给予勘察设计单位副主任工程师王某行政降级处分、给予勘察设计单位行政处罚。

二、勘察设计分包

法律规定

●行政法规

《建设工程质量管理条例》第十八条　从事建设工程勘察、设计的单位应当依法取得相应等级的资质证书，并在其资质等级许可的范围内承揽工程。禁止勘察、设计单位超越其资质等级许可的范围或者以其他勘察、设计单位的名义承揽工程。禁止勘察、设计单位允许其他单位或者个人以本单位的名义承揽工程。勘察、设计单位不得转包或者违法分包所承揽的工程。

《建设工程勘察设计管理条例》第十九条　除建设工程主体部分的勘察、设计外，经发包方书面同意，承包方可以将建设工程其他部分的勘察、设计再分包给其他具有相应资质等级的建设工程勘察、设计单位。

《建设工程勘察设计管理条例》第二十条　建设工程勘察、设计单位不得将所承揽的建设工程勘察、设计转包。

◆部门规章

《公路建设市场管理办法》第三十七条　勘察、设计单位经项目法人批准，可以将工程设计中跨专业或者有特殊要求的勘察、设计工作委托给有相应资质条件的单位，但不得转包或者二次分包。

监理工作不得分包或者转包。

《公路建设监督管理办法》第二十条　公路建设从业单位应当依法取得公路工程资质证书并按照资质管理有关规定，在其核定的业务范围内承揽工程，禁止无证或越级承揽工程。公路建设从业单位必须按合同规定履行其义务，禁止转包或违法分包。

法律责任

●行政法规

《建设工程质量管理条例》第六十二条　违反本条例规定，承包单位将承包的工程转包或者违法分包的，责令改正，没收违法所得，对勘察、设计单位处合同约定的勘察费、设计费25%以上50%以下的罚款；对施工单位处工程合同价款0.5%以上1%以下的罚款；可以责令停业整顿，降低资质等级；情节严重的，吊销资质证书。

◆部门规章

《公路建设监督管理办法》第四十二条　违反本办法第二十条规定，承包单位弄虚作假、无证或越级承揽工程任务的，责令停止违法行为，对勘察、设计单位或工程监理单位处合同约定的勘察费、设计费或监理酬金1倍以上2倍以下的罚款；对施工单位处工程合同价款2%以上4%以下的罚款，可以责令停业整顿，降低资质等级；情节严重的，吊销资质证书；有违法所得的，予以没收。承包单位转包或违法分包工程的，责令改正，没收违法所得，对勘察、设计、监理单位处合同约定的勘察费、设计费、监理酬金的25%以上50%以下的罚款；对施工单位处工程合同价款0.5%以上1%以下的罚款。

《公路建设市场管理办法》第五十四条　违反本办法规定，承包单位将承包的

工程转包或者违法分包的,责令改正,没收违法所得,对勘察、设计单位处合同约定的勘察费、设计费25%以上50%以下的罚款;对施工单位处工程合同价款5‰以上10‰以下的罚款;可以责令停业整顿,降低资质等级;情节严重的,吊销资质证书。

工程监理单位转让工程监理业务的,责令改正,没收违法所得,处合同约定的监理酬金25%以上50%以下的罚款;可以责令停业整顿,降低资质等级;情节严重的,吊销资质证书。

案例分析

《建设工程质量管理条例》规定,**勘察、设计单位不得转包或者违法分包所承揽的工程**。湖南凤凰县堤溪沱江大桥"8·13"特别重大坍塌事故(案例3-2)调查认定,勘察设计单位违规将勘察项目分包给个人,违反了《建设工程质量管理条例》规定的**不得转包或者违法分包所承揽的工程的职责**,依据《建设工程质量管理条例》《公路建设市场管理办法》等规定,以及其他违法违规行为所依据的法律法规,事故调查报告建议,给予勘察设计单位所长武某、副所长李某行政记大过、党内警告处分。

第二节 启 示

一、强化勘察设计质量管理

工程勘察设计是工程项目建设的首要工作,是保证建设工程质量的关键环节,勘察设计质量的高低直接影响着建设工程项目的社会效益和投资效益,关系到人民生命和财产安全。工程勘察设计单位作为工程建设质量主体的参与方,是工程勘察、设计质量的第一责任人,也是工程质量管理的主要关口,工程勘察设计单位的质量管理对于工程项目质量起着前瞻性、决定性的作用。

工程勘察设计单位应当依据有关法律法规、工程建设强制性标准和勘察设计合同、项目批准文件、设计深度要求,组织开展勘察设计工作。勘察设计单位应当建立健全质量保证体系,严格落实勘察设计责任,提高勘察设计成果质量。勘察设计单位应当指派设计人员参加设计会审、施工图技术交底、竣(交)工验收等工作,定期对有代表性或重点的工程设计项目进行回访,总结设计工作经验和存在的问题,并对实际完成主要材料消耗、投资进行技术经济分析研究,不断改进设计工作,提高设计质量。

二、强化勘察设计合同管理

建筑工程设计质量是建筑工程的灵魂，勘察设计分包是工程勘察设计过程的一部分内容，有质量地完成分包工程对保质保量地完成总包工程有着很大的作用。勘察设计分包是劳动生产率提高和社会分工发展的必然产物，是人们追求市场效率、实现有序竞争的迫切要求。分包工程的管理是一项系统工程，需要企业与项目之间上下联动，使整个管理过程透明化、程序化，形成一套系统的、规范化的操作程序，从而达到合作的双赢，所以，加强对分包过程的管理就显得尤为重要。

勘察设计单位应当加强合同分包管理，严格审查分包单位资质能力、加强分包资格管理，明确责任追究办法，不得转包或者违法分包所承揽的工程。

三、强化技术交底

设计交底是指在施工图完成并经审查合格后，设计单位在设计文件交付施工时，按法律规定的义务，就施工图设计文件向施工单位和监理单位作出详细的说明。设计交底的目的是，使施工单位和监理单位正确贯彻设计意图，加深对设计文件特点、难点、疑点的理解，掌握关键工程部位的质量要求，确保工程质量。设计交底不仅是工程建设中的惯例，而且是法律、法规规定的相关各方的义务。

设计单位在施工图文件交付后，应当根据相关部门的安排，及时向建设单位、监理单位和施工单位进行技术交底，全面、详细地介绍设计内容、技术要求以及施工注意事项等；对技术交底中提出的设计问题应认真逐条落实。

四、强化后续服务

随着国家对公路工程的整体建设质量要求不断提高，勘察设计质量就显得越发重要。一方面是勘察设计文件的质量，一方面是设计后续服务的质量，它们都影响着公路工程的质量。具体说来，勘察设计后续服务工作包括设计代表的委派、施工图纸设计交底、质量问题处理、隐蔽工程及工程竣工验收、变更设计、各方技术交流、设计质量复查及工程设计总结等。工程建设周期的影响、现有勘察技术手段的制约、勘察技术人员的技术水平限制以及责任心不强等因素造成勘察深度不够，勘察资料搜集不完整，加上建设环境的频繁变化等，使得设计创作时存在缺陷甚至错误，需要在施工过程中逐步解决。在设计后续服务里，通过技术交底与图纸会审，能够澄清疑点，消除设计缺陷，避免错、漏、碰、缺，使设计图纸更加符合有关规范要求，更能保证工程建设质量、控制工程造价，提高工程投资效益。

勘察设计项目负责人应当组织相关勘察设计人员及时解决后续工作中与勘察设计有关的问题;参加工程竣(交)工验收,认真核对相关验收文件;参与相关工程质量安全事故分析,并对因勘察设计原因造成的质量安全事故,提出有关技术处理措施。

第十六章　施工单位的安全行为

本章的主要任务是通过分析事故典型案例,找出施工单位在工作中存在的共性问题,分析问题产生的原因以及所涉及的法律法规,吸取教训,并提出有针对性的建议,促进公路水运工程建设行业安全、有序、健康发展。

第一节　法律问题及分析

施工单位在安全教育培训、工程分包、现场安全管理、隐患排查治理、特种设备管理等方面工作不到位是导致公路水运工程建设事故发生的重要原因。因此,分析施工单位在安全教育培训、工程分包、现场安全管理、隐患排查治理、特种设备管理等方面存在的问题,明确相关法律责任,对预防和减少公路水运工程建设事故具有重要意义。

一、工程分包

法律规定

★法律

《中华人民共和国招标投标法》(以下简称《招标投标法》)第四十八条　中标人应当按照合同约定履行义务,完成中标项目。中标人不得向他人转让中标项目,也不得将中标项目肢解后分别向他人转让。

中标人按照合同约定或者经招标人同意,可以将中标项目的部分非主体、非关键性工作分包给他人完成。接受分包的人应当具备相应的资格条件,并不得再次分包。

中标人应当就分包项目向招标人负责,接受分包的人就分包项目承担连带责任。

●行政法规

《建设工程质量管理条例》第二十五条　施工单位应当依法取得相应等级的资质证书,并在其资质等级许可的范围内承揽工程。

禁止施工单位超越本单位资质等级许可的业务范围或者以其他施工单位的名义承揽工程。禁止施工单位允许其他单位或者个人以本单位的名义承揽工程。

施工单位不得转包或者违法分包工程。

《建设工程安全生产管理条例》第二十四条　建设工程实行施工总承包的，由总承包单位对施工现场的安全生产负总责。总承包单位应当自行完成建设工程主体结构的施工。总承包单位依法将建设工程分包给其他单位的，分包合同中应当明确各自的安全生产方面的权利、义务。总承包单位和分包单位对分包工程的安全生产承担连带责任。分包单位应当服从总承包单位的安全生产管理，分包单位不服从管理导致生产安全事故的，由分包单位承担主要责任。

◆部门规章

《公路水运工程安全生产监督管理办法》第三十四条第二款　建设工程实行施工总承包的，由总承包单位对施工现场的安全生产负总责。分包单位应当服从总承包单位的安全生产管理，分包单位不服从管理导致生产安全事故的，由分包单位承担主要责任。

《公路建设市场管理办法》第三十八条　施工单位可以将非关键性工程或者适合专业化队伍施工的工程分包给具有相应资格条件的单位，并对分包工程负连带责任。允许分包的工程范围应当在招标文件中规定。分包工程不得再次分包，严禁转包。

任何单位和个人不得违反规定指定分包、指定采购或者分割工程。

项目法人应当加强对施工单位工程分包的管理，所有分包合同须经监理审查，并报项目法人备案。

《公路建设监督管理办法》第二十条　公路建设从业单位应当依法取得公路工程资质证书并按照资质管理有关规定，在其核定的业务范围内承揽工程，禁止无证或越级承揽工程。公路建设从业单位必须按合同规定履行其义务，禁止转包或违法分包。

法律责任

★法律

《招标投标法》第五十八条　中标人将中标项目转让给他人的，将中标项目肢解后分别转让给他人的，违反本法规定将中标项目的部分主体、关键性工作分包给他人的，或者分包人再次分包的，转让、分包无效，处转让、分包项目金额千分之五以上千分之十以下的罚款；有违法所得的，并处没收违法所得；可以责令停业整顿；情节严重的，由工商行政管理机关吊销营业执照。

●行政法规

《建筑工程质量管理条例》第六十二条　违反本条例规定，承包单位将承包的工程转包或者违法分包的，责令改正，没收违法所得，对勘察、设计单位处合同约定的勘察费、设计费百分之二十五以上百分之五十以下的罚款；对施工单位处工程合同价款百分之零点五以上百分之一以下的罚款；可以责令停业整顿，降低资质等级；情节严重的，吊销资质证书。

◆部门规章

《公路建设市场管理办法》第五十四条　违反本办法规定，承包单位将承包的工程转包或者违法分包的，责令改正，没收违法所得，对勘察、设计单位处合同约定的勘察费、设计费25%以上50%以下的罚款；对施工单位处工程合同价款5‰以上10‰以下的罚款；可以责令停业整顿，降低资质等级；情节严重的，吊销资质证书。

工程监理单位转让工程监理业务的，责令改正，没收违法所得，处合同约定的监理酬金25%以上50%以下的罚款；可以责令停业整顿，降低资质等级；情节严重的，吊销资质证书。

《公路建设监督管理办法》第四十二条　违反本办法第二十条规定，承包单位弄虚作假、无证或越级承揽工程任务的，责令停止违法行为，对勘察、设计单位或工程监理单位处合同约定的勘察费、设计费或监理酬金1倍以上2倍以下的罚款；对施工单位处工程合同价款2%以上4%以下的罚款，可以责令停业整顿，降低资质等级；情节严重的，吊销资质证书；有违法所得的，予以没收。承包单位转包或违法分包工程的，责令改正，没收违法所得，对勘察、设计、监理单位处合同约定的勘察费、设计费、监理酬金的25%以上50%以下的罚款；对施工单位处工程合同价款0.5%以上1%以下的罚款。

案例分析

《招标投标法》规定，**接受分包的人应当具备相应的资格条件；中标人应当就分包项目向招标人负责，接受分包的人就分包项目承担连带责任**；《建设工程质量管理条例》规定，**施工单位不得违法分包工程，总承包单位和分包单位对分包工程的安全生产承担连带责任**。广东广深沿江高速公路第3合同段工程“6·14”较大淹溺事故（案例3-1）调查认定，施工单位违反有关法规规定，明知实际某公司不具有劳务分包资质，仍将预制箱梁吊装工程分包给该公司。湖南炎汝高速公路八面山隧道“5·19”重大爆炸事故（案例3-4）调查认定，施工单位将中标的建设工程违法分包给无资质的公司。两起案例中的施工单位违法分包等事实，严重违反了《招标投标法》规定的**接受分包的人应当具备相应的资格条件**，《建设工程质量管理条

例》规定的**不得违法分包工程要求**。依据《招标投标法》《生产安全事故报告和调查处理条例》《建筑工程质量管理条例》《公路建设市场管理办法》《公路建设监督管理办法》等规定，以及其他违法违规行为所依据的法律法规，事故调查报告建议，对案例 3-3 中的施工单位某公路工程公司处 54 万元罚款，并对劳务分包单位某建筑劳务分包公司处 29.9 万元罚款，并吊销其企业法人营业执照；给予案例 3-4 中的施工单位某公司和劳务分包单位劳务工程公司行政处罚。

二、现场安全管理

法律规定

★法律

《安全生产法》第三十六条第二款　生产经营单位生产、经营、运输、储存、使用危险物品或者处置废弃危险物品，必须执行有关法律、法规和国家标准或者行业标准，建立专门的安全管理制度，采取可靠的安全措施，接受有关主管部门依法实施的监督管理。

《安全生产法》第四十条　生产经营单位进行爆破、吊装以及国务院安全生产监督管理部门会同国务院有关部门规定的其他危险作业，应当安排专门人员进行现场安全管理，确保操作规程的遵守和安全措施的落实。

●行政法规

《建设工程安全生产管理条例》第二十一条　施工单位应当建立健全安全生产责任制度和安全生产教育培训制度，制定安全生产规章制度和操作规程，保证本单位安全生产条件所需资金的投入，对所承担的建设工程进行定期和专项安全检查，并做好安全检查记录。

《建设工程安全生产管理条例》第二十六条　施工单位应当在施工组织设计中编制安全技术措施和施工现场临时用电方案，对下列达到一定规模的危险性较大的分部分项工程编制专项施工方案，并附具安全验算结果，经施工单位技术负责人、总监理工程师签字后实施，由专职安全生产管理人员进行现场监督：

（一）基坑支护与降水工程；

（二）土方开挖工程；

（三）模板工程；

（四）起重吊装工程；

（五）脚手架工程；

（六）拆除、爆破工程；

（七）国务院建设行政主管部门或者其他有关部门规定的其他危险性较大的工程。

对前款所列工程中涉及深基坑、地下暗挖工程、高大模板工程的专项施工方案，施工单位还应当组织专家进行论证、审查。

◆部门规章

《公路水运工程安全生产监督管理办法》第三十四条第一款　施工单位应当按照法律、法规、规章、工程建设强制性标准和合同文件组织施工，保障项目施工安全生产条件，对施工现场的安全生产负主体责任。施工单位主要负责人依法对项目安全生产工作全面负责。

《公路水运工程安全生产监督管理办法》第三十五条　施工单位应当书面明确本单位的项目负责人，代表本单位组织实施项目施工生产。

项目负责人对项目安全生产工作负有下列职责：

（一）建立项目安全生产责任制，实施相应的考核与奖惩；

（二）按规定配足项目专职安全生产管理人员；

（三）结合项目特点，组织制定项目安全生产规章制度和操作规程；

（四）组织制定项目安全生产教育和培训计划；

（五）督促项目安全生产费用的规范使用；

（六）依据风险评估结论，完善施工组织设计和专项施工方案；

（七）建立安全预防控制体系和隐患排查治理体系，督促、检查项目安全生产工作，确认重大事故隐患整改情况；

（八）组织制定本合同段施工专项应急预案和现场处置方案，并定期组织演练；

（九）及时、如实报告生产安全事故并组织自救。

《公路水运工程安全生产监督管理办法》第三十六条　施工单位的专职安全生产管理人员履行下列职责：

（一）组织或者参与拟订本单位安全生产规章制度、操作规程，以及合同段施工专项应急预案和现场处置方案；

（二）组织或者参与本单位安全生产教育和培训，如实记录安全生产教育和培训情况；

（三）督促落实本单位施工安全风险管控措施；

（四）组织或者参与本合同段施工应急救援演练；

（五）检查施工现场安全生产状况，做好检查记录，提出改进安全生产标准化建设的建议；

（六）及时排查、报告安全事故隐患，并督促落实事故隐患治理措施；

（七）制止和纠正违章指挥、违章操作和违反劳动纪律的行为。

《公路水运工程安全生产监督管理办法》第四十一条 施工单位应当按规定开展安全事故隐患排查治理，建立职工参与的工作机制，对隐患排查、登记、治理等全过程闭合管理情况予以记录。事故隐患排查治理情况应当向从业人员通报，重大事故隐患还应当按规定上报和专项治理。

法律责任

★法律

《安全生产法》第九十三条 生产经营单位的安全生产管理人员未履行本法规定的安全生产管理职责的，责令限期改正；导致发生生产安全事故的，暂停或者撤销其与安全生产有关的资格；构成犯罪的，依照刑法有关规定追究刑事责任。

《安全生产法》第九十八条 生产经营单位有下列行为之一的，责令限期改正，可以处十万元以下的罚款；逾期未改正的，责令停产停业整顿，并处十万元以上二十万元以下的罚款，对其直接负责的主管人员和其他直接责任人员处二万元以上五万元以下的罚款；构成犯罪的，依照刑法有关规定追究刑事责任：

（一）生产、经营、运输、储存、使用危险物品或者处置废弃危险物品，未建立专门安全管理制度、未采取可靠的安全措施的；

（三）进行爆破、吊装以及国务院安全生产监督管理部门会同国务院有关部门规定的其他危险作业，未安排专门人员进行现场安全管理的。

●行政法规

《建设工程安全生产管理条例》第六十四条 违反本条例的规定，施工单位有下列行为之一的，责令限期改正；逾期未改正的，责令停业整顿，并处5万元以上10万元以下的罚款；造成重大安全事故，构成犯罪的，对直接责任人员，依照刑法有关规定追究刑事责任：

（一）施工前未对有关安全施工的技术要求作出详细说明的；

（二）未根据不同施工阶段和周围环境及季节、气候的变化，在施工现场采取相应的安全施工措施，或者在城市市区内的建设工程的施工现场未实行封闭围挡的；

（三）在尚未竣工的建筑物内设置员工集体宿舍的；

（四）施工现场临时搭建的建筑物不符合安全使用要求的；

（五）未对因建设工程施工可能造成损害的毗邻建筑物、构筑物和地下管线等采取专项防护措施的。

施工单位有前款规定第（四）项、第（五）项行为，造成损失的，依法承担赔偿责任。

案例分析

(1)《安全生产法》规定，**生产经营单位进行爆破、吊装等危险作业，应当安排专门人员进行现场安全管理，确保操作规程的遵守和安全措施的落实**；《建设工程安全生产管理条例》规定，**施工单位应当对拆除、爆破工程编制专项施工方案，经施工单位技术负责人、总监理工程师签字后实施，由专职安全生产管理人员进行现场监督**；《公路水运工程安全生产监督管理办法》规定，**施工单位应当对下列危险性较大的工程应当编制专项施工方案，由专职安全生产管理人员进行现场监督**。

四川都汶高速公路董家山隧道工程"12·22"特别重大瓦斯爆炸事故(案例3-1)调查认定，瓦斯检查员检查瓦斯未达到规定检查高度，且存在检查次数不符合规定等情况。上述行为说明，施工单位未履行《安全生产法》规定的**现场安全管理、确保遵守操作规程职责不到位**，致使出现从业人员未遵守操作规程的情况，也未履行《建设工程安全生产管理条例》和《公路水运工程安全生产监督管理办法》规定的**现场监督职责**，依据《安全生产法》《刑法》有关规定，以及其他违法违规行为所依据的法律法规规定，将施工单位都汶公路合同段项目经理部，董家山隧道工区负责人兼瓦斯监控小组副组长杜某、瓦斯检查员兼右线隧道瓦斯检查小组组长张某以及专职安全员李某移交司法机关追究刑事责任。

湖南炎汝高速公路八面山隧道"5·19"重大爆炸事故(案例3-4)调查认定，安全生产主体责任不落实，对现场施工安全管控不到位，对施工过程中使用翻斗运输车同车混运起爆器材、炸药、工具和施工人员以及长期将炸药、起爆器材存放于作业现场等违法行为失察。上述行为说明，施工单位未履行《安全生产法》**规定的现场安全管理职责**和《建设工程安全生产管理条例》规定的**现场监督职责**，依据《安全生产法》《刑法》的规定，以及其他违法行为所依据的法律法规规定，对2名隧道现场施工管理员和2名现场施工负责人移交司法机关追究刑事责任。

(2)《安全生产法》规定，**生产经营单位使用危险物品，必须建立专门的安全管理制度，采取可靠的安全措施；生产经营单位进行爆破以及其他危险作业，应当安排专门人员进行现场安全管理，确保操作规程的遵守和安全措施的落实**。

四川成都五洛路1号隧道在建工程"2·24"较大瓦斯爆炸事故(案例3-6)调查认定，施工单位落实《公路隧道施工技术规范》有关规定不到位，未制定并落实严禁人员进入停工停风高瓦斯隧道作业的有效措施，未在隧道洞口外设置针对高瓦斯隧道的有效警示标志，对施工现场未采取有效安全措施。上述行为说明，施工单位未履行《安全生产法》规定的**生产经营单位使用危险物品，必须建立专门的安**

全管理制度，采取可靠的安全措施职责以及生产经营单位进行爆破以及其他危险作业，应当安排专门人员进行现场安全管理，确保操作规程的遵守和安全措施的落实职责。依据《安全生产法》，以及其他违法违规行为依据的法律法规，事故调查报告建议，给予施工单位某隧道公司行政处罚，分别给予施工单位项目部安全总监冯某以及施工单位总经理助理兼项目常务副经理李某暂停安全生产任职资格6个月，同时处以罚款8万元人民币，责成施工单位给予其记大过处分。

三、隐患排查治理

法律规定

★法律

《安全生产法》第三十八条　生产经营单位应当建立健全生产安全事故隐患排查治理制度，采取技术、管理措施，及时发现并消除事故隐患。事故隐患排查治理情况应当如实记录，并向从业人员通报。

《安全生产法》第四十三条　生产经营单位的安全生产管理人员应当根据本单位的生产经营特点，对安全生产状况进行经常性检查；对检查中发现的安全问题，应当立即处理；不能处理的，应当及时报告本单位有关负责人，有关负责人应当及时处理。检查及处理情况应当如实记录在案。

生产经营单位的安全生产管理人员在检查中发现重大事故隐患，依照前款规定向本单位有关负责人报告，有关负责人不及时处理的，安全生产管理人员可以向主管的负有安全生产监督管理职责的部门报告，接到报告的部门应当依法及时处理。

●行政法规

《建设工程安全生产管理条例》第二十一条第二款　施工单位的项目负责人应当由取得相应执业资格的人员担任，对建设工程项目的安全施工负责，落实安全生产责任制度、安全生产规章制度和操作规程，确保安全生产费用的有效使用，并根据工程的特点组织制定安全施工措施，消除安全事故隐患，及时、如实报告生产安全事故。

◆部门规章

《公路水运工程安全生产监督管理办法》第三十五条　施工单位应当书面明确本单位的项目负责人，代表本单位组织实施项目施工生产。

项目负责人对项目安全生产工作负有下列职责：

(一)建立项目安全生产责任制，实施相应的考核与奖惩；

（二）按规定配足项目专职安全生产管理人员；

（三）结合项目特点，组织制定项目安全生产规章制度和操作规程；

（四）组织制定项目安全生产教育和培训计划；

（五）督促项目安全生产费用的规范使用；

（六）依据风险评估结论，完善施工组织设计和专项施工方案；

（七）建立安全预防控制体系和隐患排查治理体系，督促、检查项目安全生产工作，确认重大事故隐患整改情况；

（八）组织制定本合同段施工专项应急预案和现场处置方案，并定期组织演练；

（九）及时、如实报告生产安全事故并组织自救。

《公路水运工程安全生产监督管理办法》第三十六条　施工单位的专职安全生产管理人员履行下列职责：

（一）组织或者参与拟订本单位安全生产规章制度、操作规程，以及合同段施工专项应急预案和现场处置方案；

（二）组织或者参与本单位安全生产教育和培训，如实记录安全生产教育和培训情况；

（三）督促落实本单位施工安全风险管控措施；

（四）组织或者参与本合同段施工应急救援演练；

（五）检查施工现场安全生产状况，做好检查记录，提出改进安全生产标准化建设的建议；

（六）及时排查、报告安全事故隐患，并督促落实事故隐患治理措施；

（七）制止和纠正违章指挥、违章操作和违反劳动纪律的行为。

《公路水运工程安全生产监督管理办法》第四十一条　施工单位应当按规定开展安全事故隐患排查治理，建立职工参与的工作机制，对隐患排查、登记、治理等全过程闭合管理情况予以记录。事故隐患排查治理情况应当向从业人员通报，重大事故隐患还应当按规定上报和专项治理。

法律责任

★法律

《安全生产法》第九十一条　生产经营单位的主要负责人未履行本法规定的安全生产管理职责的，责令限期改正；逾期未改正的，处二万元以上五万元以下的罚款，责令生产经营单位停产停业整顿。生产经营单位的主要负责人有前款违法行为，导致发生生产安全事故的，给予撤职处分；构成犯罪的，依照刑法有关规定追究刑事责任。生产经营单位的主要负责人依照前款规定受刑事处罚或者撤职处分

的，自刑罚执行完毕或者受处分之日起，五年内不得担任任何生产经营单位的主要负责人；对重大、特别重大生产安全事故负有责任的，终身不得担任本行业生产经营单位的主要负责人。

《安全生产法》第九十二条　生产经营单位的主要负责人未履行本法规定的安全生产管理职责，导致发生生产安全事故的，由安全生产监督管理部门依照下列规定处以罚款：

（一）发生一般事故的，处上一年年收入百分之三十的罚款；

（二）发生较大事故的，处上一年年收入百分之四十的罚款；

（三）发生重大事故的，处上一年年收入百分之六十的罚款；

（四）发生特别重大事故的，处上一年年收入百分之八十的罚款。

《安全生产法》第九十八条第四款　生产经营单位有下列行为之一的，责令限期改正，可以处十万元以下的罚款；逾期未改正的，责令停产停业整顿，并处十万元以上二十万元以下的罚款，对其直接负责的主管人员和其他直接责任人员处二万元以上五万元以下的罚款；构成犯罪的，依照刑法有关规定追究刑事责任：

（四）未建立事故隐患排查治理制度的。

●行政法规

《建设工程安全生产管理条例》第六十六条　违反本条例的规定，施工单位的主要负责人、项目负责人未履行安全生产管理职责的，责令限期改正；逾期未改正的，责令施工单位停业整顿；造成重大安全事故、重大伤亡事故或者其他严重后果，构成犯罪的，依照刑法有关规定追究刑事责任。作业人员不服管理、违反规章制度和操作规程冒险作业造成重大伤亡事故或者其他严重后果，构成犯罪的，依照刑法有关规定追究刑事责任。施工单位的主要负责人、项目负责人有前款违法行为，尚不够刑事处罚的，处2万元以上20万元以下的罚款或者按照管理权限给予撤职处分；自刑罚执行完毕或者受处分之日起，5年内不得担任任何施工单位的主要负责人、项目负责人。

案例分析

《安全生产法》规定，**安全生产管理人员对检查中发现的安全问题，应当立即处理；不能处理的，应当及时报告本单位有关负责人**。四川都汶高速公路董家山隧道工程“12·22”特别重大瓦斯爆炸事故（案例3-1）调查认定，施工单位项目经理部总工何某、副总工监安全质量监督部部长叶某在董家山右线隧道施工中，存在的违规使用非防爆电器设备、甲烷传感器安装位置不符合要求、通风管理不善等问题，未及时采取措施进行整改；同时，何某在发生坍塌、形成空腔后，没有采取有效的安全防范措施；叶某在事故当班进洞检查时，未及时采取预防措施防范塌方可能带来的瓦斯隐患，何某与叶某严重违反了《安全生产法》规定的**对检查中发现的安全问题，应当立即处理；不能处理的，应当及时报告本单位有关负责人职责**，依据《安全生产法》《刑法》的规定，事故调查报告建议，将何某和叶某移交司法机关追究刑事责任。

四、安全生产管理人员履职

法律规定

★法律

《安全生产法》第二十二条　生产经营单位的安全生产管理机构以及安全生产管理人员履行下列职责：

（一）组织或者参与拟订本单位安全生产规章制度、操作规程和生产安全事故应急救援预案；

（二）组织或者参与本单位安全生产教育和培训，如实记录安全生产教育和培训情况；

（三）督促落实本单位重大危险源的安全管理措施；

（四）组织或者参与本单位应急救援演练；

（五）检查本单位的安全生产状况，及时排查生产安全事故隐患，提出改进安全生产管理的建议；

（六）制止和纠正违章指挥、强令冒险作业、违反操作规程的行为；

（七）督促落实本单位安全生产整改措施。

《安全生产法》第二十四条　生产经营单位的主要负责人和安全生产管理人员必须具备与本单位所从事的生产经营活动相应的安全生产知识和管理能力。

《安全生产法》第四十三条　生产经营单位的安全生产管理人员应当根据本单位的生产经营特点，对安全生产状况进行经常性检查；对检查中发现的安全问题，应当立即处理；不能处理的，应当及时报告本单位有关负责人，有关负责人应当及时处理。检查及处理情况应当如实记录在案。

生产经营单位的安全生产管理人员在检查中发现重大事故隐患，依照前款规定向本单位有关负责人报告，有关负责人不及时处理的，安全生产管理人员可以向主管的负有安全生产监督管理职责的部门报告，接到报告的部门应当依法及时处理。

●行政法规

《建设工程安全生产管理条例》第二十三条　施工单位应当设立安全生产管理机构,配备专职安全生产管理人员。

专职安全生产管理人员负责对安全生产进行现场监督检查。发现安全事故隐患,应当及时向项目负责人和安全生产管理机构报告;对违章指挥、违章操作的,应当立即制止。

《建设工程安全生产管理条例》第三十六条第一款　施工单位的主要负责人、项目负责人、专职安全生产管理人员应当经建设行政主管部门或者其他有关部门考核合格后方可任职。

◆部门规章

《公路水运工程安全生产监督管理办法》第三十六条　施工单位的专职安全生产管理人员履行下列职责:

(一)组织或者参与拟订本单位安全生产规章制度、操作规程,以及合同段施工专项应急预案和现场处置方案;

(二)组织或者参与本单位安全生产教育和培训,如实记录安全生产教育和培训情况;

(三)督促落实本单位施工安全风险管控措施;

(四)组织或者参与本合同段施工应急救援演练;

(五)检查施工现场安全生产状况,做好检查记录,提出改进安全生产标准化建设的建议;

(六)及时排查、报告安全事故隐患,并督促落实事故隐患治理措施;

(七)制止和纠正违章指挥、违章操作和违反劳动纪律的行为。

法律责任

★法律

《安全生产法》第九十三条　生产经营单位的安全生产管理人员未履行本法规定的安全生产管理职责的,责令限期改正;导致发生生产安全事故的,暂停或者撤销其与安全生产有关的资格;构成犯罪的,依照刑法有关规定追究刑事责任。

《安全生产法》第九十四条　生产经营单位有下列行为之一的,责令限期改正,可以处五万元以下的罚款;逾期未改正的,责令停产停业整顿,并处五万元以上十万元以下的罚款,对其直接负责的主管人员和其他直接责任人员处一万元以上二万元以下的罚款:

(一)未按照规定设置安全生产管理机构或者配备安全生产管理人员的;

（二）危险物品的生产、经营、储存单位以及矿山、金属冶炼、建筑施工、道路运输单位的主要负责人和安全生产管理人员未按照规定经考核合格的。

●行政法规

《建设工程安全生产管理条例》第六十二条　违反本条例的规定，施工单位有下列行为之一的，责令限期改正；逾期未改正的，责令停业整顿，依照《中华人民共和国安全生产法》的有关规定处以罚款；造成重大安全事故，构成犯罪的，对直接责任人员，依照刑法有关规定追究刑事责任：

（一）未设立安全生产管理机构、配备专职安全生产管理人员或者分部分项工程施工时无专职安全生产管理人员现场监督的；

（二）施工单位的主要负责人、项目负责人、专职安全生产管理人员、作业人员或者特种作业人员，未经安全教育培训或者经考核不合格即从事相关工作的。

案例分析

（1）《安全生产法》规定，**安全生产管理人员应当根据本单位的生产经营特点，对安全生产状况进行经常性检查职责**。湖南炎汝高速公路八面山隧道“5·19”重大爆炸事故（案例3-4）调查认定，施工单位对项目施工采取以包代管，缺乏对施工人员的动态监督检查，对爆破作业等特种作业人员无证上岗缺乏督促检查，对施工过程中使用翻斗运输车同车混运起爆器材和施工人员以及长期将炸药、起爆器材存放于作业现场等违法行为失察。上述行为说明，施工单位合同项目部安质部主任、专职安全员赵某未履行《安全生产法》规定的**对本单位安全生产状况进行经常性检查职责**。依据《安全生产法》《刑法》的规定，将赵某移交司法机关追究刑事责任。

（2）《安全生产法》规定，**安全生产管理人员必须具备与本单位所从事的生产经营活动相应的安全生产知识和管理能力内容**；《建设工程安全生产管理条例》规定，**施工单位专职安全生产管理人员应当经建设行政主管部门或者其他有关部门考核合格后方可任职**。四川成都五洛路1号隧道工程“2·24”较大瓦斯爆炸事故（案例3-6）调查认定，施工单位某隧道公司实际控制人周某，安全生产法制意识淡薄，在工程施工中任用无安全生产考核合格证人员担任施工现场负责人，违反了《安全生产法》规定的**安全生产管理人员必须具备相应的安全生产知识和管理能力内容要求**，以及《建设工程安全生产管理条例》规定的**施工单位专职安全生产管理人员应当经考核合格后方可任职等职责**，依据《安全生产法》《建设工程安全生产管理条例》，事故调查报告建议，对施工单位某隧道公司实际控制人周某处以上一年年收入40%的罚款。

五、从业人员规范操作

法律规定

★法律

《安全生产法》第五十四条　从业人员在作业过程中,应当严格遵守本单位的安全生产规章制度和操作规程,服从管理,正确佩戴和使用劳动防护用品。

●行政法规

《建设工程安全生产管理条例》第三十三条　作业人员应当遵守安全施工的强制性标准、规章制度和操作规程,正确使用安全防护用具、机械设备等。

◆部门规章

《公路水运工程安全生产监督管理办法》第四十三条第一款　作业人员应当遵守安全施工的规章制度和操作规程,正确使用安全防护用具、机械设备。发现安全事故隐患或者其他不安全因素,应当向现场专(兼)职安全生产管理人员或者本单位项目负责人报告。

法律责任

★法律

《安全生产法》第一百零四条　生产经营单位的从业人员不服从管理,违反安全生产规章制度或者操作规程的,由生产经营单位给予批评教育,依照有关规章制度给予处分;构成犯罪的,依照刑法有关规定追究刑事责任。

●行政法规

《建设工程安全生产管理条例》第六十六条第二款　作业人员不服管理、违反规章制度和操作规程冒险作业造成重大伤亡事故或者其他严重后果,构成犯罪的,依照刑法有关规定追究刑事责任。

案例分析

《安全生产法》规定,**从业人员在作业过程中,应当严格遵守本单位的安全生产规章制度和操作规程**;《建设工程安全生产管理条例》规定,**作业人员应当遵守安全施工的强制性标准、规章制度和操作规程**。四川成都五洛路1号隧道工程“2·24”较大瓦斯爆炸事故(案例3-6)调查认定,施工单位4名运渣车驾驶员违反安全操作规程,翻越栅栏进入未通风的隧道内检修车辆,产生火花引爆了隧道内瓦斯,导致事故发生。上述行为说明,施工单位4名运渣车驾驶员严重违反了《安全生产法》规定的**严格遵守本单位的安全生产规章制度和操作规程职责**和《建设工程安全生产管理条例》规定的**遵守安全施工的强制性标准、规章制度和操作规程等职责**,依据《安全生产法》《建设工程安全生产管理条例》以及《刑法》的规定,应将4名驾驶员移交司法机关追究刑事责任,但鉴于4名驾驶员在事故中死亡,不予追究。

六、安全教育培训

法律规定

★法律

《安全生产法》第二十五条第一款　生产经营单位应当对从业人员进行安全生产教育和培训,保证从业人员具备必要的安全生产知识,熟悉有关的安全生产规章制度和安全操作规程,掌握本岗位的安全操作技能,了解事故应急处理措施,知悉自身在安全生产方面的权利和义务。未经安全生产教育和培训合格的从业人员,不得上岗作业。

●行政法规

《建设工程安全生产管理条例》第三十六条第二款　施工单位应当对管理人员和作业人员每年至少进行一次安全生产教育培训,其教育培训情况记入个人工作档案。安全生产教育培训考核不合格的人员,不得上岗。

《建设工程安全生产管理条例》第三十七条　作业人员进入新的岗位或者新的施工现场前,应当接受安全生产教育培训。未经教育培训或者教育培训考核不合格的人员,不得上岗作业。

◆部门规章

《公路水运工程安全生产监督管理办法》第十五条　从业单位应当依法对从业人员进行安全生产教育和培训。未经安全生产教育和培训合格的从业人员,不得上岗作业。

《公路水运工程安全生产监督管理办法》第三十九条　施工单位应当将专业分包单位、劳务合作单位的作业人员及实习人员纳入本单位统一管理。

新进人员和作业人员进入新的施工现场或者转入新的岗位前,施工单位应当对其进行安全生产培训考核。

施工单位采用新技术、新工艺、新设备、新材料的,应当对作业人员进行相应的安全生产教育培训,生产作业前还应当开展岗位风险提示。

法律责任

★法律

《安全生产法》第九十四条第三、四款　生产经营单位有下列行为之一的,责

令限期改正，可以处五万元以下的罚款；逾期未改正的，责令停产停业整顿，并处五万元以上十万元以下的罚款，对其直接负责的主管人员和其他直接责任人员处一万元以上二万元以下的罚款：

（三）未按照规定对从业人员、被派遣劳动者、实习学生进行安全生产教育和培训，或者未按照规定如实告知有关的安全生产事项的；

（四）未如实记录安全生产教育和培训情况的。

●行政法规

《建设工程安全生产管理条例》第六十二条第二款　违反本条例的规定，施工单位有下列行为之一的，责令限期改正；逾期未改正的，责令停业整顿，依照《中华人民共和国安全生产法》的有关规定处以罚款；造成重大安全事故，构成犯罪的，对直接责任人员，依照刑法有关规定追究刑事责任：

（二）施工单位的主要负责人、项目负责人、专职安全生产管理人员、作业人员或者特种作业人员，未经安全教育培训或者经考核不合格即从事相关工作的。

案例分析

《安全生产法》规定，**生产经营单位应当对从业人员进行安全生产教育和培训，保证从业人员具备必要的安全生产知识以及未经安全生产教育和培训合格的从业人员，不得上岗作业**；《建设工程安全生产管理条例》和《公路水运工程安全生产监督管理办法》规定，**作业人员进入新的岗位或者新的施工现场前，应当接受安全生产教育培训；未经教育培训或者教育培训考核不合格的人员，不得上岗作业**。四川都汶高速公路董家山隧道工程“12·22”特别重大瓦斯爆炸事故（案例3-1）调查认定，施工单位对农民工的安全知识和技能培训不到位。湖南炎汝高速公路八面山隧道“5·19”重大爆炸事故（案例3-4）调查认定，施工单位未及时开展安全培训教育，现场作业人员的安全意识和基本的安全技能不强。四川成都五洛路1号隧道在建工程“2·24”较大瓦斯爆炸事故（案例3-6）调查认定，施工单位教育培训不到位，未对值守人员进行安全教育。三起事故中的施工单位均未履行《安全生产法》规定的**对从业人员进行安全生产教育和培训职责**，以及《建设工程安全生产管理条例》和《公路水运工程安全生产监督管理办法》规定的**安全生产教育培训和经考核不合格才能上岗作业的职责**。另外，施工单位还存在其他违法违规行为。依据《安全生产法》《建设工程安全生产管理条例》，以及其他违法违规行为所依据的法律法规，事故调查报告建议，对案例3-1中的负责民工培训工作的都汶公路合同段项目经理部副经理李某给予行政降级、党内严重警告处分；给予案例3-4中的施工单位中铁三局五公司总经理及法人行政撤职、党内严重警告处分；对案例3-6中的施工单位中水十五局路桥公司副总经理兼项目经理，暂停其安全生产任职资格1年，给予行政撤职和罚款处罚；对中水十五局路桥公司总经理给予行政处罚和记大过处分。

七、特种作业人员管理

法律规定

★法律

《安全生产法》第二十七条　生产经营单位的特种作业人员必须按照国家有关规定经专门的安全作业培训，取得相应资格，方可上岗作业。

特种作业人员的范围由国务院安全生产监督管理部门会同国务院有关部门确定。

●行政法规

《建设工程安全生产管理条例》第二十五条　垂直运输机械作业人员、安装拆卸工、爆破作业人员、起重信号工、登高架设作业人员等特种作业人员，必须按照国家有关规定经过专门的安全作业培训，并取得特种作业操作资格证书后，方可上岗作业。

法律责任

★法律

《安全生产法》第九十四条第七款　生产经营单位有下列行为之一的，责令限期改正，可以处五万元以下的罚款；逾期未改正的，责令停产停业整顿，并处五万元以上十万元以下的罚款，对其直接负责的主管人员和其他直接责任人员处一万元以上二万元以下的罚款：

（七）特种作业人员未按照规定经专门的安全作业培训并取得相应资格，上岗作业的。

●行政法规

《建设工程安全生产管理条例》第六十二条第二款　违反本条例的规定，施工单位有下列行为之一的，责令限期改正；逾期未改正的，责令停业整顿，依照《中华人民共和国安全生产法》的有关规定处以罚款；造成重大安全事故，构成犯罪的，对直接责任人员，依照刑法有关规定追究刑事责任：

（二）施工单位的主要负责人、项目负责人、专职安全生产管理人员、作业人员或者特种作业人员，未经安全教育培训或者经考核不合格即从事相关工作的。

案例分析

《安全生产法》规定，**生产经营单位的特种作业人员必须按照国家有关规定经专门的安全作业培训，取得相应资格，方可上岗作业**。四川都汶高速公路董家山隧道工程“12・22”特别重大瓦斯爆炸事故（案例3-1）调查认定，施工单位事发工程合同段项目经理于某违规使用不合格人员从事特种作业，项目总工程师何某和隧道工区负责人杜某对隧道施工中存在的部分瓦斯检查员无证上岗问题未及时采取措施整改。广东广深沿江高速公路第3合同段工程“6・14”较大淹溺事故（案例3-3）调查认定，在项目施工的两年半内，施工单位对项目施工的安全生产状况进行过检查，对特种作业人员未持有效证件上岗监督不力，项目部未认真检查应持证上岗作业人员的证件，也未对特种作业操作证的有效性进行核查，未发现特种作业人员未持有效证件上岗等问题。湖南炎汝高速公路八面山隧道“5・19”重大爆炸事故（案例3-4）调查认定，对爆破作业等特种作业人员无证上岗缺乏督促检查。三起事故中的施工单位未履行《安全生产法》规定的**特种作业人员取得相应资格方可上岗作业的要求**。依据《安全生产法》以及《刑法》的规定，事故调查报告建议，给予案例3-1中的于某、何某和杜某行政处罚和处分；给予案例3-3中的施工单位某公路工程有限公司及某建筑劳务分包有限公司行政处罚；将案例3-4中的施工单位的事故隧道开挖施工负责人魏某及2名现场施工负责人移交公安机关，追究刑事责任。

八、特种设备管理

法律规定

★法律

《安全生产法》第三十四条　生产经营单位使用的危险物品的容器、运输工具，以及涉及人身安全、危险性较大的海洋石油开采特种设备和矿山井下特种设备，必须按照国家有关规定，由专业生产单位生产，并经具有专业资质的检测、检验机构检测、检验合格，取得安全使用证或者安全标志；方可投入使用。检测、检验机构对检测、检验结果负责。

《特种设备安全法》第三十二条　特种设备使用单位应当使用取得许可生产并经检验合格的特种设备。

禁止使用国家明令淘汰和已经报废的特种设备。

《特种设备安全法》第三十四条　特种设备使用单位应当建立岗位责任、隐患治理、应急救援等安全管理制度，制定操作规程，保证特种设备安全运行。

●行政法规

《建设工程安全生产管理条例》第三十五条　施工单位在使用施工起重机械和整体提升脚手架、模板等自升式架设设施前，应当组织有关单位进行验收，也可以委托具有相应资质的检验检测机构进行验收；使用承租的机械设备和施工机具及配件的，由施工总承包单位、分包单位、出租单位和安装单位共同进行验收。验收合格的方可使用。

◆部门规章

《公路水运工程安全生产监督管理办法》第十九条　翻模、滑（爬）模等自升式架设设施，以及自行设计、组装或者改装的施工挂（吊）篮、移动模架等设施在投入使用前，施工单位应当组织有关单位进行验收，或者委托具有相应资质的检验检测机构进行验收。验收合格后方可使用。

法律责任

★法律

《安全生产法》第九十六条　生产经营单位有下列行为之一的，责令限期改正，可以处五万元以下的罚款；逾期未改正的，处五万元以上二十万元以下的罚款，对其直接负责的主管人员和其他直接责任人员处一万元以上二万元以下的罚款；情节严重的，责令停产停业整顿；构成犯罪的，依照刑法有关规定追究刑事责任：

（一）未在有较大危险因素的生产经营场所和有关设施、设备上设置明显的安全警示标志的；

（二）安全设备的安装、使用、检测、改造和报废不符合国家标准或者行业标准的；

（三）未对安全设备进行经常性维护、保养和定期检测的；

（四）未为从业人员提供符合国家标准或者行业标准的劳动防护用品的；

（五）危险物品的容器、运输工具，以及涉及人身安全、危险性较大的海洋石油开采特种设备和矿山井下特种设备未经具有专业资质的机构检测、检验合格，取得安全使用证或者安全标志，投入使用的；

（六）使用应当淘汰的危及生产安全的工艺、设备的。

《特种设备安全法》第八十四条　违反本法规定，特种设备使用单位有下列行为之一的，责令停止使用有关特种设备，处三万元以上三十万元以下罚款：

（一）使用未取得许可生产，未经检验或者检验不合格的特种设备，或者国家明令淘汰、已经报废的特种设备的；

（二）特种设备出现故障或者发生异常情况，未对其进行全面检查、消除事故

隐患,继续使用的;

(三)特种设备存在严重事故隐患,无改造、修理价值,或者达到安全技术规范规定的其他报废条件,未依法履行报废义务,并办理使用登记证书注销手续的。

●行政法规

《建设工程安全生产管理条例》第六十一条　违反本条例的规定,施工起重机械和整体提升脚手架、模板等自升式架设设施安装、拆卸单位有下列行为之一的,责令限期改正,处5万元以上10万元以下的罚款;情节严重的,责令停业整顿,降低资质等级,直至吊销资质证书;造成损失的,依法承担赔偿责任:

(一)未编制拆装方案、制定安全施工措施的;

(二)未由专业技术人员现场监督的;

(三)未出具自检合格证明或者出具虚假证明的;

(四)未向施工单位进行安全使用说明,办理移交手续的。

施工起重机械和整体提升脚手架、模板等自升式架设设施安装、拆卸单位有前款规定的第(一)项、第(三)项行为,经有关部门或者单位职工提出后,对事故隐患仍不采取措施,因而发生重大伤亡事故或者造成其他严重后果,构成犯罪的,对直接责任人员,依照刑法有关规定追究刑事责任。

《建设工程安全生产管理条例》第六十六条　违反本条例的规定,施工单位的主要负责人、项目负责人未履行安全生产管理职责的,责令限期改正;逾期未改正的,责令施工单位停业整顿;造成重大安全事故、重大伤亡事故或者其他严重后果,构成犯罪的,依照刑法有关规定追究刑事责任。

作业人员不服管理、违反规章制度和操作规程冒险作业造成重大伤亡事故或者其他严重后果,构成犯罪的,依照刑法有关规定追究刑事责任。

施工单位的主要负责人、项目负责人有前款违法行为,尚不够刑事处罚的,处2万元以上20万元以下的罚款或者按照管理权限给予撤职处分;自刑罚执行完毕或者受处分之日起,5年内不得担任任何施工单位的主要负责人、项目负责人。

案例分析

《安全生产法》和《建设工程安全生产管理条例》规定,**特种设备必须按照国家有关规定,经取得专业资质的检测、检验机构检测、检验合格,取得安全使用证或者安全标志,方可投入使用**;《建设工程安全生产管理条例》和《公路水运工程安全生产监督管理办法》规定,**施工单位在工程中使用施工起重机械和整体提升式脚手架、滑模爬模、架桥机等自行式架设设施前,应当组织有关单位进行验收,或者委托具有相应资质的检验检测机构进行验收,验收合格后方可使用**。广东广深沿江高速公路第3合同段工程“6·14”较大淹溺事故(案例3-3)调查认定,在使用事故架桥机前,施工单位组织相关部门对事故架桥机进行了内部验收,虽然提出了一些整改意见并进行了跟踪处理,但对技术资料审核不严,没有发现该架桥机存在的实际规格型号和设计说明书内容不相符等问题,验收形同虚设,致使专项操作方案存在问题,不具可操作性,导致事故发生。上述行为说明,施工单位履行《建设工程安全生产管理条例》和《公路水运工程安全生产监督管理办法》规定的**特种设备在使用前进行验收的职责**不到位。按照《安全生产法》和《建设工程安全生产管理条例》等,事故调查报告建议,给予施工单位项目部副经理兼机械设备负责人刘某行政撤职处分。

九、事故信息上报

法律规定

★法律

《安全生产法》第三十八条第一款　生产经营单位应当建立健全生产安全事故隐患排查治理制度,采取技术、管理措施,及时发现并消除事故隐患。事故隐患排查治理情况应当如实记录,并向从业人员通报。

《安全生产法》第八十条　生产经营单位发生生产安全事故后,事故现场有关人员应当立即报告本单位负责人。

单位负责人接到事故报告后,应当迅速采取有效措施,组织抢救,防止事故扩大,减少人员伤亡和财产损失,并按照国家有关规定立即如实报告当地负有安全生产监督管理职责的部门,不得隐瞒不报、谎报或者迟报,不得故意破坏事故现场、毁灭有关证据。

●行政法规

《生产安全事故报告和调查处理条例》第九条　事故发生后,事故现场有关人员应当立即向本单位负责人报告;单位负责人接到报告后,应当于1小时内向事故发生地县级以上人民政府安全生产监督管理部门和负有安全生产监督管理职责的有关部门报告。

情况紧急时,事故现场有关人员可以直接向事故发生地县级以上人民政府安全生产监督管理部门和负有安全生产监督管理职责的有关部门报告。

法律责任

★法律

《安全生产法》第一百零六条　生产经营单位的主要负责人在本单位发生生

产安全事故时，不立即组织抢救或者在事故调查处理期间擅离职守或者逃匿的，给予降级、撤职的处分，并由安全生产监督管理部门处上一年年收入百分之六十至百分之一百的罚款；对逃匿的处十五日以下拘留；构成犯罪的，依照刑法有关规定追究刑事责任。

生产经营单位的主要负责人对生产安全事故隐瞒不报、谎报或者迟报的，依照前款规定处罚。

●行政法规

《生产安全事故报告和调查处理条例》第三十五条　事故发生单位主要负责人有下列行为之一的，处上一年年收入40%至80%的罚款；属于国家工作人员的，并依法给予处分；构成犯罪的，依法追究刑事责任：

（一）不立即组织事故抢救的；

（二）迟报或者漏报事故的；

（三）在事故调查处理期间擅离职守的。

案例分析

《安全生产法》规定，**生产经营单位负责人接到事故报告后，应当按照国家有关规定立即如实报告当地负有安全生产监督管理职责的部门，不得隐瞒不报、谎报或者迟报**；《生产安全事故报告和调查处理条例》规定，**生产经营单位要在1小时内向事故发生地县级以上人民政府安全生产监督管理部门和负有安全生产监督管理职责的有关部门报告**。湖南炎汝高速公路八面山隧道“5·19”重大爆炸事故（案例3-4）调查认定，施工单位项目部主要负责人李某未在第一时间向当地主管部门报告，发生事故3小时后才上报事故，迟报安全生产事故。上述行为说明，施工单位项目部负责人李某未履行《安全生产法》规定的**立即如实报告事故的职责**，违反了《生产安全事故报告和调查处理条例》规定的**上报时间要求**。依据《安全生产法》《生产安全事故报告和调查处理条例》等，以及其他违法违规行为所依据的法律法规规定，事故调查报告建议，将施工单位项目部主要负责人李某移交司法机关追究刑事责任。

第二节　启　　示

一、规范工程分包

施工单位应当建立健全项目合同管理体系，全面推行分包工程的招投标制度，在合同实施过程中做好跟踪和监督工作。对分包合同管理更需要确保工程分包的合法规范，加强分包资格管理，强化分包单位考核，明确责任追究办法，规避工程分包风险，推行集成管理，提升对分包的控制力。

施工单位要强化对分包商的考核，实行动态管理。施工企业要与分包商建立工程协调程序，把分包商的安全、质量、进度、成本等管理纳入项目部的各项管理体系中，确保分包工程按公司的施工生产的规章制度、操作规程和程序要求进行，使施工过程始终处于受控状态。

二、强化现场安全管理

施工单位应当加强对建设项目的现场安全风险防控管理，明确现场安全管理的内容，建立现场安全管理制度，编制专项施工方案，制定有效的安全控制措施。项目实施前，由技术负责人组织向现场管理人员和作业人员进行安全技术交底，施工过程应当指定专人对专项方案实施情况进行现场监督和按规定进行监测和巡查。

施工单位应当建立健全生产安全事故隐患排查治理制度，推进企业安全生产标准化建设工作。建立对危险有害因素识别评估系统，制定相应的防范措施，使隐患排查工作制度化、规范化和常态化，规范企业安全生产行为，改善安全生产条件，强化安全基础管理。施工单位应当采取技术、管理措施，对安全生产状况进行经常性检查，及时发现并消除事故隐患，检查及处理情况应当如实记录在案。

三、提高从业人员素质

施工单位应当加强对从业人员的安全教育、培训、宣贯等工作，加强施工项目负责人和安全生产管理人员安全生产知识和管理能力考核，强化从业管理人员的安全意识。施工单位应当落实三级教育制度、安全交底制度、持证上岗制度，确保各类特种作业人员持有效特种作业证件，并能严格按照施工作业规程进行特种及大型设备操作，降低施工作业风险。

四、规范特种设备管理

施工单位在特种设备进场前，必须核查是否具备相应资格和相关施工许可手续，规范特种设备入驻现场程序。拟实行分包的特种设备施工，施工总承包单位必须对特种设备进行定期检查和使用备案，并对特种设备施工分包单位进行质量安全管理，不得以包代管或包而不管。严禁特种设备无证施工，或超过许可范围施工。

五、严格事故报告制度

安全生产事故发生后，其应急响应速度直接影响伤亡人数。而对事故的报告时间涉及人员生命安全的抢救速度，也直接影响人员救援时机。因此，规范事故报告制度，可以最大限度地避免不必要的人员伤亡。对于一些地方迟报、谎报或瞒报安全生产事故的行为，国家坚持“零容忍”态度。强调事故报告制度，有利于建立合理完善的应急救援体系，提升地方应急响应水平，提升应急救援效率。

施工单位应严格落实安全生产事故报告制度，在安全生产事故发生后，应按照国家有关生产安全事故报告和调查处理的规定，及时、有序地向事故发生地县级以上人民政府安全生产监督管理部门和负有安全生产监督管理职责的有关部门报告。

第十七章　监理单位的安全行为

本章的主要任务是通过分析事故典型案例，找出监理单位在工作中存在的共性问题，分析问题产生的原因以及相关法律法规的规定，剖析制度，吸取教训，并提出相关建议。

第一节　法律问题及分析

监理单位在履约、人员资质、职责落实、现场隐患督改等方面工作不到位是导致公路水运工程建设事故发生的重要原因。因此，分析监理单位在履约、人员资质、职责落实、现场隐患督改等方面存在的问题，明确相关法律责任，对预防和减少公路水运工程建设事故具有重要意义。

一、监理单位履约

法律规定

●行政法规

《建设工程质量管理条例》第三十四条　工程监理单位应当依法取得相应等级的资质证书，并在其资质等级许可的范围内承担工程监理业务。

禁止工程监理单位超越本单位资质等级许可的范围或者以其他工程监理单位的名义承担工程监理业务。禁止工程监理单位允许其他单位或者个人以本单位的名义承担工程监理业务。

工程监理单位不得转让工程监理业务。

《建设工程质量管理条例》第三十六条　工程监理单位应当依照法律、法规以及有关技术标准、设计文件和建设工程承包合同，代表建设单位对施工质量实施监理，并对施工质量承担监理责任。

法律责任

●行政法规

《建设工程质量管理条例》第六十二条第二款　工程监理单位转让工程监理业

务的，责令改正，没收违法所得，处合同约定的监理酬金百分之二十五以上百分之五十以下的罚款；可以责令停业整顿，降低资质等级；情节严重的，吊销资质证书。

案例分析

《建设工程质量管理条例》规定，**禁止工程监理单位允许其他单位或者个人以本单位的名义承担工程监理业务以及工程监理单位不得转让工程监理业务**。四川都汶高速公路董家山隧道工程“12·22”特别重大瓦斯爆炸事故(案例3-1)调查认定，监理单位某工程咨询有限公司总经理赵某，作为中标工程监理单位负责人，没有认真履行管理职责，从招标投标到实施监理均委托他人操作，既没有派人参与具体监理业务，也没有派人对监理工作进行管理。上述行为说明，监理单位严重违反了《建设工程质量管理条例》规定的**禁止工程监理单位允许其他单位或者个人以本单位的名义承担工程监理业务的规定**。依据《建设工程质量管理条例》等，以及其他违法违规行为所依据的法律法规，给予赵某行政撤职、党内严重警告处分；同时给予监理单位某工程咨询有限公司西南分公司经理魏某行政撤职、党内严重警告处分，给予西南分公司办公室主任黄某行政留用察看一年处分，给予西南分公司项目部总监魏某行政降级处分。

二、监理人员资质

法律规定

●行政法规

《建设工程质量管理条例》第三十七条第一款　工程监理单位应当选派具备相应资格的总监理工程师和监理工程师进驻施工现场。

◆部门规章

《公路水运工程监理企业资质管理规定》第七条　公路、水运工程监理企业应当按照其获得的资质等级和业务范围开展监理业务。

法律责任

●行政法规

《建设工程质量管理条例》第七十四条　建设单位、设计单位、施工单位、工程监理单位违反国家规定，降低工程质量标准，造成重大安全事故，构成犯罪的，对直接责任人员依法追究刑事责任。

◆部门规章

《公路水运工程监理企业资质管理规定》第三十条　监理企业违反本规定，由交通运输部或者省、自治区、直辖市人民政府交通运输主管部门依据《建设工程质量管理条例》的有关规定给予相应处罚。

《公路水运工程监理企业资质管理规定》第三十一条　监理企业违反国家规定,降低工程质量标准,造成重大质量安全事故,构成犯罪的,对直接责任人员依法追究刑事责任。

案例分析

《建设工程质量管理条例》规定,**工程监理单位应当选派具备相应资格的总监理工程师和监理工程师进驻施工现场**。四川都汶高速公路董家山隧道工程"12·22"特别重大瓦斯爆炸事故(案例3-1)调查认定,监理单位该合同段监理部总监魏某对监理人员资质把关不严,未按合同规定配齐监理工程师和监理人员,频繁更换监理人员;且监理单位办公室主任黄某越权任命没有总监资质的专业监理工程师魏某,作为该项目监理部总监。湖南炎汝高速公路八面山隧道"5·19"重大爆炸事故(案例3-4)调查认定,事发时监理单位在该工程监理处没有配备安全专职监理员,安排未取得相应资质的人员担任专职安全员;缺乏爆破施工相应专业知识的监理,安排未取得相应资质的人员担任现场监理。上述行为说明,工程监理单位违反了《建设工程质量管理条例》规定的**选派具备相应资格的总监理工程师和监理工程师进驻施工现场要求**,依据《建设工程质量管理条例》,以及其他违法违规行为所依据的法律法规,事故调查报告建议,对案例3-1中的黄某和魏某给予行政处分;对案例3-4中的监理公司2名监理处监理员移交司法机关,追究刑事责任,并对监理单位给予行政处罚。

三、监理职责落实

法律规定

●行政法规

《建设工程安全生产管理条例》第十四条　工程监理单位应当审查施工组织设计中的安全技术措施或者专项施工方案是否符合工程建设强制性标准。

工程监理单位在实施监理过程中,发现存在安全事故隐患的,应当要求施工单位整改;情况严重的,应当要求施工单位暂时停止施工,并及时报告建设单位。施工单位拒不整改或者不停止施工的,工程监理单位应当及时向有关主管部门报告。

工程监理单位和监理工程师应当按照法律、法规和工程建设强制性标准实施监理,并对建设工程安全生产承担监理责任。

《建设工程质量管理条例》第三十六条　工程监理单位应当依照法律、法规以

及有关技术标准、设计文件和建设工程承包合同，代表建设单位对施工质量实施监理，并对施工质量承担监理责任。

《建设工程质量管理条例》第三十七条　工程监理单位应当选派具备相应资格的总监理工程师和监理工程师进驻施工现场。未经监理工程师签字，建筑材料、建筑构配件和设备不得在工程上使用或者安装，施工单位不得进行下一道工序的施工。未经总监理工程师签字，建设单位不拨付工程款，不进行竣工验收。

《建设工程质量管理条例》第三十八条　监理工程师应当按照工程监理规范的要求，采取旁站、巡视和平行检验等形式，对建设工程实施监理。

◆部门规章

《公路水运工程安全生产监督管理办法》第三十一条第一款　监理单位应当按照法律、法规、规章、工程建设强制性标准和合同文件进行监理，对工程安全生产承担监理责任。

第二款　监理单位应当审核施工项目安全生产条件，审查施工组织设计中安全措施和专项施工方案。在实施监理过程中，发现存在安全事故隐患的，应当要求施工单位整改；情节严重的，应当下达工程暂停令，并及时报告建设单位。施工单位拒不整改或者不停止施工的，监理单位应当及时向有关主管部门书面报告，并有权拒绝计量支付审核。

法律责任

●行政法规

《生产安全事故报告和调查处理条例》第三十七条　事故发生单位对事故发生负有责任的，依照下列规定处以罚款：

（一）发生一般事故的，处10万元以上20万元以下的罚款；

（二）发生较大事故的，处20万元以上50万元以下的罚款；

（三）发生重大事故的，处50万元以上200万元以下的罚款；

（四）发生特别重大事故的，处200万元以上500万元以下的罚款。

《生产安全事故报告和调查处理条例》第四十条　事故发生单位对事故发生负有责任的，由有关部门依法暂扣或者吊销其有关证照；对事故发生单位负有事故责任的有关人员，依法暂停或者撤销其与安全生产有关的执业资格、岗位证书；事故发生单位主要负责人受到刑事处罚或者撤职处分的，自刑罚执行完毕或者受处分之日起，5年内不得担任任何生产经营单位的主要负责人。

《建设工程安全生产管理条例》第五十七条　违反本条例的规定，工程监理单位有下列行为之一的，责令限期改正；逾期未改正的，责令停业整顿，并处10万元以上30万元以下的罚款;情节严重的,降低资质等级,直至吊销资质证书;造成重大安全事故,构成犯罪的,对直接责任人员,依照刑法有关规定追究刑事责任;造成损失的,依法承担赔偿责任:

(一)未对施工组织设计中的安全技术措施或者专项施工方案进行审查的;

(二)发现安全事故隐患未及时要求施工单位整改或者暂时停止施工的;

(三)施工单位拒不整改或者不停止施工,未及时向有关主管部门报告的;

(四)未依照法律、法规和工程建设强制性标准实施监理的。

《建设工程安全生产管理条例》第五十八条　注册执业人员未执行法律、法规和工程建设强制性标准的,责令停止执业3个月以上1年以下;情节严重的,吊销执业资格证书,5年内不予注册;造成重大安全事故的,终身不予注册;构成犯罪的,依照刑法有关规定追究刑事责任。

案例分析

《建设工程安全生产管理条例》规定,**工程监理单位应当审查施工组织设计中的安全技术措施或者专项施工方案是否符合工程建设强制性标准,以及工程监理单位和监理工程师应当按照法律、法规和工程建设强制性标准实施监理,并对建设工程安全生产承担监理责任**;《公路水运工程安全生产监督管理办法》规定,**监理单位应当审查施工组织设计中的安全技术措施或者专项施工方案是否符合工程建设强制性标准**。湖南凤凰县堤溪沱江大桥“8·13”特别重大坍塌事故(案例3-2)调查认定,监理公司现场监理处对施工单位擅自变更原主拱圈施工方案未予坚决制止,未向行政主管部门上报;在主拱圈砌筑完成但强度尚未检测的情况下按合格签字验收。广东广深沿江高速公路第3合同段工程“6·14”较大淹溺事故(案例3-3)调查认定,监理单位驻地高级监理工程师陈某对建设工程项目施工专项方案和有关资料是否符合法规标准审查及执行不力,承担安全生产监理责任不到位;安全专业监理工程师吴某对架设机专项施工方案审核未能严格把关,未发现专项施工方案存在问题,特别是对架设机实际规格型号与设计说明书不符等问题把关不严,并违反该建设项目的安全文明施工管理规程要求,在没有审查资料原件的情况下,先发出了该事故架桥机的准入证。上述行为说明,两起事故中的监理单位未履行《建设工程安全生产管理条例》规定的**审查施工组织设计中的安全技术措施或者专项施工方案是否符合工程建设强制性标准,以及按照法律、法规和工程建设强制性标准实施监理,并对建设工程安全生产承担监理责任职责**和《公路水运工程安全生产监督管理办法》规定的**审查施工组织设计中的安全技术措施或者专项施工方案是否符合工程建设强制性标准职责**。依据《建设工程安全生产管理条例》《刑法》的规定，以及其他违法违规行为所依据的法律法规，事故调查报告建议，对案例3-2中的监理公司现场监理处2名监理人员移交司法机关，追究刑事责任；暂扣监理公司《工程监理证书》等有关证照。对案例3-3中的陈某吊销执业资格证书，对吴某移交司法机关，追究刑事责任。

四、现场隐患督改

法律规定

●行政法规

《建设工程安全生产管理条例》第十四条第二款　工程监理单位在实施监理过程中，发现存在安全事故隐患的，应当要求施工单位整改；情况严重的，应当要求施工单位暂时停止施工，并及时报告建设单位。施工单位拒不整改或者不停止施工的，工程监理单位应当及时向有关主管部门报告。

◆部门规章

《公路水运工程安全生产监督管理办法》第三十一条第二款　监理单位应当审核施工项目安全生产条件，审查施工组织设计中安全措施和专项施工方案。在实施监理过程中，发现存在安全事故隐患的，应当要求施工单位整改；情节严重的，应当下达工程暂停令，并及时报告建设单位。施工单位拒不整改或者不停止施工的，监理单位应当及时向有关主管部门书面报告，并有权拒绝计量支付审核。

第三款监理单位应当如实记录安全事故隐患和整改验收情况，对有关文字、影像资料应当妥善保存。

法律责任

●行政法规

《建设工程安全生产管理条例》第五十七条　违反本条例的规定，工程监理单位有下列行为之一的，责令限期改正；逾期未改正的，责令停业整顿，并处10万元以上30万元以下的罚款；情节严重的，降低资质等级，直至吊销资质证书；造成重大安全事故，构成犯罪的，对直接责任人员，依照刑法有关规定追究刑事责任；造成损失的，依法承担赔偿责任：

（二）发现安全事故隐患未及时要求施工单位整改或者暂时停止施工的；

（三）施工单位拒不整改或者不停止施工，未及时向有关主管部门报告的。

案例分析

《建设工程安全生产管理条例》规定，**工程监理单位在实施监理过程中，发现**

存在安全事故隐患的,应当要求施工单位整改;情况严重的,应当要求施工单位暂时停止施工,并及时报告建设单位。

湖南凤凰县堤溪沱江大桥“8·13”特别重大坍塌事故(案例3-2)调查认定,监理公司未能制止施工单位擅自变更原主拱圈施工方案,对发现的主拱圈施工质量问题督促整改不力,监理单位发现安全隐患既没有督促施工单位整改,又没有上报相关管理部门。

湖南炎汝高速公路八面山隧道“5·19”重大爆炸事故(案例3-4)调查认定,监理单位对隧道施工过程中的爆炸物品,起爆器材和人员混装等严重的安全问题没有及时发现和报告,事发后将伪造的监理工作指令提供给事故调查组。

安徽池州东至县望东长江大桥龙头岭隧道“5·3”较大施工坍塌事故(案例3-5)调查认定,监理单位在施工作业未严格按照设计及施工组织方案组织施工的情况下,履行职责不认真,未按照规定采取停工整改措施,对工程施工监理不到位。

四川成都五洛路1号隧道在建工程“2·24”较大瓦斯爆炸事故(案例3-6)调查认定,监理单位对施工单位未在隧道洞口外设置针对高瓦斯隧道的有效警示标志、未制定并落实严禁人员进入停工停风高瓦斯隧道作业的有效措施、教育培训不到位和施工现场负责人无安全生产考核合格证等问题失察。

四起事故中的监理单位未履行《建设工程安全生产管理条例》规定的**工程监理单位在实施监理过程中,发现存在安全事故隐患的,应当要求施工单位整改;情况严重的,应当要求施工单位暂时停止施工,并及时报告建设单位职责**,依据《建设工程安全生产管理条例》,以及其他违法违规行为所依据的法律法规,事故调查报告建议,对案例3-2中的监理公司副经理给予行政记大过、党内警告处分;监理公司总工程师给予行政撤职、党内严重警告处分;对案例3-4中的监理公司总经理和法定代表人给予行政处罚;对案例3-5中的监理公司监理办负责人薛某给予行政记过处分,对驻地监理员王某吊销其监理员执业资格,并对监理公司给予行政处罚;对案例3-6中的监理公司项目总监徐某和总工程师周某给予行政处罚,并对监理公司给予行政处罚。

第二节　启　　示

一、落实监理资质要求

监理单位应当依法取得相应等级的资质证书,并在其资质等级许可的范围内承担工程监理业务;不超越本单位资质等级许可的范围或者以其他工程监理单位

的名义承担工程监理业务;不允许其他单位或者个人以本单位的名义承担工程监理业务;不转让工程监理业务。监理单位应当选派具备相应资格的总监理工程师和监理工程师进驻施工现场。

二、落实安全监理责任

监理单位应当在项目建设施工的前期,审查施工组织设计中的安全技术措施或者专项施工方案是否符合工程建设强制性标准,保证后期施工建设的安全和可靠。

监理单位要完善监理工作流程,明确施工现场监理的重点部位和重点环节,加强对现场监理人员的监督管理,落实现场监理责任,严格落实项目总监常驻工地制度,对施工过程中的重点部位和重点环节要加强巡查、巡检,切实加强现场监控和技术指导,形成严密监理网络。对《公路工程施工监理规范》明确规定的施工工程要实行旁站式监督管理。对危险性较大的施工工程要编制专项施工方案,并附安全验算结果,经施工单位技术负责人、监理工程师审核同意签字后实施,由专职安全生产管理人员进行现场监督。监理单位要提出切实可行的监督管理整改措施,使项目各个工序、各项措施严格按照设计和规范、规程、标准的要求进行施工,确保工程施工安全。

三、督促施工隐患整改

监理单位要督促各责任主体扎实开展隐患排查整治工作,及时消除违反建设程序施工、不按图施工和监测数据比对滞后等重大隐患,确保工程建设安全生产。监理单位在实施监理过程中,严格执行各项质量与安全法律法规、技术规范和标准,重点加强对原材料质量、工程项目施工关键环节、关键工序的质量控制,现场监理中发现工程质量问题要坚决采取有效措施督促整改到位。监理单位应严格遵守《建设工程安全生产管理条例》的规定,在实施监理过程中,发现存在安全事故隐患的,应当要求施工单位整改,情况严重的,应当要求施工单位暂时停止施工,并及时报告建设单位,施工单位拒不整改或者不停止施工的,工程监理单位应当及时向有关主管部门报告。

第十八章　公路水运工程建设行业监督管理

本章的主要任务是通过分析事故典型案例，找出公路水运工程建设行业管理部门在安全监督管理方面存在的共性问题，分析问题产生的原因以及所涉及的法律法规，吸取教训，并提出相关建议。

第一节　法律问题及分析

由于我国正处在转型期，市场体制机制还存在很多不完善之处，公路水运工程质量安全监督机构，对公路水运工程进行的质量安全监督管理，对于保证公路水运工程质量安全起着非常重要的作用。因此，公路水运工程质量安全监督机构在进行公路水运工程质量安全监督管理活动中，应当高度重视以下法律问题。

一、安全生产监督管理

法律规定

★法律

《安全生产法》第六十二条　安全生产监督管理部门和其他负有安全生产监督管理职责的部门依法开展安全生产行政执法工作，对生产经营单位执行有关安全生产的法律、法规和国家标准或者行业标准的情况进行监督检查，行使以下职权：

（一）进入生产经营单位进行检查，调阅有关资料，向有关单位和人员了解情况；

（二）对检查中发现的安全生产违法行为，当场予以纠正或者要求限期改正；对依法应当给予行政处罚的行为，依照本法和其他有关法律、行政法规的规定作出行政处罚决定；

（三）对检查中发现的事故隐患，应当责令立即排除；重大事故隐患排除前或者排除过程中无法保证安全的，应当责令从危险区域内撤出作业人员，责令暂时停产停业或者停止使用相关设施、设备；重大事故隐患排除后，经审查同意，方可恢复

生产经营和使用；

（四）对有根据认为不符合保障安全生产的国家标准或者行业标准的设施、设备、器材以及违法生产、储存、使用、经营、运输的危险物品予以查封或者扣押，对违法生产、储存、使用、经营危险物品的作业场所予以查封，并依法作出处理决定。

●行政法规

《建设工程安全生产管理条例》第四十条　国务院建设行政主管部门对全国的建设工程安全生产实施监督管理。国务院铁路、交通、水利等有关部门按照国务院规定的职责分工，负责有关专业建设工程安全生产的监督管理。

县级以上地方人民政府建设行政主管部门对本行政区域内的建设工程安全生产实施监督管理。县级以上地方人民政府交通、水利等有关部门在各自的职责范围内，负责本行政区域内的专业建设工程安全生产的监督管理。

《建设工程安全生产管理条例》第四十三条　县级以上人民政府负有建设工程安全生产监督管理职责的部门在各自的职责范围内履行安全监督检查职责时，有权采取下列措施：

（一）要求被检查单位提供有关建设工程安全生产的文件和资料；

（二）进入被检查单位施工现场进行检查；

（三）纠正施工中违反安全生产要求的行为；

（四）对检查中发现的安全事故隐患，责令立即排除；重大安全事故隐患排除前或者排除过程中无法保证安全的，责令从危险区域内撤出作业人员或者暂时停止施工。

◆部门规章

《公路水运工程安全生产监督管理办法》第四十四条　交通运输主管部门应当对公路水运工程安全生产行为和下级交通运输主管部门履行安全生产监督管理职责情况进行监督检查。

交通运输主管部门应当依照安全生产法律、法规、规章及工程建设强制性标准，制定年度监督检查计划，确定检查重点、内容、方式和频次。加强与其他安全生产监督管理部门的合作，推进联合检查执法。

《公路水运工程安全生产监督管理办法》第四十五条　交通运输主管部门对公路水运工程安全生产行为的监督检查主要包括下列内容：

（一）被检查单位执行法律、法规、规章及工程建设强制性标准情况；

（二）本办法规定的项目安全生产条件落实情况；

（三）施工单位在施工场地布置、现场安全防护、施工工艺操作、施工安全管理活动记录等方面的安全生产标准化建设推进情况。

《公路水运工程安全生产监督管理办法》第四十七条　交通运输主管部门对监督检查中发现的安全问题或者安全事故隐患，应当根据情况作出如下处理：

（一）被检查单位存在安全管理问题需要整改的，以书面方式通知存在问题的单位限期整改；

（二）发现严重安全生产违法行为的，予以通报，并按规定依法实施行政处罚或者移交有关部门处理；

（三）被检查单位存在安全事故隐患的，责令立即排除；重大事故隐患排除前或者排除过程中无法保证安全的，责令其从危险区域撤出作业人员，暂时停止施工，并按规定专项治理，纳入重点监督管理的失信黑名单；

（四）被检查单位拒不执行交通运输主管部门依法作出的相关行政决定，有发生生产安全事故的现实危险的，在保证安全的前提下，经本部门负责人批准，可以提前24小时以书面方式通知有关单位和被检查单位，采取停止供电、停止供应民用爆炸物品等措施，强制被检查单位履行决定；

（五）因建设单位违规造成重大生产安全事故的，对全部或者部分使用财政性资金的项目，可以建议相关职能部门暂停项目执行或者暂缓资金拨付；

（六）督促负有直接监督管理职责的交通运输主管部门，对存在安全事故隐患整改不到位的被检查单位主要负责人约谈警示；

（七）对违反本办法有关规定的行为实行相应的安全生产信用记录，对列入失信黑名单的单位及主要责任人按规定向社会公布；

（八）法律、行政法规规定的其他措施。

法律责任

★法律

《安全生产法》第八十七条　负有安全生产监督管理职责的部门的工作人员，有下列行为之一的，给予降级或者撤职的处分；构成犯罪的，依照刑法有关规定追究刑事责任：

（一）对不符合法定安全生产条件的涉及安全生产的事项予以批准或者验收通过的；

（二）发现未依法取得批准、验收的单位擅自从事有关活动或者接到举报后不予取缔或者不依法予以处理的；

（三）对已经依法取得批准的单位不履行监督管理职责，发现其不再具备安全生产条件而不撤销原批准或者发现安全生产违法行为不予查处的；

（四）在监督检查中发现重大事故隐患，不依法及时处理的。

负有安全生产监督管理职责的部门的工作人员有前款规定以外的滥用职权、玩忽职守、徇私舞弊行为的，依法给予处分；构成犯罪的，依照刑法有关规定追究刑事责任。

●行政法规

《建设工程安全生产管理条例》第五十三条　违反本条例的规定，县级以上人民政府建设行政主管部门或者其他有关行政管理部门的工作人员，有下列行为之一的，给予降级或者撤职的行政处分；构成犯罪的，依照刑法有关规定追究刑事责任：

(一)对不具备安全生产条件的施工单位颁发资质证书的；

(二)对没有安全施工措施的建设工程颁发施工许可证的；

(三)发现违法行为不予查处的；

(四)不依法履行监督管理职责的其他行为。

◆部门规章

《公路水运工程安全生产监督管理办法》第五十七条　交通运输主管部门及其工作人员违反本办法规定，有下列情形之一的，对直接负责的主管人员和其他直接责任人员依法给予行政处分；构成犯罪的，依法移送司法部门追究刑事责任：

(一)发现公路水运工程重大事故隐患、生产安全事故不予查处的；

(二)对涉及施工安全的重大检举、投诉不依法及时处理的；

(三)在监督检查过程中索取或者接受他人财物，或者谋取其他利益的。

案例分析

(1)《安全生产法》《建设工程安全生产管理条例》和《公路水运工程安全生产监督管理办法》规定，**交通运输主管部门及公路水运工程质量安全监督机构负有对公路水运工程安全生产行为进行监督检查职责**。

湖南炎汝高速公路八面山隧道“5·19”重大爆炸事故(案例3-4)调查认定，公路水运工程质量安全监督机构对炎汝高速施工的安全监督不力，对监理单位擅自变更现场监理人员和没有及时配备安全专职监理员、施工单位的项目经理和总工长期未到岗的行为失察，没有发现炎汝高速八面山隧道施工项目安全生产管理制度落实不严格等问题。上述行为说明，交通运输主管部门和公路水运工程质量安全监督机构未全面履行《安全生产法》《建设工程安全生产管理条例》和《公路水运工程安全生产监督管理办法》规定的**安全监督检查职责**，依据《安全生产法》《建设工程安全生产管理条例》和《公路水运工程安全生产监督管理办法》，以及其他违法违规行为所依据的法律法规，事故调查报告建议，给予质量安全监督机构水运科科长傅某行政记过处分、给予公路监督科科员兼片区监督组成员刘某行政记大过处分。如果事故发生在当前,还应当依据《公路水运工程安全生产监督管理办法》追究责任。

(2)《安全生产法》《建设工程安全生产管理条例》和《公路水运工程安全生产监督管理办法》规定,**交通运输主管部门及公路水运工程质量安全监督机构在安全监督检查时,应当对监督检查中发现的安全问题或者安全事故隐患责令立即排除**。

四川都汶高速公路董家山隧道工程"12·22"特别重大瓦斯爆炸事故(案例3-1)调查认定,公路水运工程质量安全监督机构对董家山隧道项目参建各方的安全生产工作监督检查不力,未能及时督促各有关单位及时发现并纠正施工中存在的安全隐患及管理不到位问题。上述行为说明,公路水运工程质量安全监督机构未全面履行《安全生产法》《建设工程安全生产管理条例》规定的**责令事故隐患排查治理的职责**,依据《安全生产法》《建设工程安全生产管理条例》等,事故调查报告建议,给予公路水运工程质量安全监督机构副站长刘某行政降级、党内严重警告处分,给予公路水运工程质量安全监督机构工程技术科科长姜某行政撤职处分。如果事故发生在当前,公路水运工程质量安全监督机构还违反了《公路水运工程安全生产监督管理办法》的相关规定,依据《公路水运工程安全生产监督管理办法》追究公路水运工程质量安全监督机构相关人员的责任。

四川成都五洛路1号隧道工程"2·24"较大瓦斯爆炸事故(案例3-6)调查认定,区交通运输主管部门未及时督促、组织落实市公路水运工程质量安全监督机构提出的,对五洛路项目安全生产挂牌监督管理的要求,对市公路水运工程质量安全监督机构综合检查发现的事故隐患督促整改落实不到位。上述行为说明,交通运输主管部门和公路水运工程质量安全监督机构未全面履行《安全生产法》《建设工程安全生产管理条例》和《公路水运工程安全生产监督管理办法》规定的**责令事故隐患排查治理职责**。另外,交通运输主管部门和公路水运工程质量安全监督机构还存在其他违法违规行为。依据《安全生产法》《建设工程安全生产管理条例》等,以及其他违法违规行为所依据的法律法规,事故调查报告建议,给予相关交通局局长、党组书记唐某行政警告处分,给予副局长、党组成员李某行政记过处分,给予局建管三科科长李某、副科长雷某行政记大过处分。如果事故发生在当前,还需依据《公路水运工程安全生产监督管理办法》追究公路水运工程质量安全监督机构相关人员的责任。

二、工程质量监督

法律规定

●行政法规

《建设工程质量管理条例》第四十七条　县级以上地方人民政府建设行政主

管部门和其他有关部门应当加强对有关建设工程质量的法律、法规和强制性标准执行情况的监督检查。

《建设工程质量管理条例》第四十八条　县级以上人民政府建设行政主管部门和其他有关部门履行监督检查职责时，有权采取下列措施：

（一）要求被检查的单位提供有关工程质量的文件和资料；

（二）进入被检查单位的施工现场进行检查；

（三）发现有影响工程质量的问题时，责令改正。

《建设工程质量管理条例》第四十九条　建设单位应当自建设工程竣工验收合格之日起15日内，将建设工程竣工验收报告和规划、公安消防、环保等部门出具的认可文件或者准许使用文件报建设行政主管部门或者其他有关部门备案。

建设行政主管部门或者其他有关部门发现建设单位在竣工验收过程中有违反国家有关建设工程质量管理规定行为的，责令停止使用，重新组织竣工验收。

◆部门规章

《公路工程质量监督规定》第七条　交通主管部门对公路工程质量监督的职责主要是：

（一）监督检查从业单位是否具有依法取得的相应等级的资质证书，从业人员是否按照国家规定经考试合格，取得上岗资格；

（二）监督检查建设、勘察、设计单位、施工和监理单位质量保证体系的针对性、严密性和运行的有效性，以及各单位质量保证体系之间的协调性和一致性；

（三）监督检查勘察、设计文件是否符合国家规定的技术标准和规范要求，设计文件是否达到国家规定的编制要求；

（四）监督检查施工、监理和设备、材料供应单位是否严格按照有关质量标准和技术规范进行施工、监理和供应设备、材料；

（五）监督检查监理单位的质量管理和现场质量控制情况，以及对公路工程关键部位和隐蔽工程的旁站情况、对各施工工序的质量检查情况；

（六）监督检查试验检测设备是否合格，试验方法是否规范，试验数据是否准确，试验检测频率是否符合有关规定；

（七）监督检查材料采购、进场和使用等环节的质量情况，并公布抽查样品的质量检测结果，检查关键设备的性能情况；

（八）对公路工程质量情况进行抽检，分析主要质量指标的变化情况，评估总体质量状况和存在的主要问题，提出加强质量管理的政策措施和指导性意见，定期发布质量动态信息；

（九）对完工项目进行质量检测和质量鉴定。

《公路工程质量监督规定》第八条　交通部、省级人民政府交通主管部门、有条件的设区的市级地方人民政府交通主管部门委托所属的质量监督机构具体实施公路工程质量监督工作。

县级人民政府交通主管部门和未设置专职质监机构的设区的市级人民政府交通主管部门应有专职或者兼职质量监督人员,并接受上一级质监机构的业务指导。

质监机构应当在交通主管部门委托事项的范围内实施公路工程质量监督工作。

法律责任

●行政法规

《建设工程质量管理条例》第七十六条　国家机关工作人员在建设工程质量监督管理工作中玩忽职守、滥用职权、徇私舞弊,构成犯罪的,依法追究刑事责任;尚不构成犯罪的,依法给予行政处分。

◆部门规章

《公路工程质量监督规定》第三十七条　交通主管部门及其委托的质监机构工作人员在公路工程质量监督管理工作中玩忽职守、滥用职权、徇私舞弊,构成犯罪的,依法追究刑事责任;尚不构成犯罪的,由交通主管部门或者质监机构依法给予行政处分。

案例分析

(1)《建设工程质量管理条例》规定,**监督管理部门发现建设单位在竣工验收过程中有违反国家有关建设工程质量管理规定行为的,责令停止使用,重新组织竣工验收**;《公路工程质量监督规定》规定,**交通运输主管部门应当对完工项目进行质量检测和质量鉴定**。陕西咸阳"5·15"特别重大道路交通事故(案例3-7)调查认定,在淳卜路改建工程竣工验收时,相关交通运输局调研员、时任交通运输局党组成员兼总工程师景某对淳卜路建设不符合设计要求却通过验收把关不严,并在验收报告上签字同意;相关交通运输局副局长任某对淳卜路建设施工不符合设计要求却通过验收的问题把关不严,造成淳卜路安全防护设施缺失,安全防护能力不足。在该路段安全防护设施等工程项目未按照设计建设施工的情况下,违规提出竣工验收申请,导致淳卜路安全防护设施缺失,安全防护能力不足。上述行为说明,交通运输主管部门未有效履行《公路工程质量监督规定》规定的**对完工项目进行质量检测和质量鉴定职责**。依据《建设工程质量管理条例》《公路工程质量监督规定》等规定,以及其他违法违规行为所依据的法律法规,事故调查报告建议,给予景某行政降级、党内严重警告处分,给予任某行政记大过处分。

(2)《建设工程质量管理条例》和《公路工程质量监督规定》规定,**公路工程质量监督机构应当加强对有关建设工程质量的法律、法规和强制性标准执行情况的监督检查**。湖南凤凰县堤溪沱江大桥"8·13"特别重大坍塌事故(案例3-2)调查认定,相关公路工程质量监督部门对大桥工程的质量监督管理严重失职,未履行《建设工程质量管理条例》和《公路工程质量监督规定》规定的**加强对有关建设工程质量的法律、法规和强制性标准执行情况的监督检查职责**。依据《建设工程质量管理条例》《公路工程质量监督规定》《刑法》等规定,事故调查报告建议,对省公路工程质量监督站自治州分站站长张某追究刑事责任,给予省公路工程质量监督站副站长刘某、省公路工程质量监督站自治州分站副站长张某行政撤职、党内严重警告处分。

第二节　启　　示

一、规范工程质量安全监督检查

交通运输主管部门和公路水运工程质量安全监督机构应严格履行规定,加强公路水运工程质量监督检查;通过加强行业监督人员教育培训、建立专家辅助机制、列出权力责任清单等途径,采取综合检查、专项检查和巡视检查等方式,重点检查工程质量安全管理薄弱环节,涉及工程质量、安全和耐久性的重要指标、防治质量通病的情况以及对监督检查发现的质量安全问题整改落实情况等。

二、编制安全生产监督检查计划

省级交通运输主管部门及质量安全监督部门,应落实制定安全监督检查计划办法和安全监督相关政策及规定,将安全生产监督工作与年度工作考核相结合,对地方安全监督检查工作提供业务指导和落实方法,便于基层落实工程安全监督检查工作。

交通运输主管部门和公路水运工程质量安全监督机构依据法律法规,承担交通运输安全生产监督检查责任。建议交通运输管理部门编制交通运输安全生产年度监督检查计划和现场检查方案,采取"双随机"抽查机制,并按照交通运输安全生产年度监督检查计划开展监督检查。做好检查工作日志、检查工作档案。抓好痕迹化管理。

三、加强重大事故隐患治理督办

交通运输主管部门和公路水运工程质量安全监督机构要建立健全重大事故隐患排查治理督办制度,根据交通运输部和相关省级交通运输主管部门发布的公路水运工程重大事故隐患清单等,开展公路水运工程重大事故隐患排查治理督办,督促公路水运工程建筑施工企业消除重大事故隐患。公路水运工程质量安全监督机构要按照有关安全法律法规和相关安全技术规范要求,发现一般安全隐患及时向责任单位进行反馈,要求落实整改;发现重大安全隐患,落实整改责任、措施、时限、资金、应急预案。

附　　录

附录一　一般的安全相关法律法规

一般的安全相关法律法规　　　附表 1-1

类别	名　称	公布修订情况
法律	中华人民共和国安全生产法	2002 年 6 月 29 日中华人民共和国主席令第七十号公布； 根据 2009 年 8 月 27 日中华人民共和国主席令第十八号修订； 根据 2014 年 8 月 31 日中华人民共和国主席令第十三号修订
法律	中华人民共和国反恐怖主义法	2015 年 12 月 27 日中华人民共和国主席令第三十六号公布
法律	中华人民共和国道路交通安全法	2003 年 10 月 28 日中华人民共和国主席令第八号公布； 根据 2007 年 12 月 29 日中华人民共和国主席令第八十一号修订； 根据 2011 年 4 月 22 日中华人民共和国主席令第四十七号修订
行政法规	安全生产许可证条例	2004 年 1 月 13 日中华人民共和国国务院令第 397 号公布； 根据 2013 年 7 月 18 日中华人民共和国国务院令第 638 号修订； 根据 2014 年 7 月 29 日中华人民共和国国务院令第 653 号修订
行政法规	危险化学品安全管理条例	2002 年 1 月 26 日中华人民共和国国务院令第 344 号公布； 根据 2011 年 3 月 2 日中华人民共和国国务院令第 591 号修订； 根据 2013 年 12 月 7 日中华人民共和国国务院令第 645 号修订
行政法规	道路交通安全法实施条例	2004 年 4 月 30 日中华人民共和国国务院令第 405 号公布
行政法规	放射性物品运输安全管理条例	2009 年 9 月 7 日中华人民共和国国务院令第 562 号公布
行政法规	校车安全管理条例	2012 年 3 月 28 日中华人民共和国国务院令第 617 号公布
行政法规	民用爆炸物品安全管理条例	2006 年 5 月 10 日中华人民共和国国务院令第 466 号公布； 根据 2014 年 7 月 29 日中华人民共和国国务院令第 653 号修订
行政法规	烟花爆竹安全管理条例	2006 年 1 月 21 日中华人民共和国国务院令第 455 号公布； 根据 2016 年 2 月 6 日中华人民共和国国务院令第 666 号修订

续上表

类别	名　称	公布修订情况
行政法规	生产安全事故报告和调查处理条例	2007年4月9日中华人民共和国国务院令第493号公布
行政法规	国务院关于特大安全事故行政责任追究的规定	2001年4月21日中华人民共和国国务院令第302号公布
部门规章	安全生产领域违法违纪行为政纪处分暂行规定	2006年11月22日中华人民共和国监察部、国家安全生产监督管理总局令第11号公布

附录二　道路运输领域涉及的主要法律法规规章

道路运输领域涉及的主要法律法规规章　　附表 2-1

类别	名　称	公布修订情况
法律	中华人民共和国公路法	1997 年 7 月 3 日中华人民共和国主席令第八十六号公布； 根据 1999 年 10 月 31 日中华人民共和国主席令第二十五号修订； 根据 2004 年 8 月 28 日中华人民共和国主席令第十九号修订； 根据 2009 年 8 月 27 日中华人民共和国主席令第十八号修订； 根据 2016 年 11 月 7 日中华人民共和国主席令第五十七号修订
行政法规	中华人民共和国道路运输条例	2004 年 4 月 30 日中华人民共和国国务院令第 406 号公布； 根据 2012 年 11 月 9 日中华人民共和国国务院令第 628 号修订； 根据 2016 年 2 月 6 日中华人民共和国国务院令第 666 号修订
行政法规	公路安全保护条例	2011 年 3 月 7 日中华人民共和国国务院令第 593 号公布
行政法规	收费公路管理条例	2004 年 9 月 13 日中华人民共和国国务院令第 417 号公布
部门规章	道路旅客运输及客运站管理规定	2005 年 7 月 12 日中华人民共和国交通部令 2005 年第 10 号公布； 根据 2008 年 7 月 23 日中华人民共和国交通运输部令 2008 年第 10 号修订； 根据 2009 年 4 月 20 日中华人民共和国交通运输部令 2009 年第 4 号修订； 根据 2012 年 3 月 14 日中华人民共和国交通运输部令 2012 年第 2 号修订； 根据 2012 年 12 月 11 日中华人民共和国交通运输部令 2012 年第 8 号修订； 根据 2016 年 4 月 11 日中华人民共和国交通运输部令 2016 年第 34 号修订； 根据 2016 年 12 月 6 日中华人民共和国交通运输部令 2016 年第 82 号修订

续上表

类别	名　称	公布修订情况
部门规章	道路货物运输及站场管理规定	2005年6月16日中华人民共和国交通部令2005年第6号公布； 根据2008年7月23日中华人民共和国交通运输部令2008年第9号修订； 根据2009年4月20日中华人民共和国交通运输部令2009年第3号修订； 根据2012年3月14日中华人民共和国交通运输部令2012年第1号修订； 根据2016年4月11日中华人民共和国交通运输部令2016年第35号修订
部门规章	道路危险货物运输管理规定	2013年1月23日中华人民共和国交通运输部令2013年第2号公布； 根据2016年4月11日中华人民共和国交通运输部令2016年第36号修订
部门规章	放射性物品道路运输管理规定	2010年10月27日中华人民共和国交通运输部令2010年第6号公布； 根据2016年9月2日中华人民共和国交通运输部令2016年第71号修订
部门规章	机动车维修管理规定	2005年6月24日中华人民共和国交通部令2005年第7号公布； 根据2015年8月8日中华人民共和国交通运输部令2015年第17号修订； 根据2016年4月19日中华人民共和国交通运输部令2016年第37号修订
部门规章	机动车驾驶员培训管理规定	2006年1月12日中华人民共和国交通部令2006年第2号公布； 根据2016年4月21日中华人民共和国交通运输部令2016年第51号修订
部门规章	道路运输车辆技术管理规定	2016年1月22日中华人民共和国交通运输部令2016年第1号公布
部门规章	国际道路运输管理规定	2005年4月13日中华人民共和国交通部令2005年第3号公布
部门规章	外商投资道路运输业管理规定	2001年11月20日中华人民共和国交通部、对外经济贸易合作部令2001年第9号公布； 根据2014年1月11日中华人民共和国交通运输部令2014年第4号修订
部门规章	道路运输从业人员管理规定	2006年11月23日中华人民共和国交通部令2006年第9号公布； 根据2016年4月21日中华人民共和国交通运输部令2016年第52号修订

续上表

类别	名　称	公布修订情况
部门规章	网络预约出租汽车经营服务管理规定	2016 年 7 月 27 日中华人民共和国交通运输部令 2016 年第 60 号公布
部门规章	巡游出租汽车经营服务管理规定	2014 年 9 月 30 日中华人民共和国交通运输部令 2014 年第 16 号公布； 根据 2016 年 8 月 26 日中华人民共和国交通运输部令 2016 年第 64 号修订
部门规章	出租汽车驾驶员从业资格管理规定	2011 年 12 月 26 日中华人民共和国交通运输部令 2011 年第 13 号公布； 根据 2016 年 8 月 26 日中华人民共和国交通运输部令 2016 年第 63 号修订
部门规章	道路运输车辆动态监督管理办法	2014 年 1 月 28 日中华人民共和国交通运输部　中华人民共和国公安部　国家安全生产监督管理总局令 2014 年第 5 号公布； 根据 2016 年 4 月 20 日中华人民共和国交通运输部令 2016 年第 55 号修订
部门规章	城市公共汽车和电车客运管理规定	2017 年 3 月 7 日中华人民共和国交通运输部令 2017 年第 5 号公布
部门规章	交通运输突发事件应急管理规定	2011 年 11 月 14 日中华人民共和国交通运输部令 2011 年第 9 号公布
部门规章	道路旅客运输班线经营权招标投标办法	2008 年 7 月 22 日中华人民共和国交通运输部令 2008 年第 8 号公布
部门规章	道路运输车辆燃料消耗量检测和监督管理办法	2009 年 6 月 26 日中华人民共和国交通运输部令 2009 年第 11 号公布
部门规章	路政管理规定	2003 年 1 月 27 日中华人民共和国交通部令 2003 年第 2 号公布； 根据 2016 年 12 月 10 日中华人民共和国交通运输部令 2016 年第 81 号修订

续上表

类别	名称	公布修订情况
部门规章	超限运输车辆行驶公路管理规定	2016年8月19日中华人民共和国交通运输部令2016年第62号公布
部门规章	公路超限检测站管理办法	2011年6月24日中华人民共和国交通运输部令2011年第7号公布
部门规章	公路工程造价管理暂行办法	2016年9月2日中华人民共和国交通运输部令2016年第67号公布

附录三　水路运输领域涉及的主要法律法规规章

水路运输领域涉及的主要法律法规规章　　附表 3-1

类别	名　称	公布修订情况
法律	中华人民共和国海上交通安全法	1983 年 9 月 2 日中华人民共和国主席令第七号公布； 根据 2016 年 11 月 7 日中华人民共和国主席令第五十七号修订
法律	中华人民共和国港口法	2003 年 6 月 28 日中华人民共和国主席令第五号公布； 2015 年 4 月 24 日中华人民共和国主席令第二十三号修订
法律	中华人民共和国航道法	2014 年 12 月 28 日中华人民共和国主席令第十七号公布
行政法规	中华人民共和国内河交通安全管理条例	2002 年 6 月 28 日中华人民共和国国务院令第 355 号公布； 根据 2011 年 1 月 8 日中华人民共和国国务院令第 588 号修订； 根据 2017 年 3 月 1 日中华人民共和国国务院令第 676 号修订
行政法规	中华人民共和国防治船舶污染海洋环境管理条例	2009 年 9 月 9 日中华人民共和国国务院令第 561 号公布； 根据 2013 年 7 月 18 日中华人民共和国国务院令第 638 号修订； 根据 2013 年 12 月 7 日中华人民共和国国务院令第 645 号修订； 根据 2014 年 7 月 29 日中华人民共和国国务院令第 653 号修订
行政法规	中华人民共和国船员条例	2007 年 4 月 14 日中华人民共和国国务院令第 494 号公布； 根据 2013 年 7 月 18 日中华人民共和国国务院令第 638 号修订； 根据 2013 年 12 月 7 日中华人民共和国国务院令第 645 号修订； 根据 2014 年 7 月 9 日中华人民共和国国务院令第 653 号修订； 根据 2017 年 3 月 1 日中华人民共和国国务院令第 676 号修订
行政法规	中华人民共和国船舶和海上设施检验条例	1993 年 2 月 14 日中华人民共和国国务院令第 109 号公布

续上表

类别	名　称	公布修订情况
行政法规	中华人民共和国国际海运条例	2001 年 12 月 11 日中华人民共和国国务院令第 335 号公布； 根据 2013 年 7 月 18 日中华人民共和国国务院令第 638 号修订
行政法规	中华人民共和国国内水路运输管理条例	2012 年中华人民共和国国务院令第 625 号公布； 根据 2016 年 2 月 6 日中华人民共和国国务院令第 666 号修订； 根据 2017 年 3 月 1 日中华人民共和国国务院令第 676 号修订
行政法规	中华人民共和国航道管理条例	1987 年 8 月 22 日国务院公布； 根据 2008 年 12 月 27 日中华人民共和国国务院令第 545 号修订
行政法规	中华人民共和国航标条例	1995 年 12 月 3 日中华人民共和国国务院令第 187 号公布； 根据 2011 年 1 月 8 日中华人民共和国国务院令第 588 号修订
行政法规	中华人民共和国船舶登记条例	1994 年 6 月 2 日中华人民共和国国务院令第 155 号公布； 根据 2014 年 7 月 9 日中华人民共和国国务院令第 653 号修订
行政法规	防止拆船污染环境管理条例	2017 年 3 月 1 日中华人民共和国国务院令第 676 号修订
部门规章	中华人民共和国海上交通事故调查处理条例	1990 年 1 月 11 日国务院批准,1990 年 3 月 3 日中华人民共和国交通部令第 14 号公布
部门规章	国内水路运输管理规定	2014 年 1 月 3 日中华人民共和国交通运输部令 2014 年第 2 号公布； 根据 2015 年 5 月 12 日中华人民共和国交通运输部令 2015 年第 5 号修订； 根据 2016 年 12 月 10 日中华人民共和国交通运输部令 2016 年第 79 号修订
部门规章	中华人民共和国国际海运条例实施细则	2003 年 1 月 20 日中华人民共和国交通部令 2003 年第 1 号公布； 根据 2013 年 8 月 29 日中华人民共和国交通运输部令 2013 年第 9 号修订； 根据 2017 年 3 月 7 日中华人民共和国交通运输部令 2017 年第 4 号修订
部门规章	国内水路运输辅助业管理规定	2014 年 1 月 2 日中华人民共和国交通运输部令 2014 年第 3 号公布
部门规章	船闸管理办法	1989 年 8 月 3 日中华人民共和国交通部令 1989 年第 5 号公布
部门规章	中华人民共和国航道管理条例实施细则	1991 年 8 月 29 日中华人民共和国交通部交工字〔1991〕609 号文公布； 根据 2009 年 6 月 23 日中华人民共和国交通运输部令 2009 年第 9 号修订

续上表

类别	名　称	公布修订情况
部门规章	船舶引航管理规定	2001 年 11 月 30 日中华人民共和国交通部令 2001 年第 10 号公布
部门规章	水路旅客运输规则	1995 年 12 月 12 日交水发〔1995〕1178 号文公布； 根据 1997 年 8 月 26 日交水发〔1997〕522 号修正； 根据 2014 年 1 月 2 日中华人民共和国交通运输部令 2014 年第 1 号修正
部门规章	内河航标管理办法	1996 年 5 月 20 日中华人民共和国交通部令 1996 年第 2 号公布
部门规章	沿海航标管理办法	2003 年 7 月 10 日中华人民共和国交通部令 2003 年第 7 号公布
部门规章	水路危险货物运输规则(第一部分水路包装危险货物运输规则)	1996 年 11 月 4 日中华人民共和国交通部令 1996 第 10 号公布
部门规章	船舶载运危险货物安全监督管理规定	2003 年 11 月 30 日中华人民共和国交通部令 2003 年第 10 号公布； 根据 2012 年 3 月 14 日中华人民共和国交通运输部令 2012 年第 4 号修正
部门规章	老旧运输船舶管理规定	2006 年 7 月 5 日中华人民共和国交通部令 2006 年第 8 号公布； 根据 2009 年 11 月 30 日中华人民共和国交通运输部 2009 年第 14 号修正； 根据 2014 年 9 月 5 日中华人民共和国交通运输部令 2014 年第 14 号修正； 根据 2017 年 5 月 23 日中华人民共和国交通运输部令 2017 年第 16 号修正
部门规章	游艇管理规定	2008 年 7 月 22 日中华人民共和国交通运输部令 2008 年第 7 号公布
部门规章	船员注册管理办法	2008 年 5 月 4 日中华人民共和国交通运输部令 2008 年第 1 号公布
部门规章	海船船员值班规则	2012 年 12 月 17 日中华人民共和国交通运输部令 2012 年第 10 号公布

续上表

类别	名 称	公布修订情况
部门规章	船员培训管理规则	2009年6月26日中华人民共和国交通运输部令2009年第10号公布； 根据2013年12月24日中华人民共和国交通运输部令2013年第15号修正； 根据2017年3月31日中华人民共和国交通运输部令2017年第9号修正
部门规章	中华人民共和国海船船员适任考试和发证规则	2011年12月27日中华人民共和国交通运输部令2011年第12号公布； 根据2013年12月24日中华人民共和国交通运输部令2013年第18号修正； 根据2017年3月28日中华人民共和国交通运输部令2017年第8号修正
部门规章	中华人民共和国船舶及其有关作业活动污染海洋环境防治管理规定	2010年11月16日中华人民共和国交通运输部令2010年第7号公布； 根据2013年8月31日中华人民共和国交通运输部令2013年第12号修正； 根据2013年12月24日中华人民共和国交通运输部令2013年第17号修正； 根据2016年12月13日中华人民共和国交通运输部令2016年第83号修正； 根据2017年5月23日中华人民共和国交通运输部令2017年第15号修正
部门规章	海上滚装船舶安全监督管理规定	2002年5月30日中华人民共和国交通部令2002年第1号公布； 根据2017年5月23日中华人民共和国交通运输部令2017年第18号修正
部门规章	中华人民共和国水上水下活动通航安全管理规定	2011年1月27日中华人民共和国交通运输部令2011年第5号公布； 根据2016年9月2日中华人民共和国交通运输部令2016年第69号修正
部门规章	内河渡口渡船安全管理规定	2014年6月18日中华人民共和国交通运输部令2014年第9号公布
部门规章	中华人民共和国高速客船安全管理规则	2006年2月24日中华人民共和国交通部令2006年第4号公布； 根据2017年5月23日中华人民共和国交通运输部令2017年第17号修正

续上表

类别	名　称	公布修订情况
部门规章	中华人民共和国内河交通事故调查处理规定	2006年12月4日中华人民共和国交通运输部令2006年第12号公布； 根据2012年3月14日中华人民共和国交通运输部令2012年第3号修正
部门规章	中华人民共和国航运公司安全与防污染管理规定	2007年5月23日中华人民共和国交通部令2007年第6号公布
部门规章	中华人民共和国海事行政许可条件规定	2017年5月23日中华人民共和国交通运输部令2017年第19号公布
部门规章	中华人民共和国海上海事行政处罚规定	2015年5月29日中华人民共和国交通运输部令2015年第8号公布； 根据2017年5月23日中华人民共和国交通运输部令2017年第21号修正
部门规章	中华人民共和国内河海事行政处罚规定	2015年5月29日中华人民共和国交通运输部令2015年第9号公布； 根据2017年5月23日中华人民共和国交通运输部令2017年第20号修正
部门规章	危险货物水路运输从业人员考核和从业资格管理规定	2016年6月28日中华人民共和国交通运输部令2016年第59号公布
部门规章	中华人民共和国航道管理条例实施细则	1991年8月29日中华人民共和国交通部公布； 根据2009年6月23日中华人民共和国交通运输部令2009年第9号修正
部门规章	中华人民共和国船舶登记办法	2016年12月13日中华人民共和国交通运输部令2016年第85号公布
部门规章	船舶检验管理规定	2016年1月22日中华人民共和国交通运输部令2016年第2号公布
部门规章	中华人民共和国船舶安全监督规则	2017年5月23日中华人民共和国交通运输部令2017年第14号公布

续上表

类别	名 称	公布修订情况
部门规章	航道通航条件影响评价审核管理办法	2017年1月16日中华人民共和国交通运输部令2017年第1号公布
部门规章	港口经营管理规定	2009年11月6日中华人民共和国交通运输部令2009年第13号公布； 根据2014年12月23日中华人民共和国交通运输部令2014年第22号修正； 根据2016年4月19日中华人民共和国交通运输部令2016年第43号修正
部门规章	港口危险货物安全管理规定	2012年12月11日中华人民共和国交通运输部令2012年第9号公布
部门规章	港口岸线使用审批管理办法	2012年5月22日中华人民共和国交通运输部 国家发展和改革委员会令2012年第6号公布

附录四　公路水运工程建设领域涉及的主要行业法律法规规章

公路水运工程建设领域涉及的主要行业法律法规规章　　附表4-1

类别	名　称	公布修订情况
行政法规	建设工程质量管理条例	2000年1月30日中华人民共和国国务院令第279号公布
行政法规	建设工程安全生产管理条例	2003年11月24日中华人民共和国国务院令第393号公布
行政法规	建设工程勘察设计管理条例	2000年9月25日中华人民共和国国务院令第293号公布； 根据2015年6月12日中华人民共和国国务院令第662号修订
部门规章	公路水运工程安全生产监督管理办法	2017年6月12日中华人民共和国交通运输部令2017年第25号公布； 2007年2月14日中华人民共和国交通部令2007年第1号公布、根据2016年3月7日中华人民共和国交通运输部令2016年第9号修订的《公路水运工程安全生产监督管理办法》同时废止
部门规章	公路工程质量监督规定	2005年5月8日中华人民共和国交通部令2005年第4号公布
部门规章	公路建设市场管理办法	2004年12月21日中华人民共和国交通部令2004年第14号公布； 根据2011年11月30日中华人民共和国交通运输部令2011年第11号修订； 根据2015年6月26日中华人民共和国交通运输部令2015年第11号修订
部门规章	公路建设监督管理办法	2006年6月8日中华人民共和国交通部令2006年第6号公布
部门规章	公路工程设计变更管理办法	2005年5月9日中华人民共和国交通部令2005年第5号公布
部门规章	公路工程竣(交)工验收办法	2004年3月31日中华人民共和国交通部令2004年第3号发布

附录五　本书引用的其他法律法规规章

本书引用的其他法律法规规章　　附表 5-1

类别	名　称	公布修订情况
法律	中华人民共和国刑法	1979 年 7 月 1 日全国人民代表大会常务委员会委员长令第五号公布； 根据 1997 年 3 月 14 日中华人民共和国主席令第八十三号修正； 根据 1999 年 12 月 25 日中华人民共和国主席令第二十七号修正； 根据 2001 年 8 月 31 日中华人民共和国主席令第五十六号修正； 根据 2001 年 12 月 29 日中华人民共和国主席令第六十四号修正； 根据 2002 年 12 月 28 日中华人民共和国主席令第八十三号修正； 根据 2005 年 2 月 28 日中华人民共和国主席令第三十二号修正； 根据 2006 年 6 月 29 日中华人民共和国主席令第五十一号修正； 根据 2009 年 8 月 27 日中华人民共和国主席令第十八号修正； 根据 2011 年 2 月 25 日中华人民共和国主席令第四十一号修正； 根据 2015 年 8 月 29 日中华人民共和国主席令第三十号修正
法律	中华人民共和国行政许可法	2003 年 8 月 27 日中华人民共和国主席令第七号公布
法律	中华人民共和国行政处罚法	1996 年 3 月 17 日中华人民共和国主席令第六十三号公布
法律	中华人民共和国行政强制法	2011 年 6 月 30 日中华人民共和国主席令第四十九号公布
法律	中华人民共和国突发事件应对法	2007 年 8 月 30 日中华人民共和国主席令第六十九号公布
法律	中华人民共和国反恐怖主义法	2015 年 12 月 27 日中华人民共和国主席令第三十六号公布
法律	中华人民共和国道路交通安全法	2003 年 10 月 28 日中华人民共和国主席令第八号公布

续上表

类别	名　称	公布修订情况
法律	中华人民共和国招标投标法	1999 年 8 月 30 日中华人民共和国主席令第二十一号公布
行政法规	中华人民共和国招标投标法实施条例	2011 年 12 月 20 日中华人民共和国国务院令第 613 号公布
行政法规	中华人民共和国政府信息公开条例	2007 年 4 月 5 日中华人民共和国国务院令第 492 号公布